Sabine Giesbrecht/Stefan Hanheide (Hrsg.)

Hans Werner Henze.
Politisch-humanitäres Engagement
als künstlerische Perspektive

Sabine Giesbrecht/Stefan Hanheide (Hrsg.)

Hans Werner Henze

Politisch-humanitäres Engagement
als künstlerische Perspektive

Festschrift zur Verleihung der Ehrendoktorwürde
der Universität Osnabrück an den Komponisten

Universitätsverlag Rasch Osnabrück

Die Deutsche Bibliothek – CIP-Einheitsaufnahme

Hans Werner Henze : politisch-humanitäres Engagement
als künstlerische Perspektive ; Festschrift zur Verleihung
der Ehrendoktorwürde der Universität Osnabrück an den
Komponisten / Sabine Giesbrecht/Stefan Hanheide (Hrsg.). –
Osnabrück ; Univ.-Verl. Rasch, 1998
ISBN 3-932147-70-7

Redaktion und Layout: Nina Okrassa
Einbandgestaltung: Britta Lammers, Universitätsverlag
Herstellung: Rasch Druckerei und Verlag, Bramsche
Gedruckt auf säurefreiem Papier, TCF
Printed in Germany

ISBN 3-932147-70-7

Inhalt

Vorwort 7

SABINE GIESBRECHT
Laudatio für Prof. Hans Werner Henze 9

HANS WERNER HENZE
Das Rad der Geschichte und die ewige Wiederkehr 15

STEFAN HANHEIDE
Hans Werner Henzes *Sinfonia N. 9* und die Geschichte antifaschistischer Komposition 19

KLAUS OEHL
RICERCAR – Auf der Suche nach sozialer, politischer und künstlerischer Identität. Die Oper *König Hirsch* als autobiographische Allegorie 55

HANS-JÜRGEN KELLER
Streik bei Mannesmann. Hans Werner Henze als künstlerischer Projektleiter einer Kollektivkomposition. 73

MARION FÜRST
»Und Orpheus zerbrach Apollo's Leier«. Zur Entstehung des Chorzyklus' *Orpheus behind the Wire* von Edward Bond und Hans Werner Henze 93

HARTMUT LÜCK
»Von größtem Dunkel des Zeitalters erfüllt«. Hans Werner Henze und seine neun Sinfonien 113

HANS CHRISTIAN SCHMIDT-BANSE
Gegen die Bilder mit den Bildern. Zur Filmmusik von Hans Werner Henze 125

SABINE GIESBRECHT UNTER MITARBEIT VON NINA OKRASSA
Die Last des nationalsozialistischen Erbes. Anmerkungen zu den *Autobiographischen Mitteilungen* Hans Werner Henzes. 141

Vorwort

Am 26. Oktober 1996 verlieh der Fachbereich Erziehungs- und Kulturwissenschaften der Universität Osnabrück die Ehrendoktorwürde an Hans Werner Henze. Die in der Promotionsurkunde abgedruckte Begründung lautet:

> Mit Hans Werner Henze ehrt der Fachbereich einen Komponisten, der die Entwicklung der Neuen Musik nach 1945 entscheidend mitbestimmt hat. Entgegen dem herrschenden Trend hat er immer eine Kompositionsweise vertreten, bei der die Mitteilung von Inhalten im Vordergrund steht. In Analogie zu Pablo Nerudas »poesia impura« prägte er den Begriff »musica impura« und widersetzte sich damit einem abstrakt-formalen Kunstverständnis. Auf der Basis dieser ästhetischen Position verwendet er seine Musik zum Eintreten für Menschenrechte und Frieden, gegen Gewalt, Unterdrückung und Fremdbestimmung. Die Verbindung von ästhetisch-innovativen Kompositionstechniken und politisch-humanitärem Engagement zeichnet das Werk dieses Komponisten in besonderem Maße aus. Er knüpft an die Tradition von Gustav Mahler, Igor Strawinsky und Karl Amadeus Hartmann an und gehört zu den bedeutendsten Komponisten des 20. Jahrhunderts.

Im Mittelpunkt der Feierstunde in der Aula des Osnabrücker Schlosses standen die hier abgedruckte Rede Henzes und die vorausgegangene Laudatio. Die Bürgermeisterin der Stadt Osnabrück, Frau Lioba Meyer, der Präsident der Universität, Prof. Dr. Rainer Künzel, sowie der Prodekan des Fachbereichs Erziehungs- und Kulturwissenschaften, Prof. Dr. Reinhold Mokrosch, waren mit Ansprachen vertreten. Begleitet wurde das Festprogramm durch Musikbeiträge, ausgeführt von Peter Starke, Pianist und Kapellmeister an den Städtischen Bühnen Osnabrück, sowie der Geigerin Chisato Yamamoto und der Sopranistin Carol Saint-Clair. Die Auswahl der Stücke erfolgte aus der Vorstellung heraus, den Geehrten im Kreis gleichgesinnter Komponisten vorzustellen. Außer Henzes *Capriccio und Ode* aus den *Fünf Nachtstücken* wurden die *Cantilene und Dithyrambe* aus dem *Duo concertant* von Igor Strawinsky und am Schluß *Friede* aus Karl Amadeus Hartmanns Kantate *Lamento* vorgetragen.

Umrahmt wurde die Ehrenpromotion von zwei weiteren Veranstaltungen: am 25.10. von dem im Zusammenhang der Reihe musica pro pace aufgeführten Liederzyklus *Voices*, den die Musikfabrik NRW unter der Leitung von Anne Manson darbot, und am 27.10. von einem Konzert des Osnabrücker Sinfonieorchesters unter der Leitung von Jean-François Monnard, das Henzes *Sinfonia N. 8* zu Gehör brachte.

Der vorliegende Band nimmt von diesen Ereignissen seinen Ausgang; er soll die Ehrung verbreiten und ihr Beachtung verleihen. Da das »politisch-humanitäre Engagement« Henzes für die Verleihung der Ehrendoktorwürde von ausschlaggebender Bedeutung war, möchte die vorliegende Festschrift diesen Aspekt noch verstärken und durch Beiträge zum Werk des Komponisten untermauern.

Stefan Hanheide geht in seinem Aufsatz von dem neuesten, gewichtigsten politischen Werk Henzes aus, der *Sinfonia N. 9*, und schlägt einen weiten Bogen, indem er den Zusammenhang dieses den deutschen Antifaschisten gewidmeten Werkes mit anderen Kompositionen ähnlicher politischer Tendenz herstellt.

Dieser Standortbestimmung folgen drei Beiträge zum politisch-gesellschaftlichen Gehalt einzelner Kompositionen. Klaus Oehl stellt Überlegungen dazu an, inwieweit die Oper *König Hirsch* als autobiographische Allegorie gedeutet werden und zur Identitätsfindung des Komponisten beigetragen haben könnte. Hans-Jürgen Keller untersucht die Kollektivkomposition *Streik bei Mannesmann*, hebt den nicht geringen Anteil Henzes daran hervor und zeigt die politisch-pädagogische Funktion des Werkes auf. Marion Fürst befaßt sich mit der Entstehung des Chorzyklus *Orpheus behind the Wire* und leitet daraus die individuelle Interpretation der Orpheusgestalt durch Hans Werner Henze und seinen Textdichter Edward Bond ab.

Wie intensiv sich der Komponist mit der Tradition der Sinfonie auseinandergesetzt hat, zeigen die Ausführungen von Hartmut Lück, der den kompositorischen Weg skizziert, den Henze von seinen ersten Anfängen in diesem Genre bis hin zur *Neunten* beschritten hat. Hans Christian Schmidt-Banse geht auf die bisher wenig beachteten Beiträge Henzes zur Filmmusik ein. Im Zentrum dieser Filme – etwa in *Der junge Törless* und *Die verlorene Ehre der Katharina Blum* – stehen Personen, die von der Gesellschaft ins Abseits gedrängt werden.

In dem abschließenden Aufsatz beschäftigen sich Sabine Giesbrecht und Nina Okrassa mit der 1996 erschienenen Autobiographie. Indem sie die durchgängig präsente antifaschistische Position Henzes als politische Leitlinie ins Zentrum ihrer Überlegungen stellen, knüpfen sie an die Begründung für die Ehrenpromotion an und schließen damit den Kreis.

Zuletzt haben wir uns noch zu bedanken: Der Sammelband wurde mit finanzieller Unterstützung der Osnabrücker Universitätsgesellschaft und des Fachbereichs Erziehungs- und Kulturwissenschaften gedruckt. Für die redaktionelle Arbeit sei Nina Okrassa gedankt.

Osnabrück, im Juli 1998

Sabine Giesbrecht
Stefan Hanheide

Sabine Giesbrecht

Laudatio für Prof. Hans Werner Henze

Wir ehren mit dieser Veranstaltung einen Komponisten, der das Musikleben nach 1945 maßgeblich mitgestaltet hat und dafür mit zahlreichen Preisen international ausgezeichnet wurde. Hans Werner Henze hat Kompositionsgeschichte geschrieben und ist mit einem gewaltigen kompositorischen Oeuvre hervorgetreten, dessen Originalität und Anspruch sich heute schon so durchgesetzt haben, daß es weitgehend gedruckt vorliegt. Das gerade erschienene Werkverzeichnis wirft ein Licht auf die Formenvielfalt seines Schaffens: Hervorzuheben sind die »klassischen« Instrumentalformen, darunter neun Sinfonien, Kammermusik und Ballette. Es sind jedoch in stärkerem Maße die Vokalwerke, besonders die zahlreichen Opern und verschiedenartigen szenischen und musikdramatischen Werke, mit denen Henze internationale Anerkennung erworben hat. Die damit verbundenen künstlerischen und menschlichen Kontakte, z. B. mit Ingeborg Bachmann, Wystan Auden, Edward Bond, Hans Magnus Enzensberger, Miguel Barnet, um nur einige zu nennen, haben Henze zu immer neuen, sprechenden Ausdrucksformen seiner Musik angeregt. Er ist im übrigen auch selbst als Autor anerkannt und hat sich darüber hinaus als Herausgeber wichtiger ästhetischer Schriften betätigt. Seine Musik zu Filmen wie *Der junge Törless* und *Die verlorene Ehre der Katharina Blum* von Volker Schlöndorff haben seinen Namen auch in breiteren Interessentenkreisen bekannt gemacht.

Henzes Musik ist häufig als Herausforderung aufgefaßt worden; wie andere bedeutende Werke der Weltliteratur ruft auch sein Oeuvre auf der einen Seite scharfe Kritik hervor, findet aber andererseits auch schrankenlose Zustimmung. Diese widersprüchliche Einschätzung gilt auch für seine Person. Henze hat sich nie aus dem Streit der Welt herausgehalten, hat sich erwärmt für Ideen des Sozialismus und aktiv eingegriffen und z. B. den durch ein Attentat schwer verletzten Rudi Dutschke bei sich im italienischen Marino aufgenommen. Diese Haltung bringt ihm bis heute Gegner ein, aber auch Freunde, die seine Offenheit und moralische Integrität bewundern. Uneingeschränkt anerkannt ist sein Einsatz für Nachwuchsmusiker. Henze ist Gründer und künstlerischer Leiter der Münchener Biennale, einem seit 1988 stattfindenden Theater-Festival für junge Komponisten.

Eingesetzt hat er sich auch dafür, ungeschulte, unvoreingenommene und junge Hörer mit alter und neuer Musik vertraut zu machen, vor allem, wenn sie wenig Chancen im Leben hatten, sich musikalisch zu bilden. Im »Cantiere Internazionale d'Arte« von Montepulciano verwirklicht er 1976 zum ersten Mal seine pädagogischen Grundüberzeugungen. Bei diesem workshop-ähnlichen Festival bringt er ein ganzes italienisches Dorf dazu, schöpferisch tätig zu werden und sich in die unterschiedlichsten Musikaktivitäten einbeziehen zu lassen. Künstlerisch-musikalische Bildung ist für ihn eine der Grundbedingungen eines humanen Lebens – eine Auffassung, die heute, angesichts der Unterbewertung der Kunst im Gefüge der verschiedenen Bildungsinstitutionen, nicht hoch genug zu veranschlagen ist. Henze weiß aus Erfahrung, daß Musik zu erleben eine Form von Glück ist, daß Musikalität lehrbar und erlernbar und wichtiger Bestandteil einer würdigen Existenz des Menschen ist.[1] In diesem Sinne hält er das Lehren überhaupt für eine im weitesten Sinne politische Tätigkeit[2] und ergreift deshalb die Initiative für explizit pädagogische Projekte. 1981 gründet er die Mürztaler Musikwerkstätten und eröffnet 1984 erstmals die Deutschlandsberger Jugendmusikfeste. Und schließlich ist die Annahme einer Professur für Komposition an der Staatlichen Hochschule für Musik in Köln ebenfalls Ausdruck für Henzes Bemühen, lehrend Verantwortung zu übernehmen.

Wie kommt ein Komponist, den sich die Öffentlichkeit gern als weltfremden Bewohner eines Elfenbeinturmes vorstellt, dazu, sich darum zu kümmern, daß die Musik als Kunst die Menschen auch tatsächlich erreicht? Die Ursachen für Henzes gesellschaftspolitisches Engagement reichen bis in seine Kindheit zurück. Die lebensnotwendige Bedeutung von Kultur, speziell der klassischen bürgerlichen Musikkultur, erfährt er in jungen Jahren unter der Bedrohung des Faschismus in Deutschland. In seiner jüngst veröffentlichten Autobiographie gibt er darüber Auskunft. Geboren am 1. Juli 1926 in Gütersloh, gehört er zu jener Generation, die gezwungen wurde, für den sogenannten Endsieg des Dritten deutschen Reiches zu kämpfen. Aber schon als Jugendlicher empfindet er den Nationalsozialismus als persönliche Bedrohung, die erträglicher wird durch die Beschäftigung mit der Musik. Klassische Kammermusik, so berichtet er, habe ihn getröstet und gelehrt, »daß Kunst in der Welt der Verfolgten zu Hause ist«[3]. Diese Vorstellung hat sein Denken und Verhalten geprägt und wird zur Richtschnur für zahlreiche spätere Kompositionen. Es sind die Schrecken von gestern, welche die Richtung dieses Komponisten bis heute bestimmen. Das zeigt sich an seiner *Neunten Sinfonie*: Sie orientiert sich an einem Roman, der zum Inbegriff politischer Verfolgung in der Zeit des Nationalsozialismus geworden ist, an dem Roman *Das siebte Kreuz* von Anna Seghers.

Nach dem Kriegsende, das als Befreiung erlebt wird, geht es Henze zunächst darum, sich neu zu orientieren und die im faschistischen Deutschland kaum bekannte – weil als »entartet« denunzierte – Avantgardemusik eines Igor Strawinsky, Arnold Schönberg und Alban Berg zu studieren. Auch andere Kompositionen, die im nationalsozialistischen Deutschland nicht aufgeführt werden durften, beschäftigen ihn intensiv, so z. B. das Werk Gustav Mahlers, das für ihn den Beginn einer neuen Art von Musik markiert. Henze ist fasziniert von der Gebrochenheit des Tonfalls, von der romanhaften Konzeption der Sinfonien, die in epischer Breite von der Welt erzählen, wie sie ist und wie sie sein könnte. Diese Lebensnähe und bildhaften Ausdrucksqualitäten Mahlers sind für Henze Ausdruck der »Wahrheit«[4] und Vorbild für die Festigung seines eigenen Kompositionsstils. Die Suche nach künstlerischem Ausdruck, der die Welt beschreibt, wie sie ist, sollte bestimmend werden für Henzes gesamtes Schaffen.

---

[1] Hans Werner Henze (Hg.), *Zwischen den Kulturen. Neue Aspekte der musikalischen Ästhetik I*, Frankfurt am Main 1979, S. 27.

[2] Ebd., S. 29.

[3] Hans Werner Henze, *Reiselieder mit böhmischen Quinten. Autobiographische Mitteilungen 1926–1995*, Frankfurt am Main 1996, S. 20.

[4] Henze, *Zwischen den Kulturen*, S. 20.

Zunächst beginnt er mit einem systematischen Musikstudium bei Wolfgang Fortner in Heidelberg und René Leibowitz in Darmstadt bzw. Paris. Karl Amadeus Hartmann, den er bei den Darmstädter Ferienkursen kennenlernt, ist er lebenslang in Freundschaft verbunden. Hartmanns Münchener Musica-viva-Konzerte hätten mehr für seine musikalische Bildung getan als alle Erfahrungen, die er bei den Darmstädter Ferienkursen gesammelt habe, – so Henze mit einem Seitenhieb auf Darmstadt, das Mekka der Avantgarde in Deutschland. Wichtig für die weitere politisch-ästhetische Orientierung sind ferner die Komponisten Paul Dessau und Luigi Nono.

Mit dem Festhalten an Ausdruck und Inhalt, denen Henzes Interesse vorrangig gilt, setzt er sich ab gegen herrschende Kompositionsprinzipien der Nachkriegszeit. Nach 1945 gilt als ästhetisch relevant allein die Zwölftontechnik der zweiten Wiener Schule unter Führung von Arnold Schönberg, die übernommen, weiterentwickelt und besonders in der Bundesrepublik Deutschland als Inbegriff der Rationalität in der Musik gefeiert wird. Auch Henze hat sich mit dieser Technik auseinandergesetzt und in seinen Kompositionen von ihr Gebrauch gemacht. Für ihn ist sie aber nur eines der möglichen Kompositionsmittel und nicht die ultima ratio der musikalischen Avantgarde. Schönbergs Behauptung, das Zwölftonsystem garantiere der deutschen Musik die Vorherrschaft in der Welt für weitere hundert Jahre, kritisiert er als peinliche Äußerung eines »Kaiser Wilhelm-Gedankens«[5]. Mit der Relativierung der künstlerischen Bedeutung serieller Musik gerät er in die Schußlinie einflußreicher Verfechter dieser Musikrichtung. Philosophisch untermauert und abgestützt durch Vertreter der Kritischen Theorie wie Theodor W. Adorno, wird sie als Inbegriff des musikalischen Fortschritts gefeiert. Damit beherrscht auch die mit ihr verbundene Ästhetik des autonomen, nur sich selbst genügenden, rational durchgeplanten Werkes über Jahrzehnte hin das Musikleben. Musik dieser Art erschließt ihren Sinn nur Eingeweihten, die in der Lage sind, die differenzierte dodekaphone Konstruktion zu durchschauen, mit anderen Stücken zu vergleichen und zu würdigen.

Eine derart elitäre, den Hörer tendenziell ausschließende Konzeption steht im Widerspruch zu den künstlerischen und pädagogisch-politischen Intentionen Hans Werner Henzes, dessen nach Ausdruck und Inhalt drängende Musik den Zuhörer erwärmen und einbeziehen möchte. Nach zahlreichen, für ihn demütigenden Auseinandersetzungen kehrt er Deutschland den Rücken und ist seit 1953 in Italien zu Hause. Hier intensiviert er seine Kompositionsverfahren und tritt erfolgreich mit der Oper *Die Bassariden* hervor, die in Deutschland auch durchaus gewürdigt wird. Der renommierte Musikkritiker der *Frankfurter Allgemeinen Zeitung*, Hans Heinz Stuckenschmidt, sieht in Henze bereits den legitimen Nachfolger von Richard Strauss. Solche Töne hat Henze vermutlich mit gemischten Gefühlen vernommen, jedoch machen auch andere Urteile in der Fachpresse deutlich, daß er trotz seiner Unangepaßtheit an die herrschende Musikentwicklung schon in den sechziger Jahren als einer der wichtigsten Opernkomponisten der Zeit angesehen worden ist.

In der italienischen Abgeschiedenheit entwickelt er etwa seit Ende der sechziger Jahre das Konzept einer politischen Ästhetik, zu deren Leitlinien die Verantwortung des Künstlers gegenüber der Gesellschaft gehört. Als Zentralbegriff dieser Ästhetik

---

[5] Henze, *Zwischen den Kulturen*, S. 19.

zeichnet sich die Vorstellung einer »musica impura« ab, einer Kompositionsweise, die in Analogie zu Pablo Nerudas »poesia impura« nicht »rein«, das heißt nicht frei von Inhalten aller Art und menschlichen Regungen ist. Nach dieser Auffassung ist Musik keine l'art pour l'art-Kunst, sondern eine eigene Sprache, dazu geschaffen, Botschaften zu übermitteln und Aspekte der Wirklichkeit auszudrücken. Dazu muß der Komponist das musikalische Material so lange bearbeiten, bis es »mitteilsam geworden«[6] ist. Im Dienste dieser mitteilsamen Musiksprache stehen alle Stilmittel, die modernen wie die tradierten. Henze verwendet z. B. die Zwölftontechnik, aber als Basis »für das große Espressivo«[7]; er bedient sich der Aleatorik und kombiniert sie mit genau notierten Abschnitten und Zitaten aus der Volksmusik; er verbindet tonale Passagen mit extrem veränderten Stimm- und Instrumentalklängen zu befremdlicher Expressivität. Die äußere Form eines Werks ist nie Selbstzweck, sondern ordnet sich immer den inhaltlichen Intentionen des Komponisten unter.

Der überbordende Wunsch nach Mitteilung führt dazu, daß Henzes Stücke sich mit der Musik allein nicht begnügen wollen, sondern dazu tendieren, Sprache, Texte, Bewegungen, Ballett, Stimmaktionen zur Verdeutlichung des Inhaltes einzubeziehen. So machen denn auch Opern und vielfältige Formen des Musiktheaters einen besonders umfangreichen Teil des Oeuvres aus. Der Hang zu plastischen Ausdrucksformen ist aber auch den rein instrumentalen Werken, der Kammermusik oder den Sinfonien immanent.[8] In manchen Stücken greifen die Instrumentalspieler z. B. improvisierend in die Komposition ein oder werden zu Akteuren, schlüpfen in die Rolle von Schauspielern und stellen die durch die Musik angedeuteten inneren und äußeren Bewegungen dar. So gerät dem Komponisten alles zum realen oder imaginären Theater, bei dem die Musik sozusagen ihre Hände nach dem Leben ausstreckt.

Mit der Darstellung von Inhalten ist Henzes Musik auf den Rezipienten gerichtet. Der Hörer soll nicht im Dämmerlicht des abgedunkelten Konzertsaals nur »einen flüchtigen akustischen Blick«[9] auf die Arbeit des Komponisten werfen, sondern innerlich beteiligt werden und Gefühle, Einstellungen und Imaginationen entwickeln. Indem sie sich großzügig ihren Hörern zuwendet und ihnen Möglichkeiten des Verstehens eröffnet, ist Henzes Musik kommunikativ. Ihre auf Wirkung und Verstehen angelegte Tendenz vergrößert den Abstand zu anderen avantgardistischen Musikarten in der Nachfolge Schönbergs, der ein Publikum für seine Musik eigentlich kaum noch eingeplant hatte.

Seit Ende der sechziger Jahre engagiert Henze sich dezidiert politisch und tritt damit auch öffentlich in Erscheinung. Unter dem Einfluß der Berliner Studentenbewegung und ihrer Sprecher Rudi Dutschke und Gaston Salvatore entwickelt er eine politische Ästhetik, die die Tradition engagierter Musik von Hanns Eisler oder Paul Dessau in veränderter Form aufgreift. Damit bringt er die Diskussion über die Funktion autonomer Musik auf der einen Seite und die Ziele engagierter Kunst auf der anderen aufs neue in Gang. Ist es einer Musik gestattet – oder ist sie sogar dazu verpflichtet –, konkret Stellung zu nehmen und gegen Gewalt, Unterdrückung und Fremdbestimmung

---

[6] Henze, *Zwischen den Kulturen*, S. 16 f.

[7] Ebd., S. 19.

[8] Henze, *Reiselieder*, S. 45.

[9] Henze, *Zwischen den Kulturen*, S. 25.

ihre Stimme zu erheben? Und muß sie nicht, um diese Ziele zu verwirklichen, sich einem breiten Publikum verständlich machen können?

Henze hat seinerzeit aus seinem Engagement für den Sozialismus, vorwiegend kubanischer Prägung, keinen Hehl gemacht und Vokalwerke mit politischen und sozialkritischen Sujets geschrieben. Stücke wie *El Cimarrón*, in dem Stationen einer Sklavenbefreiung vorgeführt werden, und mehr noch das Oratorium *Das Floß der Medusa* aus dem Jahr 1968 haben ihm schärfste Kritik, einen Aufführungsboykott und finanzielle Nachteile in Deutschland eingebracht. Im weiteren Sinne politisch sind auch die »Actions for Music« *We come to the River* nach einem Text des englischen Dramatikers Edward Bond; das Stück thematisiert die Verheerungen, die Gewalt und Militarismus dem Menschen innerlich und äußerlich zufügen. Insgesamt kann man für die explizit politischen Werke, zu denen auch die gestern abend aufgeführten *Voices* gehören, sagen, daß es Henze wohl kaum um politische Agitation geht. Vielmehr zeigen solche Kompositionen eher die Solidarität mit den Opfern und führen eindringlich vor Augen, wie Unterdrückung die Menschen – die Opfer wie die Täter – zurichtet. Daß diese Botschaft unter den veränderten politischen Bedingungen der Gegenwart in diesem Sinne verstanden wird, ist z. B. an der begeisterten Aufnahme des Medusa-Oratoriums vor einigen Monaten in Berlin abzulesen.

Henzes schöpferische Produktivität hat sich seit Mitte der achtziger Jahre noch verstärkt, der für ihn charakteristische, mit explosivem Ausdruck geladene Tonfall erscheint verdichtet[10] und schlägt sich nieder u. a. in fünf neuen, großen Hauptwerken: einem Cello- und einem Gitarrenkonzert, einem Requiem, der Oper *Das verratene Meer* sowie der *Achten Sinfonie*, die morgen in der Stadthalle zur Aufführung gelangt und der Segmente aus Shakespeares *Sommernachtstraum* zugrunde liegen.
Die unglaubliche Aufmerksamkeit der Öffentlichkeit, die diesem Komponisten anläßlich seines 70. Geburtstages zuteil wird, ist Ausdruck der Anerkennung für ein Gesamtwerk, das seinesgleichen sucht. Es ist fortschrittlich in seiner humanen Aussagekraft, mit der die Tradition der Komponisten Gustav Mahler, Alban Berg, Igor Strawinsky und Karl Amadeus Hartmann fortgesetzt wird.

Wir wünschen Ihnen, sehr verehrter Herr Prof. Henze, Kraft und Entschlossenheit, diesen Weg weiter zu gehen. Wir haben zu danken für ein beeindruckendes, ästhetisch-innovatives Oeuvre und erweisen unsere Reverenz einem unbeirrbaren Humanisten und dem wohl bedeutendsten deutschen Musiker der Zeit.

---

[10] Peter Petersen, *Hans Werner Henze. Werke der Jahre 1984–1993*, Mainz u. a. 1995, S. 9.

Hans Werner Henze

Das Rad der Geschichte und die ewige Wiederkehr[1]

Der Frieden wird zwangsläufig mit militärischen Mitteln, meist unter großem Aufwand von Menschenleben und kriegerischem Material, herbeigeführt. Bevor ein Friede geschlossen werden kann, muß eine der beiden in den Konflikt verwickelten Parteien geschlagen worden sein, besiegt: Einer muß zum Verlierer geworden sein, damit der andere sich als der siegreich aus dem Kampfe Hervorgegangene betrachten und bezeichnen kann. Der Sieger bestimmt die Bedingungen, unter denen der Friede stattzufinden hat. Die Geschlagenen sind diesen Bestimmungen bedingungslos unterworfen, sie leben nun, innerlich und äußerlich unfrei, in Unfrieden, sind mit denen ihnen aufgezwungenen Bedingungen nicht zufrieden, werden zu Friedensfeinden und sinnen auf Rache, auf Freiheit, auf Mittel und Wege, diesen ihnen aufgezwungenen, unerträglichen, repressiven Frieden zu unterwandern und schließlich abzuschaffen.

Es gibt also sowohl den falschen, schlechten Frieden und den richtigen, den guten Frieden. Es kommt auf die Perspektive an, es hängt vom Gesichtspunkt ab.

Während wir hier versammelt sind, meine Damen und Herren, finden in der Welt gerade 56 Kriege statt, davon 28 im von unseren weißen Vorfahren ruinierten Afrika, unter Verwendung hochmoderner europäischer Waffen. In Asien finden augenblicklich 26 Kriege statt, in dem von unseren weißen Vorfahren ruinierten Lateinamerika nur 11.

Es handelt sich um Materialschlachten oder um hartnäckige jahre-, jahrzehntelang durchgehaltene Kleinkriege mit ihren täglichen, alltäglichen Meuchelmorden, Terroranschlägen oder um Bürgerkriege oder Bruderzwiste oder um einen kalten Krieg.

Oft werden diese Kriege nicht so sehr auf Grund territorialer Besitzansprüche geführt als auf Grund kultureller, religiöser Meinungsverschiedenheiten, die auch Jahrzehnte, was sage ich, Jahrhunderte alt sein können und immer wieder für Unruhe und für das Nichtzustandekommen friedfertigen Denkens sorgen.

Als Schuljunge habe ich gelernt (es war die Zeit des vom deutschen Volk gewollten »totalen Krieges« gegen die europäische Zivilisation), daß der Krieg ein unvermeidlich Ding ist, das kommt und geht wie die Gezeiten, wie das Rad des Schicksals. Von Naturgesetzen war die Rede und davon, daß das Leben ein Kampf sei, von der Notwendigkeit, sich zu schlagen, einander umzubringen für die eine oder die andere Sache. Jeder Mann kommt demnach als Krieger auf die Welt (das Baby stößt bereits mit allen kriegerischen Urinstinkten versehen zu uns) und jede Frau als substantielle Kriegerwitwe.

1945, am Ende des totalen Zweiten Weltkrieges dann, saßen wir auf den Trümmern, zählten und begruben die Leichen, beweinten sie und bedauerten unser kollektives Versagen gegenüber der Diktatur, unser Mitläufertum und unseren kollektiven Mangel

---

[1] Ansprache Hans Werner Henzes anläßlich der Verleihung der Ehrendoktorwürde.

an Zivilcourage. Und wir sagten uns: Auf diese Katastrophe, dieses massive Verbrechen an der Menschlichkeit, auf diesen Rückfall in die Barbarei, wie wir sie mit eigenen Augen gesehen haben, auf diesen totalen Verlust gibt es nur eine einzige brauchbare Antwort: *Es mußte eine völlige Revision des Denkens stattfinden.* Sie mußte anfangen mit dem kollektiven Eingeständnis einer kollektiven Schuld. Es fand eine Katharsis statt – bei Einzelpersonen, nicht bei allen! – aus der ein neuer, besserer (um nicht zu sagen: höherer) Bewußtseinsstand hervorgehen mußte, worin der *Pazifismus* die zentrale Rolle spielen, die Grundsubstanz des Denkens ausmachen würde.

Es ist nicht unmöglich, sich eine Welt ohne Krieg, ohne Krieger vorzustellen. Es müßte damit anfangen, daß dem den Menschen innewohnenden »tierischen Instinkt« der Aggression die Basis entzogen wird, denn dann würde dieser Instinkt als inexistent schon bald in Vergessenheit geraten und Freiräume schaffen für bessere, gesellschaftsfähigere Instinkte als z. B. dem der Mordlust. Das ist nun allerdings wirklich sehr schwer zu bewerkstelligen, weil es ja, wie wir alle wissen, nur auf egalitäre Weise möglich ist. Gleichheit und Brüderlichkeit, zwei zur schlichten Bedeutungslosigkeit heruntergekommene Tugenden, müßten mit dem Glanz neuer Begeisterung und neuer Inhalte versehen werden. Das würde voraussetzen und bedeuten, daß die Welt, die ganze Welt, sich vollkommen ändert, zum Besseren. Es würde unter anderem bedeuten, daß in Zukunft die Menschen aktiv dafür arbeiten und sorgen können, daß jeder andere, jeder Mitmensch seinen Bedürfnissen und gesellschaftlichen Erwartungen entsprechend leben und seine Persönlichkeit ungehindert entwickeln und entfalten kann.

In einer friedliebenden Gesellschaft müßte sich die aktive Präsenz der moralischen Seelsorge, der Psychologie, vertiefen und bei der Erziehung von Kindern und Jugendlichen eine wesentliche, eine führende Rolle spielen. Die außerordentlich zahlreichen Lehrkräfte, außerordentlich gut geschulte und trainierte Leute, würden die Kinder mit äußerster Sorgfalt und Intelligenz und mit künstlerischen Mitteln zur Gewaltlosigkeit und zur Solidarität erziehen.

Und das Militär müßte natürlich abgeschafft werden, überall, allgemein, es wird nicht mehr mit dem Säbel gerasselt. Friede auf Erden! Die durch diese Abschaffung freigewordenen Mittel flössen dann direkt in die Operntheater, die Kindergärten, die Kulturministerien, in die Universitäten und Grundschulen, Kunstschulen, Kunsthochschulen, und so würde es endlich möglich, systematisch und allgemein, die Gewaltlosigkeit, die Toleranz und die Liebe zum Frieden als nationale Hauptthemen zu betrachten, zu einem Gegenstand der Forschung und der Förderung und des Strebens. Denn Orpheus ist, die Musik, alle Künste sind dazu da, die dunklen Triebe, die in den Menschen rumoren, zu befrieden. Die Kunst ist imstande, inneren Frieden herzustellen, Einklang zu stiften, die Seelen aufzurichten. Jedes Menschenkind hat das Recht auf Musik. Die Kunst müßte gerade in ihrer gesellschaftspolitischen Bedeutung ernst genommen werden, als das beste Mittel gegen das jedem Menschen innewohnende seelische Unglück, das den Neid kennt, die Mordlust, das Unglück, das alle latent vorhandenen negativen Eigenschaften zu mobilisieren weiß.

Wenn eines Tages alle Menschen mit Musik und mit den Dingen der Kunst beschäftigt sein werden, mit den Schönheitsbegriffen aus unserer Kulturgeschichte und ihren heutigen Varianten und Entwicklungen, wenn alle Menschen, dank der neuen

Sensibilisierungstechniken unserer neuen Erzieher, zu Künstlern geworden sein werden – am besten schon bald! – wird es keine Mordwaffen mehr geben, keine blutigen Auseinandersetzungen mehr, kein Giftgas, kein Napalm, keine Bomben, keine Kriege. Wenn Gerechtigkeit, Gleichheit, Einverständnis und Brüderlichkeit nicht zuletzt auch mit den Völkern aller anderen Länder und Erdteile erzielt worden sein werden, am besten schon morgen, sind auch die Voraussetzungen gegeben für ein friedvolles, humanes, humanistisches, humanitäres neues Jahrtausend, für eine neue, vom Drachen befreite Welt.

Friede auf Erden! Und den Menschen ein Wohlgefallen.

Stefan Hanheide

Hans Werner Henzes *Sinfonia N. 9* und die Geschichte antifaschistischer Komposition

Hans Werner Henze hat seine *Sinfonia N. 9*, die am 13. September 1997 in der Berliner Philharmonie uraufgeführt wurde, »den Helden und Märtyrern des deutschen Antifaschismus gewidmet«. Dem Werk liegt als zentrales Sujet der Roman *Das siebte Kreuz* von Anna Seghers zugrunde, der von der Flucht von sieben Inhaftierten eines deutschen Konzentrationslagers handelt, von denen nur einer das rettende Ausland erreicht. Die von Hans-Ulrich Treichel gedichteten Verse, die von dem in allen sieben Sätzen agierenden Chor vorgetragen werden, folgen der Handlung des Romans in knapper Diktion. Sowohl die Widmung als auch das Sujet weisen die Komposition als gegen den deutschen Faschismus gerichtet aus, der sich den Namen »Nationalsozialismus« gab. Innerhalb der Vielzahl seiner politisch-gesellschaftlich ausgerichteten Werke thematisiert Henze hier zum ersten Mal dezidiert diese unheilvolle Phase deutscher Geschichte.

Den zahlreichen Zeitungsbesprechungen, die dieses Werk im Anschluß an die Uraufführung zu charakterisieren suchen, ist das Bemühen gemein, der *Neunten Sinfonie* Kompositionen gegenüberzustellen, an die Henze anknüpft, die ihr ähnlich sind, ja, in deren Tradition sie steht. Zwei Werke werden dabei mehr als alle anderen angeführt: Beethovens *Neunte Sinfonie* und Hanns Eislers *Deutsche Sinfonie*.[1] Beethovens Werk wird vor allem deshalb genannt, weil auch er in seiner Sinfonie gleicher Numerierung erstmalig das Wort in diese traditionell instrumentale Gattung integriert und weil er damit eine Botschaft an die Menschheit verknüpft. Eine Gattung absoluter Musik erhält eine verbal artikulierte Aussage von humanitär-appellativem Charakter. Eislers Werk wird mit demjenigen Henzes konfrontiert, weil sich auch dort eine Sinfonie unter Einbindung des Wortes mit dem deutschen Faschismus auseinandersetzt. Andere Werke, zu denen Bezüge hergestellt werden, sind das *Requiem* von Brahms wegen seiner sieben Sätze, die neunten Sinfonien von Bruckner, Mahler und nochmals von Beethoven wegen ihrer *d*-Moll-Sphäre[2], die Wirtshaus-Szene aus Alban Bergs

---

[1] Eislers *Deutsche Sinfonie* wird genannt von Albrecht Dümling (*Berliner Tagesspiegel*, 11.9.97), Hans-Klaus Jungheinrich (*Frankfurter Rundschau*, 13.9.97), Gerhard R. Koch (*Frankfurter Allgemeine Zeitung*, 15.9.97), Wilfried Mommert (*Neue Osnabrücker Zeitung*, 13.9.97), Manuel Brug (*Berliner Tagesspiegel*, 13.9.97) und Reinhard Oehlschlägel (*Musiktexte*, Nov. 97); Beethovens *Neunte Sinfonie* wird genannt von Albrecht Dümling (*Berliner Tagesspiegel*, 11.9.97), Manuel Brug (*Berliner Tagesspiegel*, 13.9.97), Wolfgang Schreiber (*Süddeutsche Zeitung*, 13./14.9.97) und Gerhard R. Koch (*Frankfurter Allgemeine Zeitung*, 15.9.97).

[2] Heinz Josef Herbort (*Die Zeit*, 19.9.97).

Wozzeck wegen einiger Ähnlichkeiten bei Henze[3], ferner Schostakowitschs *Fünfte*, *Dreizehnte* und *Vierzehnte* Sinfonie[4], Benjamin Brittens *War Requiem*[5] und allgemein das Schaffen Luigi Nonos[6]. Schließlich nennen die Kritiken noch klangliche Ähnlichkeiten zwischen bestimmten Stellen in Henzes Sinfonie und Mahlers *Adagietto*, Debussys *Sirènes*, Berlioz' *Symphonie phantastique* und Mendelssohns *Reformations-Sinfonie*.[7]

Die Auffindung von Klangelementen älterer Musik im neuen, uraufgeführten Werk ist seit jeher eine Domäne der Musikkritik, mit der sie nicht zuletzt und nicht zu Unrecht ihre breite Werkkenntnis dokumentiert. Aber die darüber hinaus angestoßene Fragestellung, in welcher Tradition sich Henze mit seinem den deutschen Antifaschismus thematisierenden Werk befindet, lohnt eine eingehendere Untersuchung. Dabei soll aufgezeigt werden, daß es eine breite Entwicklung des Komponierens gegen den Faschismus gibt, die weitaus umfangreicher und vielfältiger ist, als sie in den Rezensionen der Uraufführung erschien. Des weiteren sollen die ästhetischen Probleme diskutiert und die gesellschaftlichen Schwierigkeiten skizziert werden, die sich dieser Art von Musik im Laufe ihrer Geschichte stellten. In der Darstellung der unterschiedlichen Tendenzen des Komponierens gegen den Faschismus treten spezifische Merkmale der Henzeschen *Neunten* ebenso in Erscheinung wie sein individueller Weg innerhalb der engagierten Musik schlechthin.

Hanns Eisler

Die Geschichte antifaschistischer Komposition begann vor dem Faschismus. Gemeint ist damit die Zeit vor dem 30. Januar 1933, als sich der deutsche Nationalsozialismus als Regierungsmacht institutionalisierte. Schon die Entwicklungen der Zeit vorher, als der Nazi-Geist sich formierte und seine Parolen propagierte, evozierten ein Komponieren als Gegenmaßnahme.

Hanns Eislers Annäherung an den Kommunismus ab 1926 führte ihn zu Überlegungen über eine spezifische Musik im Sinne dieser Ideologie. Er komponierte eine Fülle von »Kampfmusiken«, deren Inhalte im wesentlichen aus der Verbreitung zentraler kommunistischer Positionen bestanden. In erster Linie gehörte das Engagement für die Arbeiter- und Bauernschaft dazu, Sympathie für die russische Revolution, Gedenken an deren Opfer, schließlich Antikriegspositionen, verbunden mit der Verurteilung des Ersten Weltkrieges. Ab 1930 trat die Auseinandersetzung mit jener zum Hauptgegner der Kommunisten herangewachsenen Gruppierung hinzu, den Nationalsozialisten. Manifestieren läßt sich das an Titeln wie *Das Lied vom SA-Mann* (1931), *Der Marsch ins dritte Reich* (1932) und *Das Lied vom Anstreicher Hitler* (1933). All diese ideologisch ausgerichteten Kompositionen lassen sich mehr oder minder unter dem Begriff »Agitprop« summieren, worunter die Verknüpfung von Agitation und Propaganda mit künstlerischen Mitteln verstanden wurde. Sie standen in dem ästhetischen Zwiespalt,

---

[3] Herbort, *Die Zeit*; Brug, *Berliner Tagesspiegel*.

[4] Jungheinrich, *Frankfurter Rundschau*.

[5] Koch, *Frankfurter Allgemeine Zeitung*.

[6] Jungheinrich, *Frankfurter Rundschau*.

[7] Alles bei Brug, *Berliner Tagesspiegel*.

daß mit der Musik einerseits breite Volksmassen erreicht werden sollten, daß dieses andererseits aber nicht mit Hilfe bürgerlicher Musiziermuster geschehen sollte. Die Fortschrittlichkeit sollte sich im musikalischen Material niederschlagen, ohne daß seine Komplexität ein Verstehen von Seiten breiter Massen verhinderte.

Dieser Konflikt, der hier gleich am Beginn der politisch-engagierten Musik zutage trat, blieb der Gattung anhaften und prägte die Diskussion um sie. Das galt entsprechend auch für ein Teilgebiet dieser Musik, die Kompositionen mit antifaschistischem Gehalt. Neben Eisler befaßten sich auch andere Komponisten in dieser Zeit mit einer kommunistisch intendierten Musik in Berlin, so Wladimir Vogel und Stefan Wolpe, die beide russische Vorfahren hatten.

Die Übernahme der politischen Macht durch die Nationalsozialisten führte zu einer Auswanderungswelle großen Ausmaßes, die auch Komponisten betraf. Bedroht waren vor allem Juden und Linke, während die dritte mißliebige Gruppe, die »Neutöner«, nicht unmittelbar in Gefahr stand. Paul Hindemith stellt dafür ebenso ein Beispiel dar wie Anton Webern nach dem »Anschluß« Österreichs. Arnold Schönberg, »Neutöner« wie Hindemith, hatte dagegen – trotz seiner deutschnationalen Einstellung – als Jude keine Chance im nationalsozialistischen Deutschland. Hanns Eisler schließlich stand als »Neutöner«, Jude und Linker dreifach in der Schußlinie. Sein Rückzug aus Deutschland war unumgänglich.

Während die antifaschistische Agitation vor 1933 das Ziel verfolgte, die Bevölkerung zur Abkehr von den Nationalsozialisten zu bewegen, zeigte sich die Situation danach verändert. Eine Agitation in Deutschland selbst war nun ausgeschlossen. Eisler unterstützte den Zusammenschluß der Antifaschisten im Ausland mit entsprechend engagierter Musik, worunter besonders das *Einheitsfrontlied* von 1934 große Popularität erlangte. Als zentrale Gattung antifaschistischer Musik trat nunmehr die Kammerkantate hervor, von denen Eisler in dieser Zeit neun komponierte und einige auch zur Aufführung außerhalb Deutschlands gelangten. Das wichtigste Ereignis antifaschistischer Agitation in den nächsten Jahren war der spanische Bürgerkrieg. In den gegen Franco gerichteten Internationalen Brigaden kämpften Intellektuelle und Künstler aus allen Teilen Europas. Eisler komponierte verschiedene Kampfmusiken.[8]

Bei Eisler gelangte die ästhetische Problematik seiner Agitationsmusik mehr und mehr zum Bewußtsein: »Überpolitisierung in der Kunst führt zu Barbarei in der Ästhetik.«[9] Mit dem Ziel, seinen Gegnern nicht nur agitatorisch-politisch, sondern auch ästhetisch überlegen zu sein[10], versuchte er eine Symbiose von Kunstmusik und politischer Aussage. Das zentrale Werk, das unter dieser Maßgabe entstand, ist die *Deutsche Sinfonie* op. 50. Erste Pläne dazu gab es zwischen März und Mai 1935, und am 20. Juli des Jahres teilte Eisler in einem Brief an Bertolt Brecht die Idee einer Sinfonie mit, »die den Untertitel ›Konzentrationslagersymphonie‹ haben wird«. Kurze Zeit später gab er bekannt, daß das Werk »den politischen Gefangenen im faschistischen Deutschland gewidmet sein wird«[11]. Die ersten beiden Sätze, »An die Kämpfer in den

---

[8] *Marsch des 5. Regiments*, *No pasarán*, *Lied vom 7. Januar* u. a.

[9] Zit. nach Thomas Phleps, *Hanns Eislers »Deutsche Sinfonie« – Ein Beitrag zur Ästhetik des Widerstands*, Kassel u. a. 1988, S. 52.

[10] Ebd.

[11] Ebd., S. 55.

Konzentrationslagern« – später Nr. 2 – und »Begräbnis des Hetzers im Zinksarg« – später Nr. 7 –, widmen sich ganz explizit der faschistischen Gewalt gegen Dissidenten. Der erstere bekundet, daß die in den Lagern inhaftierten Gesinnungsgenossen nicht vergessen sind, daß ihnen stetiges Andenken gilt. Der siebte Satz gedenkt eines von den Nationalsozialisten ermordeten kommunistischen Agitators. Ferner widmen sich die Sätze 1 und 5 der gleichen Thematik, und auch der neunte Satz ist davon berührt. Die Textvorlage des ersten Satzes bildet Brechts Gedicht *O Deutschland, bleiche Mutter*. Darin wird zur Sprache gebracht, daß Deutsche gegen ihre eigenen Brüder die Hand erheben, also im Klassenkampf Gewalt gegen die eigenen Landsleute ausüben. Eisler wählt aus dem 38zeiligen Gedicht nur vier Zeilen aus, die er zudem noch modifiziert, bei ihm lautet der Text: »O Deutschland, bleiche Mutter, wie bist du besudelt mit dem Blut deiner besten Söhne«. In dieser Gestalt läßt der Text offen, was das Blut der Söhne hervorgerufen hat – naheliegend wären Gedanken an den Ersten Weltkrieg. Das musikalische Zitat der *Internationalen* im Zusammenhang mit den Söhnen weist auf den Klassenkampf hin und läßt Bezüge zum Weltkrieg nicht zu. Außerdem darf vorausgesetzt werden, daß der Hörer die Gesamtaussage von Brechts Gedicht, in dem die gewaltsame Unterdrückung des Proletariats im Mittelpunkt steht, kennt. Der fünfte Satz der *Deutschen Sinfonie* handelt vom KZ Sonnenburg, einem der ersten deutschen Konzentrationslager. Und auch im neunten Satz, der Arbeiterkantate »Das Lied vom Klassenfeind«, in der die Geschichte der immer wieder betrogenen Arbeiterklasse in Deutschland nachgezeichnet wird, klingt die faschistische Gewalt an. Unter diesen Prämissen rückt das Werk in die Nähe von Henzes *Neunter*, und die vielfach in der Presse gezogenen Parallelen scheinen gerechtfertigt. Aber die Thematisierung der nationalsozialistischen Gewalt ist bei Eisler eingebettet in einen größeren Zusammenhang: in das Schicksal der Arbeiterklasse. Die Arbeiterklasse, so könnte man die Hauptaussage der *Deutschen Sinfonie* formulieren, wurde von den Oberen betrogen, mit falschen Versprechungen abgespeist, hinters Licht geführt. Diese Aussage tritt außer in dem erwähnten neunten Satz besonders im vierten Satz »Zu Potsdam unter den Eichen« hervor, der den betrogenen Kriegsveteranen gewidmet ist. Die Arbeiterklasse, so muß der zweite Teil der Hauptaussage lauten, hat selbst unklug agiert, indem sie sich hat spalten lassen in einen nationalsozialistischen und einen kommunistischen Flügel. Das tritt im fünften Satz hervor, der im KZ Sonnenburg spielt und die gleichen Interessen von Häftlingen und Bewachern thematisiert. Beide Gruppen entstammen der Arbeiterklasse, die Häftlinge gehören der linken Seite an, die Bewacher, in Sonnenburg SA-Männer von ebenfalls zumeist proletarischer Herkunft, stehen auf der rechten Seite, die die Macht hat. Beide Parteien haben das gleiche Problem, sie haben Hunger, weil die Reichen ihnen das Essen vorenthalten. Die Bewacher sollten, so Brechts Rat, ihre Leidensgenossen aus den Ketten holen und sich gemeinsam mit ihnen an die »Fetten« heranmachen. Die Existenz von Lagern, in denen die Vertreter der Arbeiterklasse bedroht werden, ist eine der Folgen ihres gescheiterten Kampfes. Eine weitere ist die fortdauernde Existenz von Hunger und Armut, die außer im schon genannten fünften Satz auch im achten, der Bauernkantate, angesprochen wird. Eine dritte Folge ist der Krieg, der in dem erwähnten vierten Satz im dritten Teil der Bauernkantate behandelt und als ein Produkt der Regierung und der Generäle dargestellt wird. Im Namen der Verteidigung der Kultur würden in Wirklichkeit Spitäler bombardiert und die Antikriegsmentalität der Bevölkerung zum Schweigen gebracht.

Das Generalthema von Eislers *Deutscher Sinfonie* wäre also das Scheitern der Arbeiterklasse, an die Macht zu gelangen. Das zeigt sich in der Bedrohtheit ihrer Protagonisten in den Lagern, in der Existenz von Krieg und von Hunger und Armut. Damit ist die zum Ausdruck gebrachte Thematik umfassender als in Henzes *Neunter*. Henze beschränkt sich auf einen Teilaspekt der Problematik: Er stellt den rohen nationalsozialistischen Terror dar, wie er sich auf die Kämpfer gegen diese Ideologie auswirkt.

In diesem Zusammenhang gibt es einige Parallelen zwischen beiden Werken, auf die hinzuweisen ist. Wie bei Eisler im ersten und fünften Satz, so erscheint auch bei Henze der Gedanke, daß Bedroher und Bedrohte ursprünglich einer Gemeinschaft entstammen. Brecht spricht von Brüdern, bei Hans-Ulrich Treichel heißt es in der Wirtshausszene »Gestern bin ich noch bei ihnen gesessen«. In seiner Programmheft-Notiz zur Uraufführung[12] spricht er von »Nachbarn«. Als eine weitere Parallele macht sich in beiden Werken Religionskritik breit. Im ersten Teil der Eislerschen Bauernkantate (Satz 8) wird unverhohlen Kritik am ungerechten Gott geübt, der den Bauern nicht Regen schickt, sondern einen Orkan, der sie ruiniert. Und auch in Henzes sechstem Satz, der »Nacht im Dom«, klagt der Flüchtende den gekreuzigten Gott an, daß er ihm nicht helfe: Auf sein Rufen reagiert Gott nicht, er bleibt stumm. In diesem Zusammenhang zeigt sich eine weitere Parallele, der Antagonismus von Kälte und Wärme: Hans-Ulrich Treichel beschreibt das eigene menschliche Blut des Flüchtenden als warm, den Dom als Ort Gottes dagegen als kalt. Und im Schlußsatz, der »Rettung«, dominieren Worte, die Wärme evozieren, so etwa die Sonne, die das Land durchglüht, der Sommer, der blühende Apfel und der reifende Wein. Und in ähnlicher Form fordert der Schlußsatz aus Eislers Sinfonie dazu auf, sich »unseren Söhnen« zuzuwenden: »Wärmt sie, es ist ihnen kalt«.

Gegenüber diesen Übereinstimmungen in Einzelheiten ist die textliche Grundanlage in beiden Werken doch grundverschieden. Die Dichtung Treichels ist, in Umsetzung von Anna Seghers' Roman, dramatisch und hochexpressiv, sie übermittelt die Empfindungen der handelnden Personen intensiv und mitfühlend. Ganz anders dagegen bei Eisler: Die Brecht-Dichtungen und seine eigenen, an Silone angelehnten Texte sind episch, satirisch-gebrochen, ein anderes Mal agitatorisch und politisch-belehrend, doch niemals so dramatisch wie bei Treichel. Die Gewalt und die Todesbedrohtheit, der die KZ-Inhaftierten ständig ausgesetzt waren und die daraus resultierende Angst sind in den Eislerschen Texten nicht annähernd so nachzuvollziehen wie in Henzes Werk. Dem beständigen Ich des einzelnen Verfolgten bei Treichel stehen die ebenso beständigen Pluralformen der kollektiven Arbeiterschaft bei Brecht gegenüber. Im Mittelpunkt von Henzes Werk steht das bedrohte Individuum, im Zentrum bei Eisler dagegen die gescheiterte Revolution des Proletariats.

Auch in der musikalischen Erscheinung unterscheiden sich beide Werke deutlich. Ohne auf Einzelheiten der kompositorischen Struktur einzugehen läßt sich doch feststellen, daß Henzes Musik emotional bewegt, während Eisler intellektuell zu überzeugen versucht. Bei Eisler hört man kaum Leid, kaum Angst und Verzweiflung, die bei

---

[12] Ebenfalls im CD-Booklet des Live-Mitschnitts und fast identisch in der Dirigierpartitur des Schott-Verlages abgedruckt.

Henze permanent präsent sind. Bei ihm dagegen fehlt die Parteinahme für den Sozialismus. Eislers Werk könnte episch genannt werden, es erscheint als Kantate, worauf auch die darin enthaltenen Arbeiter- und Bauernkantaten hinweisen. Henzes Werk kann mit allem Recht dramatisch genannt werden. Es zieht den Hörer auf die Seite des Protagonisten, läßt ihn mitleiden, sucht ihn in das Geschehen zu integrieren. Nach dem Anhören von Eislers Werk ist man belehrt, vielleicht geneigt zu diskutieren, nach dem Anhören von Henzes Werk verharrt man in Stille unter dem tiefen Eindruck der erlebten Dramatik.

Bertolt Brecht ist als Textdichter bei Eisler auch jenseits der *Deutschen Sinfonie* ständig präsent; Henze zieht nur eine einzige seiner Dichtungen zur Vertonung heran. Dabei handelt es sich um *Keiner oder alle* im Zyklus *Voices*. Und hier versucht Henze, den Eislerschen Stil nachzuahmen oder, wie er es nennt, »die Weill-Eisler-Dessau-Tradition in meinem eigenen Stil weiterzuführen«[13]. Dieses Lied – und noch wenige weitere in dem Zyklus – steht also in der musikalischen Tradition Hanns Eislers. Die *Sinfonia N. 9* folgt dagegen ganz anderen Spuren als denen von Eislers *Deutscher Sinfonie*.

Schließlich sei noch auf die geschichtliche Wandlung der Kompositions- und Aufführungsbedingungen der beiden Werke hingewiesen. Obwohl Eisler auf Aufführungen wenigstens von Teilen seiner Komposition hoffen durfte – eine Teilaufführung während des IGNM-Festes 1937 in Paris wurde aufgrund des deutschfeindlichen Textes erst unmittelbar vor der Aufführung abgewendet – mußte er sich doch mit der Situation konfrontieren, für die Schublade zu komponieren. Er sprach auch von dem langen Atem, 1934 Werke anzufangen, die dann 1950 oder 1960 gespielt werden.[14] Tatsächlich erfolgte die Uraufführung der *Deutschen Sinfonie* erst am 24. April 1959. Henze dagegen komponierte sein Werk im Auftrag des Berliner Philharmonischen Orchesters und der Berliner Festwochen. Der Uraufführungstermin stand schon fest, als das Werk noch lange nicht fertiggestellt war.[15] Die Uraufführung wurde im Rundfunk bundesweit übertragen, das ganze musikinteressierte Deutschland nahm davon Notiz. Ein Mitschnitt der Uraufführung erschien kurze Zeit später als CD. Dieses grosse Interesse und die kurze Zeit zwischen Fertigstellung des Werkes und Uraufführung dürfte eher eine Ausnahme im Rahmen einer Geschichte antifaschistischer Kompositionen sein. Das sei nicht nur mit Blick auf Hanns Eisler, sondern auch auf Karl Amadeus Hartmann gesagt.

Karl Amadeus Hartmann

Der Versuch, alle nach 1933 in Deutschland verbliebenen Komponisten mehr oder weniger als pronationalsozialistisch einzuordnen und Antifaschisten nur unter den Emigranten zu suchen, dürfte schwerlich gelingen. Allerdings wird man bei ihnen in

---

[13] Hans Werner Henze, *Ein Werkverzeichnis 1946–1996*, Mainz 1996, S. 180.

[14] Phleps, *Hanns Eislers »Deutsche Sinfonie«*, S. 53.

[15] Über die noch zu komponierenden Teile berichtete Henze im Oktober 1996 anläßlich seiner Ehrenpromotion in Osnabrück im privaten Kreis. Er wollte dazu die kommenden Wintermonate verwenden.

fast allen Fällen Momente der Anpassung feststellen, aus der man Vorteile erhoffte, oder den Verzicht auf Widerspruch registrieren, um der Gefahr auszuweichen.

Viele Komponisten erwarteten anfangs von dem neuen Regime eine vermehrte Förderung der musikalischen Kultur in Deutschland, die sie gegen Ende der Weimarer Republik immer stärker zurücktreten sahen. Erst mit der Zeit erkannten sie ihre Fehleinschätzung und wurden sich der Verderbtheit der neuen Machthaber bewußt. Hierzu gehört Hugo Distler, der sicher zu keiner Zeit seines Lebens als Antifaschist bezeichnet werden kann, der aber in Deutschland scheiterte und Ende 1942 in den Freitod ging, weil das Land nationalsozialistisch regiert war.[16] Und wie falsch die nach 1945 verbreitete Einschätzung war, Wilhelm Furtwängler sei der getreueste Helfershelfer der Nazis in Sachen Musik gewesen, hat Fred K. Prieberg 1986 eindrucksvoll bewiesen.

Selbst Karl Amadeus Hartmann, dessen notorische Ablehnung der braunen Machthaber keinen Zweifel zuläßt[17], erhielt 1941 von Seiten der NSDAP ein durchaus positives Gutachten über seine politische Zuverlässigkeit. Es wird sich dabei um ein Gefälligkeitsgutachten eines ihm Wohlwollenden handeln, der den in München kaum bekannten Komponisten einer möglichen Gefahr entziehen wollte.[18] Hartmann hatte

---

[16] Stefan Hanheide (Hg.), *Hugo Distler im Dritten Reich*, Osnabrück 1997.

[17] Grundlegend für die Hartmann-Biographik sind bis heute vor allem die Arbeiten von Andrew McCredie, vor allem die Biographie, die das von ihm erstellte Hartmann-Werkverzeichnis einleitet (*Karl Amadeus Hartmann, Thematic Catalogue of his Works*, Compiled and edited by Andrew D. McCredie, Wilhelmshaven/New York 1982, S. 6–43). Eine deutsche Übersetzung davon erschien, vermehrt um Briefe Hartmanns, als: Andrew D. McCredie, *Karl Amadeus Hartmann. Sein Leben und Werk*, Wilhelmshaven/New York 1980. Diese Biographie wurde von McCredie im Hartmann-Band der Reihe *Komponisten in Bayern* (Bd. 27, Tutzing 1995) auf den neuesten Stand gebracht.
Auch die jüngsten Ausführungen von Michael H. Kater über Hartmann referieren im wesentlichen die bekannten Fakten (Michael H. Kater, *The Twisted Muse. Musicians and their Music in the Third Reich*, New York/Oxford 1997, S. 233–239). Alle biographischen Arbeiten über Hartmann basieren fast ausschließlich auf Hartmanns Aufsatzsammlung *Kleine Schriften* (Mainz 1965), auf seiner in der Bayerischen Staatsbibliothek hinterlegten Korrespondenz und auf den mündlichen Mitteilungen seiner Ehefrau Elisabeth Hartmann.

[18] Am 1.12.1941 erging eine Anfrage der Reichsmusikkammer an die NSDAP, Gau-Personalamt München, gez. mit dem Namen Haussmann, über die politische Zuverlässigkeit von Karl Amadeus Hartmann. Diese Anfrage wurde am 8.12.1941 an die Ogr. Siegestor der NSDAP z. Hd. Pg. Mayer, München 23, Giselastr. 29 weitergeleitet. Der mit dem 23. Dezember 1941 datierte ausgefüllte Fragebogen hat folgenden Wortlaut:
»I. Frühere Zugehörigkeit zu anderen politischen Parteien
oder Wehrverbänden sowie Logen? ____________________
von: ________bis ____________
II. a) Mitglied der NSDAP seit: _______ Mitgliedsnummer: ____________
b) Zugehörigkeit zu Gliederungen, angeschlossenen Verbänden der Partei usw.? ______
Will sich in die Partei aufnehmen lassen
seit: ____________
Bekleidet derselbe ein Amt innerhalb der Partei, Gliederungen oder angeschlossenen Verbänden? ____________
c) Ist Frau in Frauenschaft? *nein, da kränklich*

1935 wegen seiner Teilnahme am IGNM-Fest in Prag mit der Reichsmusikkammer einige Schwierigkeiten erhalten.[19]

Bei Karl Amadeus Hartmann handelt es sich um die weitgehend singuläre Erscheinung, daß ein Komponist mit Beginn des Hitler-Regimes seine musikalische Aussage völlig wandelt. Aus dem in der Weimarer Zeit experimentell, grell und mit Jazz-Elementen arbeitenden Komponisten wurde ein ganz anderer, der von nun an alle seine Werke dem antifaschistischen Engagement widmete. Das bedeutete, daß die kaum entfaltete Karriere sich allenfalls im Ausland weiterentwickeln konnte, während es in Deutschland keinerlei Aufführungsmöglichkeiten mehr gab. In den folgenden Jahren schuf Hartmann vieles fast ausschließlich für die Schublade.

Hartmanns frühestes Werk in dieser Richtung, die symphonische Dichtung *Miserae*, führt die Widmung

> Meinen Freunden, die hundertfach sterben mußten, die für die Ewigkeit schlafen – wir vergessen Euch nicht. (Dachau 1933–34)

Mit dieser Widmung rückt das Werk ganz in die Nähe von Henzes *Neunter*, indem auch hier der Opfer in Konzentrationslagern gedacht wird. Hartmann, der dem Sozialismus nahestand, wird mit »Freunden« hier Gleichgesinnte aus der Münchener Intel-

---

d) Sind Kinder in HJ, BDM, JV? *ein Knabe erst sechs Jahre alt*

III. Soziales Verhalten? *Mitglied der NSV. Nach seinen Verhältnissen gut bei Sammlungen spendend*

Ausführliches Gesamturteil:

Der Angefragte war vor Jahren noch nicht national eingestellt, ist es aber jetzt. Er grüßt mit dem deutschen Gruß. Seine Lektüre sind, wie bemerkt worden ist, nationalsozialistische Bücher. Dem zuständigen Zellenleiter ist Hartmann durch ›seine stets offene Hand‹ bekannt.«

Das Papier ist unterzeichnet mit: »Der Kreisleiter: i A. ..., Kreisgerichtsvorsitzender«, und: »Der Hoheitsträger: Mayer«.

(Quelle: Berlin Document Center, Parteikorrespondenz, Barcode 10 300 82 096)

Die Abkürzung NSV bedeutet Nationalsozialistische Volkswohlfahrt.

Frau Elisabeth Hartmann bezeichnete die Behauptung, ihr Gatte habe nationalsozialistische Bücher gelesen und mit dem deutschen Gruß gegrüßt, als unzutreffend. (Gespräch mit dem Verfasser am 23.11.1994 in München).

[19] Der Eintrag auf seiner Karteikarte bei der Partei, datiert vom 11.7.1941, lautet:
»H. ist am 2.8.05 in München geboren. Er hat als einziger reichsdeutscher Komponist am ›13. Musikfest der internationalen Gesellschaft für zeitgenössische Musik‹ in Prag teilgenommen, ohne die Genehmigung der Reichsmusikkammer zu besitzen. Die Angelegenheit wurde mit Zustimmung des Ministeriums als erledigt betrachtet. Nach Auskunft der Reichsmusikkammer geht aus einem Katalog hervor, dass H. von einer ganz bestimmten meist jüdischen Clique gefördert wurde.

Den Abstammungsnachweis hat er für sich sowie für seine Ehefrau bisher immer noch nicht restlos erbracht, obwohl er hierzu wiederholt aufgefordert wurde.«

(Quelle ebd.)

Diese Karteikarte wurde schon einmal abgedruckt von Fred K. Prieberg in seinem Buch *Musik und Macht* (Frankfurt 1991) und ein zweites Mal im Hartmann-Band der Reihe *Komponisten in Bayern* (Bd. 27, Tutzing 1995, S. 35). Die darin angesprochene Aufforderung, einen Abstammungsnachweis zu erbringen, erging in mehreren Briefen an Hartmann im Herbst 1935. Die Briefe sind abgedruckt in dem genannten Hartmann-Band (*Komponisten in Bayern*) auf S. 78–82.

lektuellen-Szene gemeint haben, vielleicht auch jüdische Freunde. Es scheint jedoch zweifelhaft, ob er diese Widmung zeitgleich zum Schaffensprozeß 1933/34 oder zur Zeit der Uraufführung 1935 niederschrieb, denn zu dieser Zeit schon von hundertfachen Opfern zu sprechen, die das Konzentrationslager Dachau unter seinen Freunden gefordert hat, scheint wohl übertrieben. Denkbar ist aber, daß das Werk im Zusammenhang mit der Erfahrung des Konzentrationslagers vor den Toren Münchens entstanden ist und daß Hartmann die im Kern zutreffende Widmung nach 1945 hinzugefügt hat. In einem Brief an Hans Moldenhauer, mit dem er ihm das Autograph des Werkes für dessen Archiv »Musikgeschichte aus Urquellen« zuschickt, schreibt der Komponist:

> Es wurde zum Gedenken damaliger politischer und jüdischer Verfolgter, die in Dachau ermordet wurden, geschrieben.[20]

Die Notiz Hartmanns für das Programmheft der Uraufführung beschränkt sich auf eine reine Formbeschreibung ohne jedwede inhaltliche Hinweise.[21]

In den Rezensionen zur Uraufführung des Werkes auf dem IGNM-Fest in Prag am 1.9.1935[22] läßt sich eine direkte Verbindung zu Dachau nicht erkennen. Unabhängige Zeitschriften[23] wie *The Musical Times* und die *Schweizerische Musikzeitung* versagen sich jeglichen Hinweis auf etwaige Zusammenhänge.[24] Das wiederum könnte aus Rücksicht auf den in Deutschland lebenden Komponisten geschehen sein, der mit einem offen gegen den Nazi-Staat gerichteten Werk in Gefahr geraten wäre. Allerdings können gewisse Formulierungen in den Rezensionen in jenem Sinne verstanden wer-

---

[20] Der Brief ist abgedruckt bei McCredie, *Hartmann*, 1980, S. 169.

[21] Wiederabgedruckt in der von McCredie verfaßten Einführung in der Studienpartitur des Werkes (Edition Schott 6766). Hartmann teilte diese »Kleine thematische Analyse« identisch an die Frau von Hermann Scherchen im Brief vom 14.11.1935 mit. Hartmann fügte hinzu: »Ich habe mich damit auf das Wesentliche beschränkt und jede literarische Ausschmückung vermieden.« (Bayer. Staatsbibliothek Ana 407, Abdruck dieses und aller weiteren Hartmann-Dokumente mit freundlicher Genehmigung von Frau Elisabeth Hartmann, München, erteilt am 24. März 1998).

[22] Das Werk stand am Beginn des ersten Orchesterkonzertes und wurde von Hermann Scherchen dirigiert. Es schlossen sich folgende Werke an: Slavko Osterc: *Konzert für Klavier und Blasorchester;* Arnold Schönberg: *Variationen für Orchester* op. 31; Karel Hába: *Konzert für Cello und Orchester* op. 18; V. Shebalin: *Symphonie Nr. 2* op. 11 (*The Musical Times* 76 (1935), S. 940).

[23] Von den deutschen Musikzeitschriften bringt die *Allgemeine Musikzeitung* einen Bericht über das Musikfest. Am Ende des Artikels von Dr. Kurt Oppens heißt es: »Als ein Werk ganz eigener Prägung erschien die symphonische Dichtung *Miserae* des Müncheners Karl Amadeus Hartmann. Das von Scherchen im ersten Konzert dirigierte Werk vermittelte den Eindruck einer ungewöhnlichen Ausdrucksbegabung, die im Religiösen verwurzelt sein mag und den Hörer unmittelbar anpackt und erschüttert.« (*AMZ*, 20. September 1935, S. 566). Die *Neue Zeitschrift für Musik* bringt nur einen Hinweis auf das bevorstehende Fest und nennt das Programm, wobei Hartmanns Werk hier den Titel *Miserere* trägt. Der Schluß des Artikels lautet: »Das ursprüngliche sudetendeutsche Hauptwerk des Musikfestes, Feiertags Kantate *Gebet*, ist leider vom Programme abgesetzt worden.« (*NZfM* 102 (1932), S. 1052).

[24] Alan Bush, in: *The Musical Times* 76 (1935), S. 940; André de Blonay, in: *SMZ* 75 (1935), S. 640.

den. So beschreibt das *Prager Tagblatt* die »erschütternde symphonische Dichtung« mit folgenden Worten:

> Hier hört man tiefe Klage, an die grauenhaften Visionen Grünewalds wird man erinnert, an unergründliches Dunkel gothischer Dome, – und in scharfem Kontrast das Thema, das mit seiner agacierend wiederholten Anfangsnote wie Trotz, Protest, turbulente Anklage und Angriff klingt. Die Totenfeier wiederholt sich dann, es ist ein unendlicher Gesang der Blechbläser darin, der von fern an Mahlersche Nachtmusiken mahnt. Die Uraufführung dieses gefühlsstarken, eigenwilligen Werkes allein würde schon genügen, um unserem Musikfest historische Bedeutung zu geben.[25]

Der Artikel ist mit »M. B.« unterzeichnet, die Kürzel stehen für Max Brod.[26] Die Beschreibung, die er gibt, paßt durchaus auf ein Werk, das Leid und Tod und die Auflehnung dagegen thematisiert. Seine hohe Wertschätzung des Werkes ist bemerkenswert vor allem vor dem Hintergrund, daß am gleichen Abend Schönbergs *Orchestervariationen* op. 31 aufgeführt wurden. Ob sich in dem Verweis auf Grünewald ein Fingerzeig auf Hindemiths *Mathis der Maler* verbirgt, scheint zumindest nicht undenkbar. Das *Prager Abendblatt* bezeichnet das Werk als »eine wahrhaft deutsche Komposition«, in der *Deutschen Zeitung Bohemia* heißt es:

> Eine symphonische Dichtung von Qual und Erlösung [...] könnte dieses Werk mit seinen Erschütterungen der Klage, Pein und Befreiung genannt werden [...],

und die *Schweizerische Sängerzeitung Bern* schreibt:

> Mit großer Instrumentationskunst werden da Gefühle des Grauens, der Trostlosigkeit, des Elends, unterbrochen von wild aufbäumendem Protest geschildert.[27]

Paul Stefan nennt es im *Anbruch* »ein Stück von edler Haltung«[28].[29] Zwischen den Zeilen dieser Charakterisierungen lassen sich verdeckte Hinweise auf Vorfälle der jüngsten deutschen Geschichte erkennen. Klarheit in die nicht unwichtige Fragestellung, wann das Autograph zu seiner Widmung gekommen ist[30], könnte wohl vor allem eine Prüfung der Handschrift erbringen, die sich im Moldenhauer-Archiv in den USA befindet.[31]

---

[25] *Prager Tagblatt* Nr. 205, 3.9.1935, S. 5.

[26] In einem Katalog der Werke Hartmanns aus Hermann Scherchens Ars viva-Verlag ist aus dieser Kritik der letzte Satz zitiert und der Name Max Brod ausgeschrieben. Der Katalog ist nicht datiert, er bringt Hartmanns Werke nur bis 1937.

[27] Zitiert nach dem Ars-viva-Katalog.

[28] *Anbruch* 17 (1935), S. 247.

[29] Die *Prager Presse*, signiert mit »O. B.«, führt zu dem Stück aus: »Früher hätte man von symphonischer Dichtung gesprochen und ein ausführliches Programm gedichtet, das von Trauerlandschaft über bacchantische Orgien und Hexengraus zum Traum der Trauerlandschaft zurückkehrt.« (4.9.1935, S. 6). Die Charakterisierung weist Bezüge zu Berlioz' *Symphonie phantastique* auf, die Bemerkung »Früher hätte man [...]« läßt jedoch den Schluß zu, daß der Verfasser darauf hinweisen will, daß das Werk heute gänzlich anders zu verstehen ist.

[30] Der Ausstellungskatalog *Karl Amadeus Hartmann und die musica viva* (München und Mainz 1980) bemerkt dazu, die Widmung sei »wohl erst nach dem Krieg« erfolgt (S. 242).

[31] Weder Andrew D. McCredie noch Andreas Jaschinski noch Hanns-Werner Heister sehen eine Veranlassung, den zeitlichen Zusammenhang zwischen Niederschrift, Uraufführung und Widmung zu problematisieren (McCredie, in: *Komponisten in Bayern*, 1995, S. 38 und 116;

In jedem Fall steht dieses Werk Hartmanns am Beginn einer Kompositionsgeschichte, die in symphonischer Form den Antifaschismus thematisiert. Es dürfte das erste Orchesterstück sein, das die Leiden der Menschen im Konzentrationslager im Rahmen eines Orchesterwerkes zum Ausdruck bringt. An diese mehr als sechzigjährige Tradition knüpft Henze mit seiner *Neunten Sinfonie* an – mit dem Unterschied, daß er keine Konsequenzen zu befürchten braucht, wenn die von ihm intendierte Widmung offen im Programmheft der Uraufführung, in der CD und in der Dirigierpartitur des Schott-Verlages erscheint.

Es ist einem rein instrumentalen Werk eher als einem vokalen möglich, seine inhaltliche Ausrichtung im Verborgenen zu halten. Die inhaltlichen Bezüge im *Miserae* finden sich nur in der Widmung, deren Verbindung zu dem Werk, wie ausgeführt, lose ist. Im Titel, der das Begriffsfeld »Elend« anspricht, bleibt offen, welches Elend gemeint ist. Und der Musik selbst bleibt es versagt, ein Wort wie »Konzentrationslager« auszusprechen – eine deutliche Diktion in dieser Hinsicht ist ihr unmöglich. Sie kann wohl die Ängste, das Elend, das Leiden zum Ausdruck bringen, das durch faschistische Gewalt ausgelöst wurde. Dieses kann sie sogar viel intensiver, mitfühlbarer und deutlicher gestalten als es der Wortsprache möglich ist. Aber den Auslöser der Gewalt benennen, das kann sie nicht. Und somit bleibt der Ausdruck dieser Leiden im Allgemeinen, er kann auf andere Situationen übertragen werden und dort Ähnliches aussagen. Solche Übertragungen – Herauslösungen von Werken aus ihrem Entstehungszusammenhang und ihrem gemeinten Sinn – sind unzählige Male in der Musikgeschichte durchgeführt worden. Sie brauchen hier nicht aufgezählt zu werden, es reicht, an *Les Préludes* von Liszt als Einleitungsmusik zur Rundfunkberichterstattung über den Krieg zu erinnern oder an Wagners *Walkürenritt* in Kriegsfilmen. Hartmanns *Miserae* kann in andere Sinnzusammenhänge hineinversetzt werden, wo Begriffsfelder wie Elend, Leid und das Aufbäumen dagegen gemeint sind. Die Komposition läßt sich vom Zusammenhang mit dem Faschismus lösen, und Hartmann hat nach 1945 solche Lösungsversuche mehrfach selbst durchgeführt, indem er Musik aus antifaschistischen Werken in seine Sinfonien aufgenommen hat. Henzes *Neunte* dagegen wird vor allem durch den Text immer mit der deutschen faschistischen Gewalt verbunden bleiben. Eine Umfunktionierung in andere oder allgemeinere Aussagefelder bleibt ihr dadurch versagt.

In diesem Zusammenhang sei auf eine Begebenheit während des IGNM-Festes in Paris 1937 hingewiesen. Hanns Eisler hatte für dieses Fest, wie schon erwähnt, zwei Sätze aus seiner *Deutschen Sinfonie* zur Aufführung eingereicht – vermutlich »An die Kämpfer in den Konzentrationslagern« und »Begräbnis des Hetzers im Zinksarg«. Nachdem die Jury diese Werke zunächst angenommen hatte, den Sätzen sogar das Prädikat des besten aller eingereichten Werke verlieh, setzte man das Werk kurze Zeit später vom Programm wieder ab. Das IGNM-Präsidium unter Vorsitz von Edward Dent befürchtete eine Intervention seitens der deutschen Regierung. Daraufhin gab der Jury-Vorsitzende, Jacques Ibert, Eisler allen Ernstes den Rat, die anstößigen Vokal-

---

Andreas Jaschinski, *Karl Amadeus Hartmann – Symphonische Tradition und ihre Auflösung*, München/Salzburg 1982, S. 11 f.; Hanns-Werner Heister, *Wort und Sinn in Karl Amadeus Hartmanns Instrumentalmusik: Die Klaviersonate »27. April 1945«*, in: *Festschrift Harry Goldschmidt*, Dortmund 1986, S. 112 u. andernorts.

partien durch Saxophonstimmen zu ersetzen, was Eisler natürlich entschieden zurückwies.

Um einer Musik eine begrifflich eindeutige Aussage, einen bestimmten Sinnzusammenhang zu verleihen, gibt es – neben der Arbeit mit Texten – für den Komponisten das Verfahren der Arbeit mit Zitaten. Und gerade Karl Amadeus Hartmann ist es, der von der Möglichkeit, seiner Instrumentalmusik durch Einbindung von Zitaten eine politische Aussage zu implantieren, Gebrauch macht.[32] Zum Beispiel arbeitet er in sein *erstes Streichquartett* von 1933 jüdische Melodien hinein, um sich so mit den nunmehr in Deutschland Verfolgten solidarisch zu zeigen. In seinem *Concerto funebre* für Violine und Streichorchester von 1939 zitiert er das Lied *Unsterbliche Opfer, ihr sanket dahin*, das an die Gefallenen der russischen Revolution erinnert. Und auch in seiner Sonate *27. April 1945* ist bekanntes melodisches Material durchhörbar, u. a. die *Internationale*, das Lied *Brüder zur Sonne, zur Freiheit*, das Fagott-Solo am Anfang von Strawinskys *Sacre du printemps* und das »Lebe wohl«-Motiv aus Beethovens Klaviersonate *Les Adieux* op. 81a.[33] Hans Werner Henze hat 1996 zum 50jährigen Bestehen der musica-viva-Konzerte eine Orchester-Bearbeitung dieser Klaviersonate vorgelegt.

Das Arbeiten mit Zitaten, wie es sich bei Hartmann zeigt, birgt in verschiedener Hinsicht Problematisches in sich. Da ist zunächst das Problem des Hörers, ein musikalisches Zitat zu erkennen. Diese Schwierigkeit kann zum einen damit zusammenhängen, daß das Zitat in einem Werk gegenüber seiner Urgestalt verändert, verziert oder von anderen Klängen überlagert erscheint, wodurch es bis zur Unkenntlichkeit versteckt bleibt. Zum anderen kann ein Zitat zwar deutlich erklingen, dem Hörer aber völlig unbekannt sein. Das Lied *Unsterbliche Opfer, ihr sanket dahin*, das im Schlußsatz von Hartmanns *Concerto funebre* durchaus wahrgenommen werden kann, dürfte heute nicht mehr zum musikalischen Allgemeingut gehören, ganz zu schweigen von anderen heute völlig unbekannten Partisanen-, Befreiungs- oder Revolutionsliedern.[34] Und selbst wenn ein Zitat einmal erkannt ist, gibt es noch längst keine Sicherheit über dessen semantische Funktion im Zusammenhang des Werkes. Wenn Hartmann beispielsweise im Trauermarsch der Klaviersonate *27. April 1945* das Lied *Brüder zur Sonne, zur Freiheit* erklingen läßt, dann stellt sich die Frage, welcher Text mit diesem Lied verbunden ist und welcher Bezug daraus folgt. Die Melodie diente ursprünglich als Befreiungslied der russischen Gefangenen im Zarenreich. Hermann Scherchen brachte sie nach Deutschland und schrieb den deutschen Text dazu, mit dem das Lied

---

[32] Es ist hier weder Ort noch Raum, um die Vielzahl an musikalischen Zitaten zu rekapitulieren, die verschiedene Hartmann-Forscher, allen voran Hanns-Werner Heister, im Werk Hartmanns erkannt haben. Eine Systematisierung der Zitatpraxis mit Verweis auf die entsprechenden Arbeiten findet sich bei McCredie, *Das Instrumentalschaffen Karl Amadeus Hartmanns*, in: *Komponisten in Bayern*, 1995, S. 118 ff.

[33] Vgl. zu dieser Sonate Stefan Hanheide, *Pazifismus und Antifaschismus in der Musik von Karl Amadeus Hartmann*, in: *Osnabrücker Jahrbuch Frieden und Wissenschaft II* (1995), S. 152–167.

[34] So etwa das von Hanns-Werner Heister im vierten Satz der Sonate *27. April 1945* entdeckte Lied *Partisanen von Amur* aus dem Bürgerkrieg im fernen Osten (Hanns-Werner Heister, *Vor Angst vor dem Nazi-Terror. Wort und Sinn in Karl Amadeus Hartmanns Instrumentalmusik: Die Klaviersonate 27. April 1945*, in: *Musik-Texte* 1985, Heft 11, S. 13 f.

während der Weimarer Republik als Gewerkschaftslied gebräuchlich wurde. Meint Hartmann hier nun das russische Lied, mit dem er die große Zahl russischer Gefangener in Dachau im Auge haben könnte, oder meint er das Gewerkschaftslied, um daran zu erinnern, daß besonders in Dachau viele Oppositionelle inhaftiert waren? Sogar die Nazis selbst bedienten sich dieser Melodie und benutzten sie als Arbeiterlied mit dem Text »Brüder in Zechen und Gruben«.[35] Um die Verstehensproblematik von Zitaten noch an einem Beispiel zu verdeutlichen, sei die Frage gestellt, welchen Sinn das Beethovensche »Lebe-wohl«-Zitat in Hartmanns Klaviersonate *27. April 1945* in sich trägt. Die Situation, die den Hintergrund dieser Sonate bildet, ist oft beschrieben worden: Hartmann sah am angegebenen Datum eine größere Gruppe von Häftlingen des Konzentrationslagers Dachau an seinem Haus am Starnberger See vorbeiziehen. Sie wurden, kurz bevor das Lager von den Amerikanern befreit wurde, von ihren Bewachern in noch nicht befreite Gebiete weiter ins Gebirge getrieben. Ziel war der kleine Ort Waakirchen in der Nähe von Bad Tölz. Hartmann versuchte, diese bewegenden Erlebnisse in seiner Sonate zu verarbeiten. Im ersten Satz des Werkes erscheint nun das angesprochene »Lebe-wohl«-Motiv aus Beethovens Sonate. Es liegt nahe, darin einen semantischen Fingerzeig zu sehen, ein Symbol für etwas, das Hartmann hier empfindet, an das er denkt oder erinnern will. Die naheliegendste Erklärung, daß hier ein »Lebe-wohl«-Ruf gemeint ist, wie ihn Beethoven seinem abreisenden Freund, dem Erzherzog Rudolf zuruft, scheint in diesem Kontext doch sehr problematisch.[36] Wer mag diesen verelendeten und geschundenen Menschen, deren Leben in jeder Minute in Gefahr war, ein naives »Lebe wohl« zurufen? Denkbar ist, daß Beethovens Musik hier als Symbol für deutsche Kultur steht und daß damit die Fassungslosigkeit darüber zum Ausdruck gebracht wird, wie musikalische Größe und menschliche Niedertracht in ein und derselben Kultur möglich sind.

Zitate führen das Verstehen der Musik nicht nur auf unsicheren Boden, es wird darüber hinaus auch elitär. Das Erkennen von Zitaten – etwa irgendwelcher lokaler Partisanenlieder, Freiheitslieder o. ä. – bleibt wenigen Kennern, nicht selten der Musikwissenschaft, vorbehalten, und das Ausdeuten des Zusammenhangs schon gar. Hartmanns Arbeit mit Zitaten ist zu verstehen aus der Entstehungszeit der Werke. Er konnte sich nur mit geheimen, verschlüsselten Botschaften mitteilen, die nur Wenige, Gleichgesinnte verstanden. Man kann diese Art des Komponierens als subversiv bezeichnen, es sollte und mußte der breiten – braunen – Masse unverständlich bleiben. Später kam die

---

[35] Ein paralleler Fall vom Funktionswandel eines Liedes zeigt sich bei Bach: Die Melodie des Chorals *Wie soll ich dich empfangen* im ersten Teil des *Weihnachts-Oratoriums* identifiziert man heute mit dem Passionslied *O Haupt voll Blut und Wunden.* So empfindet man diese Melodie im *Weihnachts-Oratorium* als Fremdkörper. Zu Bachs Zeiten war diese Melodie aber durchaus in Verbindung mit dem adventlichen Text verbreitet.

[36] So bei Andreas Krause: »Ein dramatisch intensiviertes ›Lebewohl‹ an die vorbeiziehenden Häftlinge« (Andreas Krause, *Karl Amadeus Hartmanns Werke für Klavier zu zwei Händen*, in: *Komponisten in Bayern*, 1995, S. 197). Bei Benedikt Koehlen heißt es: »[...] die Verwendung der kleinen Terz am Anfang statt der großen bei Beethoven [...] verleiht der Gestalt eine Dur-Moll-Ambivalenz, die, später bitonal-kanonisch durchgeführt, eine völlig andere Wirkung hervorbringt – Abschied ohne Hoffnung auf Wiederkehr.« (im Booklet zu seiner Einspielung der Sonate, col legno AU 31807 CD).

Zeit, in der seine Musik sich nicht mehr verbergen mußte. Diese Art der Musiksprache hatte ihre Notwendigkeit verloren, man konnte wieder offen sprechen. Entsprechend hat Hartmann die Werke mit subversiven Botschaften zurückgezogen, umgearbeitet oder deren Zitate ungenannt belassen.[37]

Auch Hans Werner Henze nutzt die Arbeit mit Zitaten für seine Musik. Er sieht sich damit in der Tradition Gustav Mahlers und Alban Bergs.[38] Nach seinem Verständnis fungieren Zitate als Beschriftung, Verständigungsbrücke oder Wegweiser.[39] Sie sind eben genau das Gegenteil von geheimen Botschaften, sie sollen, ganz in Mahlers Sinne, die Deutlichkeit der Musik steigern und nicht etwa ihr Verständnis erschweren:

> Da die Selbstkonfrontation, aus der Komponieren besteht, etwas bedeutet, das mit Kommunikation, Botschaft, Ausdruck zu umschreiben wäre und das in seinen stärksten Momenten auch den stärksten Grad von Veräußerlichung und Preisgabe erreicht, müssen besonders einfache Formulierungen herbei, die der thematischen Wirrnis entgegenstreben, besondere gestische Klarheit. Wo Einsicht in diffizile Vorgänge gegeben werden soll, muß man sich der Gleichnisse bedienen, muß man einen Schlüssel haben. Ich halte es für unzureichend, schwer verschlüsselte Musik herzugeben wie ein Rätsel ohne Lösung. Das Wesen, das in den Dingen umgeht, liegt ja hinter ihren äußeren Erscheinungsformen, es will sich zu erkennen geben; und sein Walter, sobald ihn die Stärke dieses Drängens überzeugt, wird alles tun, um den Schlüssel herauszugeben. [...] Trotz ihres Umgangs mit präexistenten Formen und Figuren ist meine Musik nicht literarisch deutbar, sie ist direkt; nur mit Mühe könnte man Lesbares noch zwischen ihren Zeilen finden. Sie hat für den naiv Hörenden genauso viel wie für den Kenner, der die Chiffren prüfen und sachlich werten kann.[40]

Auch wenn Henze in der darauf folgenden Passage auf die Vielschichtigkeit seiner Musik hinweist, die sich dem »Mittelschulohr« doch bisweilen verschließe, so deuten seine Ausführungen doch darauf hin, daß die Arbeit mit schwer zu identifizierenden und zu verstehenden Zitaten nicht in seiner Absicht steht. Der »naiv Hörende« soll die Aussage seiner Musik in vollem Umfang verstehen. Und diese Ausführungen Henzes stammen von 1963 und nicht etwa aus der Zeit nach 1968, wo er sich den Problemen einer Musik für breite Massen intensiver zuwandte.

Wenn er an anderer Stelle sagt, daß das Theater wirklich seine Domäne sei, weil hier die Demonstration so vieler Dinge möglicher werde, die der Instrumentalmusik nicht zu sagen gegeben sind[41], dann bekennt er sich damit nicht nur zum Theater, sondern zur wortgebundenen Musik schlechthin. Seine Werke, die dezidiert gesellschaftspolitische Aussagen enthalten, sind bis hin zur *Neunten Sinfonie* fast ausschließlich

---

[37] Siehe weiter unten.

[38] Hans Werner Henze, *Musik und Politik. Schriften und Gespräche 1955–1975*, mit einem Vorwort hg. von Jens Brockmeier, München 1976, S. 118, 242; vgl. auch Peter Petersen, *Von Mahler zu Henze. Versuch über musikalischen Realismus*, in: *Gustav-Mahler-Fest 1989, Hamburg. Bericht über den Internationalen Gustav-Mahler-Kongress*, hg. von M. T. Vogt, Kassel u. a. 1991, S. 375–384.

[39] Henze, *Musik und Politik*, 1976, S. 188, 241.

[40] Ebd., S. 96 f.

[41] Hans Werner Henze, *Meine Theaterpläne (1964)*, in: Henze, *Musik und Politik* 1976, S. 85 f.

wortgebunden und nutzen die Möglichkeiten der Sprache zur Verdeutlichung ihrer politisch-humanitären Inhalte.

Henze übernimmt das *Les Adieux*-Zitat in seiner freien Orchesterbearbeitung der Hartmannschen Sonate und unterstreicht es durch ein forte (Takt 7–8 und öfter). In seiner kurzen Einleitung zu dem Werk spricht Henze allerdings nur von Zitaten aus jüdischer Volksmusik und aus Kampfliedern der internationalen Arbeiterbewegung. Er erwähnt weder den Bezug zu *Les Adieux* noch die Nähe der Anfangsfigur zum Beginn von Strawinskys *Sacre du Printemps*.[42]

Der explizite Hinweis auf die Herkunft der Zitate soll das bewußte Hören erleichtern; das zeigt eine Bemerkung an anderer Stelle: Henze möchte, »daß der Hörer gelegentlich durch ein Zitat [...] ihm bekannter Vokabeln unmißverständlich auf die von mir gewollte Hörrichtung und Ausdrucksweise hingelenkt wird«[43].

Seine Orchester-Bearbeitung von Hartmanns Klaviersonate ist nur ein Beleg von dem engen Verhältnis beider zueinander. Schon in dem Epitaph auf Hartmann von 1966 war Henze mit einer sehr warmherzigen Würdigung vertreten, ferner mit einem Text in Hartmanns *Kleinen Schriften* und noch mit einer *Laudatio* im Ausstellungskatalog *Karl Amadeus Hartmann und die musica viva* von 1980. Bereits im Beitrag zu den *Kleinen Schriften*, in dem Henze seine erste Begegnung mit Hartmanns *Erster Sinfonie* im Jahr 1948 schildert, kommt sein Eingedenken der faschistischen Zeit mittelbar zum Ausdruck, indem er darauf hinweist, daß Hartmanns Sinfonie, 1937/38 entstanden, zehn Jahre lang auf ihre erste Aufführung hat warten müssen. Henzes Text im Epitaph auf Hartmann ist geprägt von tiefster Verbundenheit mit dem Münchener Komponisten und Sympathie für Hartmanns humanitäres Engagement, das sich in seiner Musik manifestiert:

> Aber durch dies alles ging wie ein Orgelpunkt der ewige Schmerzenslaut, Tränenstrom, Zornesruf: über das was die mörderischen schlimmen Tendenzen der Schuldigen, Intoleranten, Ungerechten in dieser schönen Welt angerichtet haben und anrichten.[44]

In seiner Autobiographie schildert Henze seine erste Begegnung mit Hartmann anläßlich der zweiten Darmstädter Ferienkurse, die 1947 stattfanden:

> Zu den zweiten Ferienkursen kamen der Dirigent Hermann Scherchen und Karl Amadeus Hartmann und brachten eine ganz andere ästhetische Programmatik mit als jene, die ich bisher gekannt hatte: Musik als moralisch-politisch engagiertes, dem Menschen zugedachtes Ausdrucksmittel. Diese Begegnung sollte mein Musikdenken wesentlich beeinflussen.[45]

---

[42] Vgl. dazu Stefan Hanheide, *Pazifismus und Antifaschismus in der Musik von Karl Amadeus Hartmann*, in: *Osnabrücker Jahrbuch Frieden und Wissenschaft II* (1995), S. 156. Henze legt diese Figur in die Baßklarinette, bei Strawinsky spielt sie das Fagott.

[43] Hans Werner Henze, *Tiefenpsychologie in der Musik (1966)*, in: Henze, *Musik und Politik*, 1976, S. 118; vgl. auch Hans Werner Henze, *Komponist als Interpret – Gegen die »Material-Disziplin« (1975)*, ebd., S. 241 f.

[44] Wiederabgedruckt im Ausstellungskatalog *Karl Amadeus Hartmann und die musica viva*, 1980, S. 186.

[45] Hans Werner Henze, *Reiselieder mit böhmischen Quinten. Autobiographische Mitteilungen*, Frankfurt a. M. 1996, S. 83.

An anderer Stelle erwähnt Henze, daß Hartmanns musica-viva-Konzerte der Saison 1952/53 größeren Einfluß auf seine Kompositionsweise genommen hätten als »das ganze Darmstadt-Kranichstein zusammen«[46].

Den deutlichsten Hinweis auf das antifaschistische Engagement Hartmanns, das ihn sehr beeindruckt habe, legte Henze in der *Laudatio* im musica-viva-Ausstellungskatalog nieder. Gleich der erste Satz dieses Textes lautet – in Henzes häufig verwendeter Kleinschrift:

> die lebensgeschichte Karl Amadeus Hartmanns ist die geschichte eines persönlichen engagements, eines werdegangs im antifaschistischen kampf.[47]

Und im weiteren Verlauf kommt Henze auf Hartmanns Musik zu sprechen, in der er ebenjenen Geist wiedererkennt. In diesen Sätzen spiegelt sich sein eigenes Musikverständnis und die Verwobenheit von Leben und Musik:

> dieser ton ist nicht subversiv, aber er ist antifaschistisch und humanitär, auch humanistisch und weltoffen. so kommt es dass ein junger deutscher, immerhin einer, in jener dunklen zeit klagegesänge und nicht dithyramben angestimmt hat. die musik Hartmanns wird von der solidarität mit den unter dem nazifaschistischen terror leidenden völkern bestimmt und von der auffassung dass musik moralische aufgaben hat und dass neue musik, schöne wahre neue musik, erfunden wird durch gesellschaftliche forderungen an sie, fortschrittliche forderungen und nicht restaurativ-affirmative. [...] die musik kennt nicht den banalen anstrich des offiziellen, sie ist bar jeglicher eigenschaft die sie zur verherrlichung eines regressiven systems geeignet machen könnte. sie ist auch unbrauchbar für staatsakte und ähnliche offizielle anlässe, statt mit ministern hat sie mit minderheiten zu tun, mit denen im schatten, sie artikuliert die gefühle der freiheitskämpfer und das sensorium schöpferischer menschen die entartet genannt waren weil sie sich der mittelmäßigkeit entzogen und den schweigsamen weg in die emigration angetreten hatten. nur in der verweigerung des faschismus konnte kunst, konnte schönes und wahres entstehen. nur in der kunst der antifaschisten leben die ideen von freundlichkeit, freiheit, menschenwürde und frieden.[48]

Die Ausführungen in dieser *Laudatio* lassen erkennen, wie deutlich er die Nähe seiner Musik zu derjenigen Hartmanns empfindet. Man müßte also, wenn man, wie die oben zitierten Kritiker, nach Traditionen oder Wurzeln von Henzes *Neunter Sinfonie* sucht, wohl zuallererst die Musik Karl Amadeus Hartmanns nennen. Diesem Menschen und seiner Musik fühlt Henze sich nahe.

Warum Hartmann in den Rezensionen der *Neunten Sinfonie* nicht genannt wurde, hat seine spezifischen Gründe. Er hat viele Werke seiner »Bekenntnismusik« nach 1945 zurückgezogen oder zu anderen Werken, vor allem seinen Sinfonien umgearbeitet. Ohne Umarbeitung blieb nur das *erste Streichquartett*. Umarbeitungen ohne Veränderung der Grundausrichtung des Werkes erfuhren das *Concerto funebre* und die Oper *Simplicius Simplicissimus*. Die Tendenz, politisch linksorientierte Spuren in seinen Werken zu verdecken, zeigt sich im *Concerto funebre*. Hartmanns Kurzbe-

---

[46] Henze, *Reiselieder mit böhmischen Quinten*, S. 139–141.

[47] Henze, *Laudatio*, in: *Karl Amadeus Hartmann und die musica viva*, Ausstellungskatalog, S. 11.

[48] Ebd., S. 12, 14 f.

schreibung des Werkes in den *Kleinen Schriften* verzichtet auf die Nennung des Liedes *Unsterbliche Opfer, ihr sanket dahin* am Beginn des vierten Satzes und erwähnt nur, dieser Choral habe den Charakter eines langsamen Schreitens mit einer liedartigen Melodie. Die Bezüge zur russischen Revolution, die mit dieser Melodie ursprünglich gemeint waren, werden damit verdeckt. Die Sinfonie *L'Oeuvre*, die *Sinfonia tragica*, der *Klagegesang* und andere sinfonische Entwürfe wurden umgearbeitet und in die Sinfonien integriert. In ihrer Urgestalt erschienen sie erst nach Hartmanns Tod. Das *Miserae* und die Sonate *27. April 1945* wurden von Hartmann weder weiterbearbeitet noch publiziert, beide Werke erschienen ebenfalls posthum.

So läßt sich bei Hartmann also kein einschlägiges Werk benennen, das Henzes *Neunter* gegenübergestellt werden kann. Die Tatsache, daß verschiedene Bekenntnismusiken in die Sinfonien eingegangen sind, ist zwar nicht unbekannt, aber diese als Programmsinfonien zu begreifen würde Hartmann entschieden zurückweisen. Das *Miserae* schließlich ist kaum bekannt, eine erste Einspielung erschien 1997, und das viertelstündige Orchesterwerk des 19jährigen Hartmann kann doch vom Rang her mit Henzes *Neunter* nicht verglichen werden.

Und die Oper *Simplicius Simplicissimus*? Sie hat mit Henzes *Neunter* gemein, daß sie auf einer literarischen Grundlage basiert. Und wie Anna Seghers Roman spielt auch derjenige von Grimmelshausen in Zeiten des Krieges. Hartmann sah die Parallele zwischen dem Dreißigjährigen Krieg und seiner Gegenwart:

> Da war der einzelne hilflos der Verheerung und Verwilderung einer Epoche ausgeliefert, in der unser Volk schon einmal nahe daran gewesen ist, seinen seelischen Kern zu verlieren.[49]

Beide Romane handeln von Außenseitern, die einer übermächtigen Gewaltmaschinerie ausgesetzt sind. Die Übermacht wird in ihrer ganzen Verwerflichkeit geschildert und damit an den Pranger gestellt. Am Ende aber steht der Außenseiter als Sieger da, der dieser Übermacht getrotzt und die Bedrohung überlebt hat. Den Übereinstimmungen in der Grundaussage beider Werke stehen gattungsspezifische Unterschiede gegenüber: Kammeroper auf der einen Seite und Sinfonie auf der anderen Seite. Zwar kann man Henzes Werk als Chorsinfonie bezeichnen, vielleicht auch als weltliches Oratorium, John Neumeier oder andere könnten sie tänzerisch interpretieren, Adrian Marthaler oder andere könnten bewegte Bilder dazu drehen, aber eine Oper ist sie dennoch nicht. Will man allerdings ein Werk Hartmanns anführen, das Henzes *Neunter* nahesteht, so müßte man wohl den *Simplicius* nennen. Allerdings hat auch dieses Werk keinen grossen Zuspruch erhalten. Es gibt eine Einspielung von 1995, und Bühnenaufführungen gehören eher zur Seltenheit.

Bleibt zu klären, warum Hartmann die antifaschistischen Werke aus der Zeit vor 1945 später nicht in Druck gegeben hat, sondern sie zurückgehalten oder in die unverfängliche Gattung der Sinfonie eingewoben hat. Auch Henze stellt sich diese Frage und versucht in seiner *Laudatio* eine Antwort zu geben:

> die politische entwicklung nach der niederwerfung des nazifaschismus, die in den ausbruch des kalten krieges mündete, und die vorgänge im kalten krieg, das wieder-

---

[49] Karl Amadeus Hartmann, *Zu meinem »Simplicius Simplicissimus«*, in: ders.: *Kleine Schriften*, Mainz 1965, S. 49.

auftreten der grundtorheit unseres jahrhunderts, wie Thomas Mann den antikommunismus genannt hat, haben ihn betroffen, verwirrt, bedrückt und enttäuscht. [...] ich denke, er hat sich angesichts der schlechten erfahrungen, während des krieges und auch nachher, bewogen gefunden auf dem gebiet der politik in keiner weise mehr von sich reden zu machen. »China kämpft«, das ich 1947 noch unter Scherchen gehört hatte, wurde zurückgezogen, kam später als »symphonische ouvertüre« wieder. er hatte sich so lange auf den frieden gefreut. nun war der friede gekommen, nun war die zeit der siegesfeiern seiner und aller neuen musik, er konnte einfach nicht glauben dass es so wenig grund gab sich zu freuen. er musste sich neutralisieren, sich abwenden, sich wehren. er brauchte seine zeit für die sinfonien. so sind diese änderungen, diese aggiornamenti zu verstehen. aber 1960 arbeitete er mit Blacher, Dessau, Wagner-Régeny und mir an der »jüdischen chronik«, ein stück mit dem wir warnend auf den sich neu erhebenden antisemitismus in unserem volke hinweisen wollten. und dass es änderungen und neuschriften gegeben hat, heisst nicht dass stücke die in die späten dreissiger jahre zurückgehen nun nicht mehr von den dingen sprechen die ihr ursprünglicher titel andeutet.[50]

Aus diesen Sätzen klingt ein wenig Enttäuschung heraus, daß Hartmann nach 1945 den Weg nicht fortgesetzt hat, sich mit seiner Musik offen in die politisch-gesellschaftliche Auseinandersetzung einzumischen. Henze versucht dieses Verhalten damit zu erklären, daß Hartmann nach zwölf Jahren des Versterktseins nun endlich mit seinen Kompositionen an eine größere Öffentlichkeit treten wollte. Der verbreitete Antikommunismus hätte sich einem kompositorischen Engagement mit linksorientierter Ausrichtung, wie es sich bei Hartmann dann wohl unweigerlich gezeigt hätte, sicher entgegengesetzt, und Hartmann wäre mit politisch-engagierter Musik ein weiteres Mal ins Abseits geraten. Um das zu verhindern, seien, so Henze, diese »aggiornamenti« vorgenommen worden.

Die Chancenlosigkeit einer offen antifaschistischen Grundhaltung in der Nachkriegsgesellschaft hat Hartmann in einem Brief an Hermann Scherchen vom 28. Januar 1947 eindringlich dokumentiert:

Leider muß man feststellen, daß der Nazigeist bei uns noch überall blüht. Die Naziideologie hat sich im deutschen Volk sehr tief hineingefressen. Leider ist der Hitlerismus ein Produkt des deutschen Volkes und nicht wie man angenommen hat, einer kleinen verbrecherischen Clique. Beim Eisenbahnfahren, beim Anstehen um etwelche Dinge, im Theater, im Konzert, im Kino, sogar in Ämtern, überall hört man Naziphraseologien. Geschimpft wird auf die Ausländer, die Juden und die Besatzungsmächte. Der Antisemitismus hat sich in der Temperatur bis heute gut gehalten. Das Los der Antifaschisten ist ein schweres und glücklicherweise haben wir eine Besatzung, sonst ginge es diesen allen an den Kragen. Über Deutschland hängen schwarze Wolken; doch wie soll man dieses Volk verändern? Allerdings ist ein wirklich fortschrittlicher Kreis vorhanden und besonders in der Jugend findet man Kräfte (höchstens bis zu 22 Jahren) die willens sind, eine neue Zeit mit aufzubauen. Viele junge Menschen kommen zu mir und wollen Anregungen für neue Wege in der Kunst. Für diese jungen Menschen zu arbeiten ist eine Freude.[51]

---

[50] Henze, *Laudatio*, in: *Karl Amadeus Hartmann und die musica viva*, S. 13.

[51] Bayer. Staatsbibliothek Ana 407, mit Ausnahme der letzten beiden Sätze abgedruckt in: Jaschinski, *Hartmann*, 1982, S. 19 und in: *Musik-Konzepte extra, Karl Amadeus Hartmann-Zyklus Nordrhein-Westfalen 1989/1990*, München 1989, S. 118.

Zu dieser Altersgruppe gehört Henze, zu diesem Zeitpunkt 20 Jahre alt. Seiner Autobiographie zufolge haben sich beide aber erst bei den Ferienkursen in Darmstadt im gleichen Jahr kennengelernt. Laut Auskunft von Frau Elisabeth Hartmann hat ihr Mann aber schon 1946 das Treffen in Kranichstein besucht und dort Henze kennengelernt, der also zu jener Gruppe ganz sicher dazu gehöre.[52] Das Zusammentreffen Hartmanns mit Henze schon 1946 unterstreicht auch eine Bemerkung Hartmanns an Fortner vom 17.1.1947, er habe Henze eine Karte geschickt.[53]

Ganz ähnlich wie im Brief an Scherchen ist Hartmanns Charakterisierung der politischen Atmosphäre in einem Brief an Ernst Křenek vom 20. Mai 1948 dargestellt:

> Die 12 Jahre hindurch habe ich in München in vollständiger Isolation gelebt und habe viel Elend und Leid erleben müssen. Ich bin froh, keinerlei politische oder künstlerische Kompromisse gemacht zu haben, wenn dies auch heute nach 3-jährigem Kriegsende wenig Früchte trägt, denn allmählich kommen wieder alle, die diese 12 Jahre die grossen Herren waren, zu Wort und versuchen selbstverständlicherweise uns, die wir auch heute noch stark in der Minderheit sind, an die Wand zu drücken. Leider hat das deutsche Volk nichts durch diesen Krieg gelernt, und wenn es so weitergeht, müssen wir, der spärliche Rest von Antifaschisten, auch noch emigrieren.[54]

Aus diesen Beschreibungen der Nachkriegsgesellschaft wird deutlich, warum Hartmann keine Chancen für sich sah, nach 1945 mit Werken, die offen gegen den Nationalsozialismus gerichtet waren, zu arrivieren.[55] Henze weist darauf hin, daß der engagierte Hartmann noch lebendig war und nach 1960 wieder stärker hervortrat. Er nennt in diesem Zusammenhang das Gemeinschaftswerk *Jüdische Chronik* von 1960, an dem neben ihm und Hartmann noch Paul Dessau, Boris Blacher und Rudolf Wagner-Régeny mitwirkten, ein Stück, »mit dem wir warnend auf den neu sich erhebenden Antisemitismus in unserem Volke hinweisen wollten«[56], wie Henze ausführt. Anlaß für diese Komposition waren Grabschändungen auf jüdischen Friedhöfen und Hakenkreuzschmierereien.[57] Schon vorher hatte Henze auf Hartmanns Aufsatz *Kunst und Politik*[58] von 1962 hingewiesen, in dem Hartmann ungebrochen die politische Funktion des Künstlers vertritt und Vorstellungen, nach denen ein Künstler unpolitisch bleiben könne, zurückweist.

Weitere Belege dafür, daß, wie Henze ausführt, ein politisch-engagiertes Kunstverständnis Hartmanns nach 1960 wieder stärker in Erscheinung tritt, führt Andreas Jaschinski an. Er zitiert Hartmanns entschiedenes Votum für Nonos Komposition *Canti di vita e d'amore. Sul Ponte di Hiroshima* (1962), dessen Aufführung Hartmann

---

52 Äußerung gegenüber dem Verfasser telefonisch am 24.3.1998.

53 Bayer. Staatsbibliothek Ana 407.

54 Bayer. Staatsbibliothek Ana 407.

55 In einem Brief vom 27.12.1947 an Reinhold Kreile, Redakteur der Zeitschrift *Das Steckenpferd*, verwehrt sich Hartmann gegen den Satz »Kollwitz wie Hartmann sind Schöpfer einer sozialistischen Kunst.« und bittet um Richtigstellung in der folgenden Ausgabe mit dem Fazit »Also raus aus der sozialistischen Kunstschublade und in die christliche Kunstschublade.« (Bayer. Staatsbibliothek Ana 407).

56 Henze, *Laudatio*, in: *Karl Amadeus Hartmann und die musica viva*, S. 13.

57 Klaus Geitel, *Hans Werner Henze*, Berlin 1968, S. 153.

58 In: Hartmann, *Kleine Schriften*, 1965, S. 70–73.

für ein musica-viva-Konzert am 8.2.1963 durchsetzte. Außerdem verweist Jaschinski auf zwei nicht ausgeführte Kompositionsprojekte Hartmanns mit politisch-gesellschaftlicher Ausrichtung.[59] Schließlich dokumentiert er den fehlgeschlagenen Versuch Robert Havemanns aus dem Jahre 1950, Hartmann für eine Tätigkeit in der DDR zu gewinnen. Vor allem die Drohungen Havemanns –

> Der Mann genierte sich nicht zu sagen, wenn sie im Westen einmarschieren, dass ich in dem Moment natürlich kalt gestellt werde und dass ich dann vom Leben nichts mehr zu erwarten hätte

– hätten Hartmann zur Abkehr von einer politisch-linksorientiert ausgerichteten Musik bewogen, um in den folgenden Jahren ein humanistisches Musikideal zu verfolgen. Außerdem habe die sozialistische Formalismus-Kritik – »als er Stellung gegen Schönberg, Strawinsky und Hindemith nahm, war es für mich aus« – seine Distanz verstärkt.[60] Die Konsequenz zog Hartmann u. a. mit seiner Symphonischen Ouvertüre *China kämpft*, 1943 komponiert und dem Andenken Den Shi Chuans gewidmet: Die Uraufführung des Werkes fand bei den Darmstädter Ferienkursen 1947 unter Scherchen statt, im gleichen Konzert wurde auch der langsame Satz aus Henzes *Erster Sinfonie* uraufgeführt.[61] Weitere Aufführungen erfuhr das Werk Hartmanns bei den Berliner Musiktagen 1948 und bei der Biennale in Venedig 1950. Anschließend zog Hartmann das Werk zurück und tilgte Titel und Widmung.[62]

Indem Henze die von Hartmann zurückgehaltene Sonate *27. April 1945* für Orchester bearbeitet, führt er sie einer größeren Öffentlichkeit zu und zeigt dieser den Antifaschisten Hartmann. Dessen Rückzug vom engagiert-politischen Komponieren, wie er sich in den fünfziger Jahren abzeichnet, scheint Henze, wie oben ausgeführt, doch ein wenig zu bedauern. Aber auch bei ihm selbst zeigte sich das politisch-gesellschaftliche Engagement in den fünfziger Jahren noch nicht so offen und entschieden wie in späterer Zeit. Es begann 1960 mit seiner Mitwirkung an der *Jüdischen Chronik* und setzte sich 1965 in der Komposition *In memoriam: Die Weiße Rose* fort, einer Komposition im Andenken an die Mitglieder der Münchener Widerstandsbewegung, komponiert für den Bologneser Kongreß der europäischen Widerstandsbewegung.[63] Dieses Werk steht mit seiner Intention, dem Andenken an Widerstandskämpfer gegen den Nationalsozialismus, ganz in der Nähe der *Neunten Sinfonie* und kann ideell als ihre Keimzelle betrachtet werden. 1967 engagierte sich Henze für den inhaftierten griechischen Komponisten Mikis Theodorakis. Er instrumentierte eine aus dem Gefängnis geschmuggelte Melodie des Griechen.

> Keine achtundvierzig Stunden nach Beendigung der Arbeit geht die Freiheitshymne von Theodorakis über viele europäische Sender.[64]

---

[59] Jaschinski, *Hartmann*, 1982, S. 21 f.

[60] Ebd., S. 24–31, Zitate S. 25.

[61] *Melos* 14 (1946/47), S. 341, auch Henze, *Reiselieder*, S. 92.

[62] McCredie, in: *Komponisten in Bayern*, 1995, S. 140 f.

[63] Hans Werner Henze, *In memoriam: »Die weiße Rose«* (1976), in: ders.: *Schriften und Gespräche 1955–1979*, Berlin 1981, S. 260.

[64] Geitel, *Hans Werner Henze*, 1968.

Das eigentliche politisch-gesellschaftliche Engagement in der kompositorischen Arbeit setzt aber erst 1968/69 ein, vor allem mit den Werken *Das Floß der Medusa*, der *Sechsten Sinfonie* – der »kubanischen«, in der auch die Freiheitshymne von Theodorakis Aufnahme fand – und mit *El Cimarròn*. Hieran schließen sich bis zur *Neunten Sinfonie* 1997 fortlaufend weitere Werke an.[65] Anderen Kompositionen vor 1968 läßt sich eher implizit eine politisch-gesellschaftliche Aussage entnehmen, worauf noch zurückzukommen ist.[66]

Henzes Sympathie und Bewunderung für Karl Amadeus Hartmann beruhte auf Gegenseitigkeit: Hartmanns Wertschätzung ging so weit, daß er Henze als den größten lebenden Komponisten bezeichnete.[67]

Paul Dessau

Die Auseinandersetzung, in der sich in den dreißiger Jahren die antifaschistische Bewegung besonders engagiert hat, ist der spanische Bürgerkrieg. Ein wichtiges Ereignis innerhalb dieses Kampfes ist die Bombardierung der Stadt Guernica durch deutsche Flieger. Zwei Dinge sind an diesem Ereignis besonders bemerkenswert: zum einen ist es die Tatsache, daß hier zum ersten Mal eine ganze Stadt vernichtet wurde, um den Gegner einzuschüchtern, ihm die militärische Unterlegenheit zu beweisen und die eigene totale Gewaltbereitschaft zu demonstrieren. Zum anderen wird durch die Mitwirkung deutscher Flieger im Kampf Francos der Zusammenschluß aller Faschisten in Europa und deren gemeinsame Kampfbereitschaft untermauert. Guernica ist zum Symbol geworden für faschistische Gewalt schlechthin und zur Auflehnung dagegen. Guernica ist aber auch zum Symbol dafür geworden, daß Künstler sich an dieser Auflehnung beteiligen, und zwar sowohl künstlerisch als auch im persönlichen Einsatz. Pablo Picassos gleichnamiges monumentales Gemälde gilt als berühmtestes Beispiel für dieses künstlerisch-politische Engagement.

Dem Thema Guernica haben sich auch eine Reihe von Komponisten gewidmet – die bekanntesten Namen sind Paul Dessau und Luigi Nono.[68] Teils thematisierten sie das geschichtliche Ereignis, teils intendierten sie eine musikalische Umsetzung des Bildes von Picasso. Diesen Weg ging Paul Dessau in der frühesten Guernica-Komposition von 1937. Es handelt sich um ein kleines Klavierstück von 78 Takten mit dem Titel *Guernica*. In Klammern ist unter den Titel die Bemerkung »nach Picasso« gesetzt, darunter steht die Widmung »Für René Leibowitz«.[69] Dessau hatte das Bild im Spanischen Pavillon der Weltausstellung in Paris Mitte Juni 1937 gesehen.[70] Daneben war

---

[65] Vgl. dazu insgesamt Peter Petersen, *Hans Werner Henze. Ein politischer Musiker*, Hamburg 1988.

[66] Siehe dazu auch Petersen, *Hans Werner Henze*, Kap. II und III.

[67] Mitteilung von Frau Elisabeth Hartmann im Telefongespräch am 24.3.1998 gegenüber dem Verfasser.

[68] Vgl. die Auflistung bei Monika Fink, *Musik nach Bildern. Programmbezogenes Komponieren im 19. und 20. Jahrhundert*, Innsbruck 1988, S. 235–238.

[69] So die Ausgabe vom VEB Breitkopf & Härtel Musikverlag Leipzig.

[70] Thomas Phleps, *Guernica – Musik im Exil*, in: *Paul Dessau – von Geschichte gezeichnet. Symposionsbericht des Musikfestes. Hamburg 1994*, hg. von Klaus Angermann, Hofheim 1995, S. 75.

das Gedicht *La Victoire de Guernica* von Paul Eluard ausgestellt.[71] Luigi Nono nahm im Gegensatz zu Dessau nicht das Picasso-Gemälde zur Vorlage seiner Guernica-Komposition, sondern vertonte dieses Eluard-Gedicht für Chor und Orchester.[72]

Das Klavierstück *Guernica* gehört zu den ersten Kompositionen Dessaus, in denen er sich mit der Zwölftontechnik auseinandersetzt. Er erlernte diese Technik – so ist auch die Widmung zu verstehen – um 1937 bei René Leibowitz[73], genau wie Henze gut zehn Jahre später. Neben dieser technisch-formalen Seite der Komposition lassen sich inhaltliche Bezüge zum Gemälde Picassos erkennen, wie Frank Schneider ausführt:

> Bemerkenswert an diesem Stück ist, daß Dessau Picassos Maltechnik und Formbildung akustisch wiederholt, indem er den Prozeßzusammenhang collageartig, aus der Addition stilisierter Tonbildfragmente wie Akkordballungen, Seufzer-Gesten, agitatorische Signale »a la tromba« und zerrissene Lauffiguren herstellt. Dadurch erst erhält sein Stück jenen unnachahmlichen Ausdruck von Klage, Protest und Hoffnung in nuancierter Vielschichtigkeit.[74]

Viele Elemente dieser Charakterisierung lassen sich auf Henzes *Neunte* übertragen, auf seine und Hans-Ulrich Treichels Auseinandersetzung mit Anna Seghers' Roman.
Trotz der aufgezeigten Berührungspunkte wäre es jedoch vermessen, in Dessaus kleinem Klavierstück[75] einen geschichtlichen Markstein auf dem Weg zu Henzes *Neunter* erkennen zu wollen. Aber dennoch ist das Werk bedeutsam als erste Komposition, die sich dieser Form faschistischer Gewalt widmet und der dann eine ganze Reihe weiterer Werke anderer Komponisten gefolgt sind. Beide Werke verbindet, daß mit ihnen antifaschistisch ausgerichtete Kunstwerke, die zu den bedeutendsten ihrer Art zählen, in Musik umgesetzt sind. Des weiteren spielt Dessau eine gewichtige Rolle auf dem Weg zu Henzes Komposition, weit über die gemeinsame Mitwirkung an der *Jüdischen Chronik* hinaus. Wie aus Henzes Schriften hervorgeht, scheint die Persönlichkeit Dessaus für ihn ähnlich prägend und fördernd gewesen zu sein wie diejenige Karl Amadeus Hartmanns. Die zahlreichen Erwähnungen in seiner Autobiographie belegen das, aber mehr noch Henzes *Erinnerungen an Paul Dessau*, zuerst abgedruckt in der Zeitschrift *Sinn und Form* 1979.[76] Darin heißt es:

> [...] in allem, was er sagte, zeichnete sich seine Ästhetik ab, die mir ungemein gefiel, die mich erstmals zum Nachdenken brachte über die Rolle des Künstlers in der Gesellschaft. Für ihn bestand und besteht die Aufgabe des Komponisten im ununterbrochenen dialektischen Rapport mit dem täglichen Leben, in Wechselbeziehungen und in einer geradezu fieberhaft kämpferischen Existenz. Ich war vielleicht zu jung damals und auch noch befangen in der westlichen Atmosphäre des kalten Krieges, um alles, was Paul über politische Dinge sagte, ganz verstehen zu können – eben darum bemühte er sich immer wieder, mir die Augen zu öffnen für die Erweite-

---

71 Phleps, *Guernica – Musik im Exil*, S. 94.

72 Eine weitere Vertonung dieses Gedichtes nennt Monika Fink in ihrer Arbeit *Musik nach Bildern* (Innsbruck 1988, S. 235). Die Existenz dieses Manuskripts ließ sich bisher nicht nachweisen.

73 Phleps, *Guernica – Musik im Exil*, S. 85.

74 Zit. nach Phleps, *Guernica – Musik im Exil*, S. 88.

75 Es gibt eine Bearbeitung des Klavierstücks für Kammerensemble von Friedrich Schenker.

76 Herausgegeben von der Akademie der Künste der DDR, Heft 6/1979, wiederabgedruckt u. a. in: Henze, *Schriften und Gespräche 1955–1979*, Berlin 1981, S. 274–276.

> rungsmöglichkeiten meines Weltbildes, und in der Tat lernte ich dazu, verstand einige Dinge besser. Paul machte sie mir sinnlich wahrnehmbar. Ich verstand, wie er zutiefst bemüht war, die Musik als einen lebendigen Bestandteil der Welt, als Rede und Antwort, als Instrument des Klassenkampfes zu verstehen und zu gestalten, wobei es ihm auch darum geht, die tradierten Ausdrucksmittel auf dem neuesten Stand ihrer technischen Entwicklung in diesen Kampf einzubringen.[77]

Dessau schuf mit seinem *Deutschen Miserere* eines »der großen künstlerischen Dokumente des Antifaschismus«, wie Fritz Hennenberg schrieb.[78] Das Werk für gemischten Chor, Kinderchor, Sopran, Alt, Tenor, Baß, großes Orchester, Orgel und Trautonium entstand zwischen 1944 und 1947 auf Texte von Bertolt Brecht. Bei dem gut 90minütigen Werk handelt es sich um eine Interpretation der jüngeren deutschen Geschichte aus sozialistischer Sicht. Insofern steht es Eislers *Deutscher Sinfonie* sehr nahe. Beide Werke beginnen mit dem gleichen Text »O Deutschland, bleiche Mutter!«, und auch Eislers Schlußgesang findet man bei Dessau gegen Ende als Nr. 25.

Ein weiteres Werk Dessaus, das sich mit der jüngeren deutsche Geschichte auseinandersetzt, ist seine Oper *Die Verurteilung des Lukullus*. Sie enstand 1951/52 ebenfalls auf einen Text von Brecht und handelt von dem römischen Heerführer Lukullus, dessen verheerende Taten man nach seinem Tode richtet. Ein Bezug zu den Nürnberger Kriegsverbrecherprozessen läßt sich herstellen. Die Uraufführung des Stückes geriet mitten hinein in die sogenannte Formalismus-Debatte, die von der Sowjetunion 1948 ausging und sich ab 1951 in der DDR niederschlug. Dabei ging es – kurz gesagt – um die Problematisierung zeitgenössischer Kunst und ihrer Techniken für den Einsatz im Sozialismus. Dessaus Musik schien zu fortschrittlich, um bei den Arbeitern und Bauern Gehör zu finden. Auch die radikale Verurteilung des Krieges, wie sie in Brechts Texten zum Ausdruck kommt, mißfiel den Vertretern der Ideologie. Nach intensiven Diskussionen, in denen auch Änderungen des Werkes in Aussicht gestellt wurden, kam es am 12. Oktober 1951 zur Uraufführung, gelangte im folgenden Winter zu acht weiteren Aufführungen und wurde dann abgesetzt. Erst nachdem 1956 in der Sowjetunion eine Richtungsänderung proklamiert worden war, erfuhr das Werk 1957 in Leipzig eine Neuinszenierung.[79]

Auch das *Deutsche Miserere* geriet nicht zum Erfolgsstück in der DDR. Das Regime zog das Werk nicht heran, um bei den zahlreichen Staatsfeiern an die Opfer des Nationalsozialismus zu erinnern. Über die Gründe dafür mag man spekulieren. Sicher spielt die gleiche Formalismus-Debatte eine ähnliche Rolle wie bei der Geschichte der Lukullus-Oper. Auch mag der Schluß mißfallen haben, der im Rahmen dieser Trauer-Komposition zwar leise zuversichtlich klingt, aber eben nicht hymnisch mitreißend.[80] Das Werk wurde am 20. September 1966 in Leipzig uraufgeführt, die Partitur erschien erst in Dessaus Todesjahr 1979. Derzeit bietet der Schallplattenhandel keine Einspielung des Werkes an.

---

[77] Henze, *Schriften und Gespräche 1955–1979*, S. 275.

[78] Im Nachwort zur Partitur, Leipzig 1979.

[79] Fritz Hennenberg, *Schwierige fünfziger Jahre. Paul Dessaus Rückkehr aus dem Exil*, in: *Paul Dessau: Von Geschichte gezeichnet*, hg. von Klaus Angermann, Hofheim 1995, S. 120–123.

[80] Ebd., S. 118.

Die Verwendung von »Ausdrucksmitteln auf dem neuesten Stand ihrer technischen Entwicklung«, wie Henze formulierte, bildete also den Stolperstein für einen Erfolg von Dessaus musikalisch-antifaschistischem Engagement in den fünfziger Jahren.

Dallapiccola und Nono

Klaus Geitel schreibt in seiner frühen Henze-Biographie von der tiefen Sympathie des Komponisten für Paul Dessau, Luigi Dallapiccola und Karl Amadeus Hartmann.[81] Im Gegensatz dazu erwähnt Henze in seiner Autobiographie zwar Dessau und Hartmann, Dallapiccola hingegen nur ein einziges Mal; er schildert kurz eine Begegnung im Winter 1960/61 in Berlin.

Dallapiccola stand nicht von Anfang an auf der Seite der Antifaschisten. Diese an sich bekannte Tatsache – Jürg Stenzl nennt sein diesbezügliches Kapitel »vom Saulus zum Paulus«[82] – erhellt auch ein Brief von Karl Amadeus Hartmann. Der Münchener Komponist erhielt 1948 eine Anfrage von einem Pater Heinrichs aus Essen, der eine Woche mit moderner religiöser Musik organisierte. In seinem Brief fragte dieser, ob der Titel *Inni* (Hymnen) von Dallapiccolas *Musica per tre pianoforte* politisch im Sinne des italienischen Faschismus gemeint sei und ob Hartmann eine Aufführung des Werkes empfehlen würde. Hartmann antwortete am 22. August 1948:

> Ich würde Ihnen raten, die Musik für drei Klaviere von Dallapiccola nicht auf Ihr Programm zu setzen, denn Ihre Ahnungen entsprechen den Tatsachen. Bei Dallapiccola kam die Einsicht allerdings sehr bald, noch vor dem Krieg. Als an sich unpolitischer Mensch ließ er sich für kurze Zeit blenden, doch ich kenne ihn persönlich sehr gut und er ist ein vornehmer Charakter, dessen Wesensart der Faschismus fremd ist, sonst hätte ich ihn übrigens niemals empfohlen.[83]

Dallapiccola und Hartmann hatten sich 1935 auf dem IGNM-Fest in Prag kennengelernt[84] und trafen sich beim Carillon-Wettbewerb in Genf 1936 wieder[85], wo sowohl Hartmanns *erstes Streichquartett* als auch Dallapiccolas *Musica per tre pianoforte* ausgezeichnet und aufgeführt wurden.[86] Dieser Komposition sollte, wie letzterer in einem Brief bekannte, das Mussolini-Motto »Das Paradies ist im Schatten der Schwerter« voranstehen.[87] Auch Goffredo Petrassi berichtet, daß Dallapiccola »zuerst

---

[81] Geitel, *Hans Werner Henze*, S. 106.

[82] Jürg Stenzl, *Von Giacomo Puccini zu Luigi Nono. Italienische Musik 1922–1952: Faschismus – Resistenza – Republik*, Buren 1990, Kap. 9.

[83] Bayer. Staatsbibliothek, Ana 407.

[84] *Karl Amadeus Hartmann und die musica viva*, Ausstellungskatalog, München und Mainz 1980, S. 304.

[85] Brief Dallapiccolas an Hartmann vom 13.12.1957, abgedruckt in: *Karl Amadeus Hartmann und die musica viva*, Ausstellungskatalog, S. 183.

[86] Ebd., S. 170.

[87] »Il motto da me scelto cosa di cui mi glorio – è il motto islamico mussoliniano ›Il paradiso è all'ombra delle spade‹« (»Das von mir gewählte Motto – dessen ich mich rühme – ist das islamisch-mussolinianische Motto ›Das Paradies ist im Schatten der Schwerter‹«), Brief vom Komponisten an P. Ojetti vom 23.1.1936, Stenzl, *Von Giacomo Puccini zu Luigi Nono*, S. 155.

ein glühender Faschist«[88] gewesen sei. Dallapiccolas »Einsicht«, wie Hartmann formulierte, kam mit der Übernahme der deutschen Rassegesetze in Italien am 1. September 1938. Es fragt sich, ob der *Musica per tre pianoforte* jenseits der anfangs beabsichtigten Widmung faschistische Spuren innewohnen. Diese könnten sich in diesem Instrumentalwerk wohl in Zitaten zeigen, z. B. in Liedern aus der faschistischen Bewegung Italiens.

Frédérik Goldbeck unternahm 1937 den Versuch, das Stück jenseits solcher Zitate für den Faschismus zu vereinnahmen. Er referiert zunächst eine auf die Ebene des Theaters zugeschnittene neue Ästhetik, die in der *Action française*[89], der faschistischen Tageszeitung Frankreichs, erschienen war, und nähert anschließend Dallapiccolas Werk diesen Maximen an. Der Künstler von heute sei ebenso Künstler wie Handwerker, er müsse sich zu allererst die Materie neu schaffen, was früher allein Aufgabe der Handwerker gewesen sei. Es ist hier weniger wichtig, diesen in dem Artikel doch rudimentär bleibenden Gedankengang weiter zu verfolgen, als die Tatsache zu nennen, daß diese Musik hier faschistisch interpretiert wird. Im Zusammenhang mit dieser Interpretation im faschistischen Sinne steht auch die Ausführung Goldbecks, daß die Partitur von Anweisungen wie »sempre forte« und »duramente« wimmele und daß die sechs Pianistenarme bei der Pariser Aufführung 1937 auf die Tasten gefallen seien wie Stampfhammer, die Pflastersteine einrammen.[90]

Da Dallapiccola an seinem Werk auch nach seiner »Einsicht« festhielt – 1957 wohnte er einer Einspielung dieses Werkes in Köln bei[91] – dürfte ein Bezug zum Faschismus musikalisch wohl nicht zweifelsfrei nachzuweisen sein. Hartmann riet von dem Werk für das Essener Musikfest ab, weil der Titel »Hymnen«, anders als zu vermuten war, jedenfalls keine geistlichen Hymnen meinte.

Nach seiner »Einsicht« heiratete Dallapiccola eine Jüdin und begann mit der Arbeit an den *Canti di Prigionia* (1938–41). In diesem ersten italienischen Werk, einer »musica impegnata« – einer engagierten Musik –, vertonte Dallapiccola drei Gebete von berühmten Gefangenen, und zwar von Maria Stuart, Boethius und Savonarola.[92] Es ist für gemischte Stimmen und Instrumente geschrieben und in Rom am 11.12.1941, also noch während des Mussolini-Regimes, uraufgeführt worden. Ihm folgte der Opern-Einakter *Il Prigioniero* (1944–48), der im Kerker der Inquisition von Saragossa im 16. Jahrhundert spielt und von den letzten Stunden eines zum Tode Veruteilten, seiner Sehnsucht nach Freiheit und seinem Weg in den Tod handelt. Als dritten Teil eines die

---

88 Zit. nach Stenzl, *Von Giacomo Puccini zu Luigi Nono*, S. 154.

89 Lucien Dubech, *Chronique*, in: *L'Action française*, 22.1.1937.

90 Frédérik Goldbeck, *Luigi Dallapiccola: »Musique pour trois pianos« (»Hymnes«). – Georges Auric: »Sonate pour piano et violon«. (»Concert de la Sérénade«)*, in: *La Revue musicale* 18 (1937), S. 208–210. Die am gleichen Abend aufgeführte Sonate von Auric entsprach im übrigen in keinster Weise den Maximen des Rezensenten. Sie entstamme halb aus der Garderobe 1900 von Mme. Odette Swann, womit er auf eine Figur aus dem Roman *A la recherche du temps perdu* von Marcel Proust anspielt.

91 Brief an Hartmann vom 13.12.1957, *Karl Amadeus Hartmann und die musica viva*, Ausstellungskatalog, S. 183.

92 Dietrich Kämper, *Gefangenschaft und Freiheit. Leben und Werk des Komponisten Luigi Dallapiccola*, Köln 1984, S. 45.

Thematik von Gefangenschaft und Freiheit behandelnden Triptychons schuf Dallapiccola 1951–55 die *Canti di liberazione* für Chor und Orchester auf Texte von Sebastian Castellio, dem Buch Exodus und Augustinus.[93] Alle drei Werke kamen in Hartmanns musica-viva-Konzerten 1956, 1957 und 1961 zur Aufführung, ebenso wie sechs weitere Kompositionen des Italieners.[94]

Hans Werner Henze veröffentlichte 1974 eine kurze Gratulationsadresse zu Dallapiccolas 70. Geburtstag. Darin würdigt er die große humanistische Bildung des Geehrten und bewundert dessen moralische Haltung. Diese zeige sich zum einen in der kontrapunktischen Durchstrukturierung seiner Werke, die er, Henze selbst, nicht in gleicher Weise realisiere:

> I feel that I would like to be as moral in my own writing. But I'm not so patient or so wise as he.

Zum anderen zeige sich diese moralische Haltung des Musikers in seiner politisch-humanitären Grundeinstellung. Einmal habe er den Klang Dallapiccolas in einem Werk aufgegriffen, in der Ungaretti-Vertonung *Grecia 1970*, der Nr. 10 in seinem Zyklus *Voices*.[95]

Wie Karl Amadeus Hartmann seit 1933 in Deutschland, so schuf auch Luigi Dallapiccola seit 1938 in Italien eine Reihe von Werken, die den Faschismus und den Krieg anklagen. Beide sind in ihren Ländern jeweils die Begründer eines Komponierens gegen die unheilvollen politischen Entwicklungen der Zeit.

Der neben Dallapiccola wohl fast noch wichtigere Komponist von antifaschistischer Musik in Italien ist Luigi Nono, auch was die Beziehung zu Henze betrifft. Auch er stand in engem Kontakt zu Hartmann und Dessau. Die erste Begegnung zwischen Henze und Nono fand bei den Darmstädter Ferienkursen 1950 statt.[96] Klaus Geitel berichtet, daß die Uraufführung von Luigi Nonos *Variazioni canoniche* wilde Proteste hervorrief, daß Henze einen der Pfeifer ohrfeigte und dafür heftig zur Ordnung gerufen wurde. Er fügt hinzu, daß

> Nono für Henze der reinste und edelste Komponist dieser Nachkriegsjahre bleiben wird, ein Komponist von absoluter Integrität. [...] Mehr noch: Nono wird Henze für lange Zeit zum moralischen Fixpunkt, an dem er sich orientiert.[97]

Henze widmet diesem am 27. August 1950 uraufgeführten Frühwerk Nonos, den *Variazioni canoniche sulla serie dell' Op. 41 di Arnold Schoenberg*, einen Artikel, der vom 18. Oktober 1950 datiert. Er erschien 1951 in einer italienischen Zeitschrift.[98] Da dieser Text in den veröffentlichten Henze-Schriften nicht abgedruckt ist, aber für Hen-

---

93 Vgl. Werkverzeichnis bei Kämper, *Gefangenschaft und Freiheit*, S. 191–194.

94 *Karl Amadeus Hartmann und die musica viva*, Ausstellungskatalog, S. 304.

95 Hans Werner Henze, *Tributes to Dallapiccola*, in: *Tempo* 108 (März 1974), S. 116.

96 Laut Henzes Autobiographie, S. 115 und der Biographie von Klaus Geitel, S. 37.

97 Geitel, *Hans Werner Henze*, S. 37 f.

98 Hans Werner Henze, *Variazioni de Luigi Nono*, in: *Musique Contemporaine* 1 (1951), S. 15, dt. Übersetzung in: *Luigi Nono. Texte. Studien zu seiner Musik*, hg. von Jürg Stenzl, Zürich 1975, S. 325.

zes Haltung zur antifaschistischen Musik um 1950 sehr aussagekräftig ist, sei er hier in Gänze zitiert:

> »Variazioni« von Luigi Nono
>
> Indem er sich ganz hingeben will, schafft der Künstler zwischen sich und der äußeren Welt einen Zustand gegenseitiger Erregung.
> Die Friedenstaube spannt ihre Flügel über den zerstörten Torso Apolls, diese Zeit sieht das Aufblühen einer neuen Jugend, welche gezeichnet durch den Verrat, Vergewaltigungen und Bedrohungen, das Wort »Humanität« neu zu verstehen sucht. Sie lebt wie Kafkas Landarzt und findet die Wege, die sie eingeschlagen hat, nie wieder; verschmäht, zurückgestoßen in den reißenden Totentanz einer unermeßlichen Hölle, beginnt sie leise aktive Verbindungen zum platten Leben in der Alltäglichkeit zu unterhalten.
> In Wirklichkeit ist sie erregt von einer heimlichen Sehnsucht nach Gerechtigkeit und Brüderlichkeit. Das Wunderbare, das Großartige und das Reine werden wieder Wirklichkeit; die Musik ist, mehr denn je, der geheimnisvolle Schlüssel der Einsamen, der Verwundbaren und der Verletzten.
> Nonos »Variationen« geben einen luziden Eindruck vom Seelenzustand der Jugend. Indem er die Lineatur einer klangreichen und gebundenen Sprache aufnimmt, als sei sie ein Ariadnefaden, läßt Nono knapp formulierte und übersinnliche Eindrücke hören: sie sind traurig und mild, vielleicht Zeichen von Künftigem, diese stillen Vogelrufe.
> In dieser Musik ist alles bloß Ruhe der Geste, aber ein stärkerer Akzent kommt – zwei Töne oder ein Trommelwirbel – ein Akzent, der eine ganze Gedankenentwicklung ersetzt. Diese Musik vereint Vergangenheit und Zukunft: die Gegenwart und Unendlichkeit im Raum der vierten Dimension, gestaltet erstaunlicherweise die Idee von der Apollinischen Schönheit wieder. Auf der Höhe des Lebensberges dürfen wir seine Schwingungen hören, heute kann Musik nur auf diese Weise gerechtfertigt werden.
> Man muß in jedem Werk das Maß der Gefahr vergrößern. Nichts ist bekannt, weder die Grenzen noch die zu gehenden Wege.
> Alles ist leer und neu für uns, alles ist im Zustand der Erwartung, und die Sphinx bereitet sich vor, uns den tödlichen Schlag zu versetzen; aber wir treten in ihren Bereich ein; bewußt der Gefahr, in der Erregung der Erwartung sehen wir die großen Augenblicke der Verzweiflung kommen.

Der Text ist interessant im Hinblick auf Henzes Grundbefindlichkeit um 1950, auch sagt er viel über sein Musikverständnis aus, noch interessanter ist er aber darin, was er alles über das Werk Nonos verschweigt. Er hört darin das Lebensgefühl einer Jugend – Henze war zum Zeitpunkt der Uraufführung gerade 24 Jahre alt, Nono 26 Jahre – die nach der erlebten Gewalttätigkeit neue, unbekannte Wege sucht, eine neue Humanität, eine neue Schönheit, wohl wissend um die Gefährlichkeit und Bedrohtheit dieser neuen Wege. Die Musik ist dabei das Medium, im dem sich dieses Lebensgefühl zum Ausdruck bringen läßt, in dem der neue Weg sich zeigt.

Indem Henze von dem umfassenden Werktitel lediglich das Wort »Variazioni« stehen läßt, unterdrückt er Wesentliches: Das Wort »canoniche« – kanonisch – weist auf formale Muster hin, mit denen sich das Werk auseinandersetzt. Henze scheint das nicht zu interessieren. Die Bemerkung »sulla serie« – über die Reihe – bezeichnet eine Kompositionstechnik, die Reihentechnik; auch darüber verschwendet Henze kein

Wort. Schließlich spielt für ihn auch die Herkunft der Reihe, Schönbergs op. 41, keine Rolle. Bei diesem op. 41 handelt es sich aber um die *Ode to Napoleon* von 1942, in der Schönberg seine Abneigung gegen Hitler zum Ausdruck bringt – Hans Heinz Stuckenschmidt nennt das Werk 1951 »ein antifaschistisches Manifest«.[99] Und Nono weist an verschiedenen Stellen auf die Bedeutung dieser Reihe nicht als musikalisch-immanentes, sondern als ideologisches Material hin. Er nennt Schönbergs Werk ein »prononciert anti-autoritäres Stück«.[100] Gerade in der Bundesrepublik seien dieses und andere ideologisch orientierte Frühwerke aber »hartnäckig als keimfreie Dokumente der Webern-Nachfolge mißdeutet worden«[101]. So erwähnt der Bericht der Zeitschrift *Melos* über die Uraufführung mit keinem Wort die ideologische Ausrichtung von Schönbergs op. 41 und den Bezug der *Variazioni* dazu.[102] Für Henze ist das Werk offenbar weder ein Dokument der Webern-Nachfolge noch ein antifaschistisches Manifest, sondern die umfassende Befindlichkeitsbeschreibung einer sich neu orientierenden Jugend. Er erfährt die Musik nicht formal-strukturell, auch nicht politisch, sondern emotional, und so korrespondiert sie mit der Erfahrung seiner selbst.

Damit soll nicht gesagt sein, Henze hätte zu dieser Zeit distanziert zur Zwölftonmusik gestanden – im Gegenteil: Um 1950 setzte er sich intensiv damit auseinander und komponierte in dieser Technik.[103] In einem Vortrag im NDR aus den frühen fünfziger Jahren, gesendet als Einführung in seine Funk-Oper *Ein Landarzt*, bekennt er sich zur Zwölftonmusik als »Ausdruck eines bestimmten Kultur- und Lebensgefühls«. Er nennt Schönberg und in dessen Nachfolge Boulez, Nono, Maderna und Hans Zehden und distanziert sich von Strawinsky und Hindemith.[104] Damit steht er ganz in der von Adorno geprägten Darmstädter Linie der Zeit.[105]

In einem Text von 1957 sagt Henze zwar, er sei der erste in der deutschen Nachkriegsgeneration, der sich mit Dodekaphonie beschäftigt habe; jedoch distanziert er sich hier von dieser Richtung, die zu diesem Zeitpunkt vor allem von Boulez und Stockhausen vertreten wird. Seine schon damals nicht unscharfen Formulierungen enden mit dem Fazit:

> Ich möchte mit meiner Musik gern bei den Menschen sein, aber bitte weit entfernt von konformistischen und tiefgründigen Clubs. Meine Sicherheit liegt in meinem Schwanken. Mein Schwanken ist Unsicherheit einer Welt gegenüber, die sich eben mit Leuten bevölkert hat, die alle ihre Papiere in Ordnung haben. Darf man ihnen gratulieren?[106]

---

99 Vgl. Hanns-Werner Heister, *Zum politischen Engagement des Unpolitischen*, in: *Herausforderung Schönberg*, hg. von Ulrich Dibelius, München 1974, S. 34 ff.

100 Stenzl (Hg.), *Luigi Nono. Texte. Studien zu seiner Musik*, S. 201, vgl. auch S. 172.

101 Ebd., S. 200 f. Zu den gesellschaftlichen Hintergründen vgl. Ernst H. Flammer, *Politisch engagierte Musik als kompositorisches Problem, dargestellt am Beispiel von Luigi Nono und Hans Werner Henze*, Baden-Baden 1981, S. 319–327.

102 *Melos* 17 (1950), S. 290.

103 Wiederabgedruckt in: Henze, *Musik und Politik*, 1976, S. 47.

104 Erneut gesendet im NDR 3 am 6.7.1996.

105 Vgl. *Musica* 4 (1950), S. 389.

106 Henze, *Musik und Politik*, 1976, S. 48.

Die Abgrenzung gilt der nun in Darmstadt vorherrschenden Schule, sie gilt aber nicht Nono. Wenn Klaus Geitel erwägt, daß Henze die Musik Nonos vielleicht nie höre, wie sie – Nonos Absicht entsprechend – gehört werden sollte[107], dann kann dieser Gedanke auf die genannten Zusammenhänge Anwendung finden. Gemeint dürfte damit sein, daß Henze sein Augenmerk weder auf die strukturellen noch auf die dezidiert politischen Momente in Nonos Musik legt, sondern auf die emotionalen. Nonos politisch-ästhetische Position war 1950, zur Zeit der *Variazioni*, allerdings noch nicht so deutlich ausgeprägt wie 1968, als Geitel seine Überlegungen niederschrieb. Besonders die Verknüpfung von Nonos Musik mit den Ideen des Marxismus und des Klassenkampfes konkretisierte sich erst Ende der fünfziger Jahre. Seine Auseinandersetzung mit dem Marxismus begann zwar schon 1945, war jedoch zu dieser Zeit durch seine innere Teilnahme an der italienischen Resistenza, also vor allem aus dem Antifaschismus heraus, motiviert.[108]

> In Darmstadt-Kranichstein dieses Sommers fing ich an, mich zu langweilen. Mir ist als einzige Denkwürdigkeit der Besuch Luigi Nonos in Erinnerung geblieben [...].

Mit diesen Worten spricht Henze in seiner Autobiographie die Ferienkurse von 1950 an, bei denen Nonos *Variazioni* uraufgeführt wurden, ohne allerdings das Werk selbst zu nennen. Was war es, das Henze langweilte? Immerhin wurden Werke u. a. von Varèse, Krenek, von Einem, B. A. Zimmermann, de la Motte, Maderna, und auch Henzes *Zweite Sinfonie* aufgeführt.[109] Aber es erscheint doch immerhin erwähnenswert, daß Henze die deutsche Erstaufführung von Schönbergs *Survivor from Warsaw* nicht nennt, ein Werk, gegen dessen Aufführung es Widerstände gegeben habe, wie Antoine Goléa schreibt, die aber notwendig war, »weil es noch heute auf der Welt Leute gibt, die sich vor der Wahrheit am liebsten die Augen verschleiern und die Ohren verstopfen möchten«[110]. Auch die Zeitschrift *Musica* weist auf außermusikalische Ereignisse hin, »die so sehr für bereits wieder aktuelle politische Intoleranz zeugen«[111]. Am umstrittensten waren aber, wie aus den Pressemitteilungen hervorgeht, die *Variazioni* von Nono. Vielleicht ist die negative Erinnerung Henzes an diese Ferienkurse durch das »philosophisch argumentierende Florettieren des fanatischen Schönbergianers«[112] Adorno hervorgerufen.

Auch viele weitere Werke Nonos nach 1950 sind deutlich von seiner antifaschistischen Haltung geprägt, so unter anderem sein *Epitaph auf Federico García Lorca* (1952/53), jenen 1936 von spanischen Falangisten erschossenen Dichter und Widerstandskämpfer. Und wieder nimmt Henze Stellung, und zwar zum abschließenden dritten Teil des Werkes:[113]

> Vor allem möchte ich von der »Romance de la guardia civil española« sprechen, die mich beim ersten Hören so sehr berührt hat, daß ich nie aufhören möchte, daran zu

107 Geitel, *Hans Werner Henze*, S. 37.

108 Vgl. Ernst H. Flammer, *Politisch engagierte Musik als kompositorisches Problem, dargestellt am Beispiel von Luigi Nono und Hans Werner Henze*, Baden-Baden 1981, S. 20 ff.

109 *Melos* 17 (1950), S. 286–290.

110 *Melos* 17 (1950), S. 287.

111 Klaus Wagner, in: *Musica* 4 (1950), S. 389.

112 Walter Harth, in: *Melos* 17 (1950), S. 288.

113 Hinweis auf Luigi Nono, in: *Texte und Zeichen* 2 (1956), S. 461–462.

> denken und mich zu erinnern. Seit meiner ersten Begegnung mit dem Violinkonzert von Alban Berg und dem Opus 31 von Arnold Schönberg gleich nach dem Kriege hatte ich nie mehr wieder durch neue Musik einen solchen Moment der Verzauberung erlebt.[114]

Im weiteren Verlauf benennt Henze deutlich das politische Moment der Komposition und argumentiert anschließend gegen eine Zugehörigkeit Nonos zur seriellen Schule, zu »mühseligen Akademismen und exklusiven Theorien«[115]. Nonos Distanz dazu sei so groß wie der »Abstand zwischen einer Idee und einer Machenschaft«[116].

> Obwohl – oder besser: gerade weil er mit viel Sinn für formale Prozesse begabt ist und seine Werke mit strengen Regeln untermauert, käme es ihm doch nie in den Sinn, Musik anders aufzufassen, als einen dem Leben gehörenden Ausdruck, notwendig zum Aufruf, zur Klage, zur Anklage und zum Lobe.[117]

Von hier aus wird auch deutlich, was er an diesem Werk bewundert: den Eingriff in die Lebenswirklichkeit einerseits und – wie schon vorher deutlich wurde – seine Ausdruckskraft schlechthin, das »Moment der Verzauberung«. Der antifaschistische Gehalt des Werkes wird erwähnt als Teil dieser Lebenswirklichkeit, nicht aber als Kriterium für den Rang des Werkes.

Henzes spezielles Musikverständnis zeigt sich hier also ähnlich wie in dem Text von 1950: Musik ist primär Ausdruck von Befindlichkeit, die – jetzt – auch politisch sein kann, aber nicht politisches Manifest schlechthin. Keineswegs geht Musik aber allein darin auf, – und daran wird Henze nicht mehr rütteln – strengen Regeln zu gehorchen und formale Prozesse abzuspulen.

Diese – sich von Nono unterscheidende – Haltung zeigt sich auch in seinen Werken dieser Zeit. Nirgendwo läßt sich ein offen antifaschistisches Werk erkennen, aber indem die Erfahrung des Nationalsozialismus zur Grundbefindlichkeit Henzes in dieser Zeit gehört, sind auch seine Werke mittelbar davon betroffen. Zu nennen wäre zum Beispiel die Bearbeitung von Kafkas Erzählung *Ein Landarzt* als Funk-Oper, jenes Werkes, das er in seinem Nono-Text von 1950 ausdrücklich als Parabel für das Empfinden der Jugend anführt. Die gesamte Atmosphäre dieser gut halbstündigen Funk-Oper ist angefüllt von bösen Träumen, von Bedrohtheit, Gewalt und Ekel, von der Manipulation und Täuschung eines Menschen durch andere. Die Schlußworte bringen die Empfindungswelt auf den Punkt und knüpfen die Beziehung zur Zeit vor 1945:

> Betrogen, betrogen. Einmal dem Fehlläuten der Nachtglocke gefolgt. Es ist niemals wieder gutzumachen.

Das kurze Brahms-Zitat, der Beginn der *Vierten Sinfonie*, wirkt fremd und unpassend in dieser akustisch erzeugten Unheilsstimmung.[118] An dieser Stelle gegen Ende, wo

---

114 Henze, *Schriften und Gespräche*, 1980, S. 200.

115 Ebd.

116 Zit. nach: *Texte und Zeichen* 2 (1956), S. 462; Nachdrucke des Textes bringen anstelle des Begriffes »Machenschaft« das Wort »Mannschaft« (Henze, *Musik und Politik*, 1976 und 1984; Henze, *Schriften und Gespräche*, 1981; Stenzl (Hg.), *Luigi Nono. Texte. Studien zu seiner Musik*, 1975.

117 Ebd., S. 199 f.

118 Zu Brahms-Zitaten in seiner Musik vgl. Henze, *Musik und Politik*, 1976, S. 242.

sich der Landarzt und der Knabe einen Blick des Verstehens zuwerfen, dürfte es Symbol von Vertrautheit und Ausdruck von Sympathie sein – oder?

Auch Henzes große frühe Oper *König Hirsch* handelt von der Täuschung des Menschen, von Gewalttätigkeit und Befreiung. Auch wenn das bei weitem nicht das Einzige war, was Henze an diesem Stoff faszinierte, so nennt er am Ende seines dieser Oper gewidmeten Textes von 1956 doch die Begriffe Freiheit, Tod des Tyrannen und Friede als zentrale Motive der Oper, die weder als Märchenoper noch Traumstück gedacht, sondern in der Realismus gemeint sei.[119]

Noch manch anderes Stück aus dieser Zeit läßt sich anführen, in dem sich Gesellschaftskritik und ein Nachwirken der Jahre vor 1945 zeigen, so vielleicht *Maratona di danza*[120] oder aber der *Prinz von Homburg*, wo »das Zittern eines Menschen vor der Gewalt der herrschenden Macht, der Mut sich ihr zu widersetzen« zur Darstellung kommt, wo es »gegen die blinde, phantasielose Anwendung der Gesetze und um die Verherrlichung menschlicher Güte« geht, wie Henze selbst ausführt.[121] Die zweite Arie der *Nachtstücke und Arien* von 1957 wendet sich gegen die zu jener Zeit diskutierte atomare Bewaffnung der Bundesrepublik.

In seinem Vortrag *Musik als Resistenzverhalten* von 1963, gedruckt 1964, bringt Henze seine Haltung zum Ausdruck, sich mit seiner Musik kritisch-distanziert zur Gegenwart zu verhalten – eine Einstellung, die er Ende der sechziger Jahre offen und unmißverständlich äußerte. Aus der rückschauenden Perspektive der neunziger Jahre nennt Henze andere frühe Werke, in denen sich die Erfahrung von Krieg und Faschismus niedergeschlagen habe, so den *Chor der gefangenen Trojer* und das *Wundertheater* von 1948 und die *Zweite Sinfonie* von 1949.[122]

Das zentrale Werk Nonos aus den fünfziger Jahren, das den deutschen Faschismus thematisiert, ist *Il canto sospeso*. Von Seiten der Widmungsträger[123] und von der Besetzung her könnte es Henzes *Neunter Sinfonie* an die Seite gestellt werden. Nono vertont darin Abschiedsbriefe von antifaschistischen Widerstandskämpfern, die zum Tode verurteilt sind. Das Werk für Sopran, Alt, Tenor, gemischten Chor und großes Orchester entstand in den Jahren 1955/56 als Auftragswerk des Westdeutschen Rundfunks und wurde am 24. Oktober 1956 in Köln uraufgeführt.

Die Zeitschriften *Melos* und *Musica*[124] berichten über die Uraufführung und erwähnen, daß es sich bei den Texten um Abschiedsbriefe von Widerstandskämpfern handelt, und beide Zeitschriften verschweigen beharrlich, wogegen hier Widerstand geleistet wurde! Im *Melos*-Bericht wird versucht, dem Werk Zeitlosigkeit anzudichten und eine etwaige aktuelle Bedeutung abzusprechen. Nochmals scheint Nonos Postulat

---

119 Henze, *Musik und Politik*, 1976, S. 35; vgl. auch den Aufsatz von Klaus Oehl in diesem Band.

120 Vgl. Henze, *»Maratona di danza«*, in: *Musik und Politik*, 1976, S. 70–72.

121 Henze, *»Prinz von Homburg«*, in: *Musik und Politik*, 1976, S. 73, 75.

122 Vgl. dazu den Aufsatz von Sabine Giesbrecht in diesem Buch.

123 »A tutti loro« (an sie alle) heißt es in der Partitur, in einem Text von 1968 nennt Nono als Widmungsträger »die zum Tode verurteilten europäischen Widerstandskämpfer« (Stenzl (Hg.), *Luigi Nono. Texte. Studien zu seiner Musik*, S. 135).

124 In der *NZfM* findet sich kein Bericht.

zuzutreffen, seine Werke seien in Westdeutschland als keimfreie Dokumente einer Webern-Nachfolge rezipiert worden, was auf eine derart die eigentliche Aussage unterdrückende Berichterstattung gemünzt sein dürfte.

In diesem Zusammenhang werden auch zwei ähnlich ausgerichtete Werke genannt, Dallapiccolas *Canti di prigionia* und – bedauerlich genug – Joseph Haydns *Die sieben letzten Worte des Erlösers am Kreuz.*[125] Die Inbeziehungsetzung des Werkes von Haydn zu Nonos *Il canto sospeso* kann allenfalls so verstanden werden, daß in beiden Werken der sinnvolle Opfertod für eine Sache, an die man glaubt, thematisiert wird. Sich dem kommenden Tod mit Worten entgegenzustemmen, ihn aber auch als sinnvoll zu begreifen und auf ein Leben danach zu hoffen, das ist beiden Werken gemein. Aber Nonos Anklage des Faschismus zu verschweigen und das Stück in eine allgemeinchristliche Tradition des Märtyrertodes zu stellen, das ist eine eminente Verzerrung der Werkintention. Hierin spiegelt sich die Verdrängungsmentalität der fünfziger Jahre in der Bundesrepublik.

Nonos Werk ist ein Epitaph. Es thematisiert den Tod der Widerstandskämpfer und versucht, ihm einen Sinn zu verleihen. Die Idee der Gerechtigkeit werde siegen und nachfolgende Generationen werden ein besseres Leben haben – in diesem Sinn erhält der Tod seine Funktion als sinnvoller Bestandteil des Kampfes.

Im Gegensatz hierzu thematisiert Henze in seiner *Sinfonia N. 9* das Leben. Im Zentrum steht der Überlebenswille des verwundeten Fliehenden. Der Tod wird im Zusammenhang mit dem Artisten zwar – in ähnlicher Richtung wie bei Nono – thematisiert, er spielt aber nicht die Hauptrolle. Diese gehört dem Kampf des Protagonisten ums Überleben und dem Erreichen dieses Zieles. Nonos Komposition ist trotz aller bewegenden Momente stärker literarisch-episch, auch reflektierend und meditativ, Henzes Sinfonie ist eher theatralisch-dramatisch, ganz vom situativen Kontext der dargestellten Szene geprägt. Auf einer imaginierten Skala mit den Polen Epik und Dramatik würde man Nono zwischen Eisler und Henze positionieren, vielleicht näher bei Henze.

Drei Jahre nach der Uraufführung von Nonos Werk hielt Henze in Braunschweig einen Vortrag, in dem er u. a. folgendes sagte:

> Es gibt Musiker, die in der Sprache nur die Wörter sehen, in Tonfolgen nur Einzeltöne, an Wörtern und Einzeltönen bezaubert sie der Klang allein, sie wollen sie vom Gang musikalischer oder sprachlicher Phrase, ihrer Überlieferung unabhängig sehen. Aber mir scheint, die Sprache wird in solcher Unabhängigkeit zu einem intellektuell unbefriedigenden Gegenstand, einem Mittelding, das zwischen der Botschaftslosigkeit des Zusammenhanglosen und einem der organisierten Klangkunst inferioren Geräusch pendelt, der geformten Gedankenkunst Sprache in allem nachstehend.[126]

Diese Worte könnten durchaus auf Nonos *Il canto sospeso* gemünzt sein, denn die hier kritisierte Verfahrensweise, das Zerschneiden von Satzzusammenhängen in einzelne Wörter, ja sogar Silben und Laute, entspricht der Faktur dieses Werkes. Um die ästhetische Funktion dieser Verfahrensweise gab es eine Auseinandersetzung zwischen Stockhausen und Nono, die in zwei Vorträgen in Darmstadt 1958 und 1960 ausgetra-

---

[125] *Melos* 23 (1956), S. 354; der Artikel ist mit »E.« unterzeichnet.

[126] Zuerst gedruckt in den *Essays* 1964, hier zitiert nach Henze, *Musik und Politik*, 1976, S. 49.

gen wurde. Diese Auseinandersetzung erhellt sowohl Nonos ästhetische Position in Opposition zu den – anderen – Seriellen als auch Henzes Standpunkt. Stockhausen hatte 1958 versucht zu erklären, warum man als Folge des geschilderten Kompositionsverfahrens die Texte beim Anhören nicht verstehen könne. Seine Lösung lautet, daß Nono den Sinn des Textes der Öffentlichkeit, in die er nicht gehöre, vorenthalte. Er habe denjenigen Briefstellen die Bedeutung »ausgetrieben«, bei denen man sich am meisten schäme, daß sie geschrieben werden mußten. Der Musiker nehme hier nur noch als Komponist Stellung: »er reduziert vielmehr die Sprache auf ihre Laute und macht mit diesen Musik. Lautpermutationen a, ä, e, i, o, u; serielle Struktur.«[127] Diesem Gedanken tritt Nono nun entschieden entgegen und betont, wie wichtig ihm die Texte seien:

> Die Botschaft jener Briefe der zum Tod verurteilten Menschen ist in mein Herz eingemeißelt wie in den Herzen aller derjenigen, die diese Briefe verstehen als Zeugnisse von Liebe, bewußter Entscheidung und Verantwortung gegenüber dem Leben und als Vorbild einer Opferbereitschaft und des Widerstandes gegen den Nazismus, dieses Monstrum des Irrationalismus, welches die Zerstörung der Vernunft versuchte. [...] Das Vermächtnis dieser Briefe wurde zum Ausdruck meiner Komposition. Und aus diesem Verhältnis zwischen dem Wort als phonetisch-semantischer Ganzheit und der Musik als dem komponierten Ausdruck des Wortes sind alle meine späteren Chorkompositionen zu verstehen.[128]

Der Auffassungsunterschied zwischen Stockhausen und Nono besteht in der Bewertung serieller Strukturen. Für Stockhausen stehen sie an erster Stelle, für Nono treten sie hinter das Wesentliche, den komponierten Ausdruck des Wortes zurück. Mit dieser Verfahrensweise, den semantischen Gehalt des Wortes ganz zu eliminieren und allein in der Musik aufgehen zu lassen, steht Nono im übrigen in krassem Gegensatz zu den Kampfmusiken Hanns Eislers, bei denen die Musik nur Transportmittel für den Text ist.

Nono nähert sich mit der Verdeutlichung seiner ästhetischen Position gegenüber Stockhausen der Position Henzes, die dieser mit Bezug auf den Lorca-Epitaph artikulierte. Auch er hatte den Ausdruck als das Wesentliche der Musik hingestellt und die sich darunter verbergenden Strukturen als sekundär. Seine Kritik an der Zerschneidung der Worte richtet sich nicht gegen Nono, sondern gegen Stockhausen und Boulez, die diese Technik anwenden, um die Sprach-Laute von ihrem semantischen Gehalt zu lösen und sie allein als musikalisches Material zu verwenden. Bei Nono dagegen geht die semantische Qualität der Worte nicht verloren, sondern sie kommt allein in der Musik zum Tragen. Diese Position kann Henze teilen und unterstreichen und *Il canto sospeso* als »ein ganz außerordentlich warmherziges und ergreifendes Stück« bezeichnen.[129]

Die Darstellung, die Nono in Henzes Autobiographie erfährt, ist umfangreich, umfangreicher noch als diejenigen Hartmanns und Dessaus. Im ihrem Zentrum steht Henzes Bewunderung, Hochachtung und Sympathie und sein Eintreten für dessen Werk einerseits und andererseits Nonos mangelndes Interesse an Henze und vor allem seine

---

[127] Stenzl (Hg.), *Luigi Nono. Texte. Studien zu seiner Musik*, S. 59 f.

[128] Ebd., S. 60.

[129] In einem Brief vom 16.3.1998 an den Verfasser.

Ablehnung von Henzes Kompositionen. Die Uraufführungen seiner *Nachtstücke und Arien* 1957 und seiner *Elegie für junge Liebende* 1961[130] verließ er nach wenigen Minuten, was Henze sehr verletzt hat. »Wir verlassen nun einstweilen [...] den schwierigen Nono, meinen lieben Gigi«[131], so endet eine längere Passage über den Italiener, und diese Worte unterstreichen Henzes problematisches Verhältnis zu ihm.

Jürg Stenzl thematisiert den von Nono geprägten Begriff der »Scherchen-Bande«. Er versteht darunter eine ganze Gruppe von Komponisten, die sich einem auf Scherchen zurückgehenden Musikverständnis verpflichtet fühlten. Dazu zählt er neben Nono und Hartmann auch Dallapiccola, Maderna, Liebermann, Xenakis – und auch Henze. Diese Musikphilosophie oder Musik-Ethik Scherchens schließe Musik als bloßes Spiel, als Freizeit völlig aus und meine immer den Bezug der Musik zum ganzen Menschen und zum Engagement für ihn. Mag diese Charakterisierung auf Henze auch zutreffen, so war sein Verhältnis zu Scherchen doch hochgradig belastet, spätestens nach dessen Streichungen in der König-Hirsch-Partitur vor der Uraufführung 1956. Auch Scherchens Tempoverzerrungen bei der Aufführung der *Zweiten Sinfonie* 1952 sind Henze in schlechter Erinnerung geblieben.[132] So dürfte er dieser »Bande« allenfalls durch die Vermittlung von Hartmann angehören, der seit 1933 sehr stark im Einflußbereich Scherchens stand. Aber das Musikverständnis dieser beiden hat doch, wie oben schon ausgeführt, stark auf Henze eingewirkt. Henze folgt ja auch, anders als Nono und Dallapiccola, in den fünfziger Jahren ganz wie Hartmann einem nur indirekt engagierten Komponieren. Einem Komponieren, das zwar den Menschen und seine Bedrohtheit häufig im Blick hat, aber die Ursachen dieser Bedrohtheit bei weitem nicht so konkret benennt, wie vor allem Nono es tut. Die immense Bedeutung Scherchens als Initiator einer engagierten Musik und sein Einfluß auf die genannten Komponisten dürfte kaum in Frage stehen.

Schluß: Über den Sinn von Musik gegen den Faschismus

In diesem Aufsatz sollten nur diejenigen Werke genannt werden, die in einer mehr oder minder direkten Beziehung zu Henzes *Sinfonia N. 9* und ihrer Thematik stehen. Viele andere Werke, die die gleiche oder eine ähnliche Thematik behandeln, konnten in diesem Rahmen nicht berücksichtigt werden.[133]

---

[130] Henze, *Reiselieder*, S. 182 und S. 214.

[131] Ebd., S. 218.

[132] Ebd., S. 175 f. und S. 142.

[133] Dimitri Schostakowitsch erinnert mit seiner *Dreizehnten Sinfonie* an ein Massaker eines SS-Sonderkommandos, bei dem 1941 in der Nähe von Kiew mehr als 34.000 jüdische Männer, Frauen und Kinder hingerichtet wurden. Die Sinfonie ist mit dem Ort jener Vernichtung, Babij Jar, betitelt. Es handelt sich um eine Vokalsinfonie, die eine zentrale Maxime des Faschismus anklagt, den Antisemitismus. Der Dichter der Texte, Jewgenij Jewtuschenko, hatte im ersten der Gedichte, der dem Werk den Namen gab, eine Kontinuität des Antisemitismus von der Dreyfus-Affäre bis hin zum Antisemitismus in der Sowjetunion aufgezeigt. Er wurde nach der Uraufführung gezwungen, das Gedicht abzuändern, inzwischen kann es aber wieder in der Originalversion aufgeführt werden. Schostakowitschs *Dreizehnte Sinfonie* berührt sich durch den vokalen Charakter und durch das verwandte Sujet mit Henzes *Sinfonia*

Die grundsätzliche Frage, ob Musik als Kunst die Ereignisse der deutschen Geschichte zwischen 1933 und 1945 thematisieren soll, diskutiert Hans Heinrich Eggebrecht in seinem Buch *Die Musik und das Schöne* von 1997. Er kommt zu einem negativen Ergebnis, das in der Mahnung mündet: »Davon laßt die Finger weg, die Finger der Kunst!«[134] Diese Auffassung basiert auf einem Musikverständnis, das er so umschreibt:

> Kunst ist schön, weil sie spielt und uns im Prozeß der ästhetischen Identifikation zu Mitspielern macht. Spielen ist eine ästhetische Seinsweise aller Musik, eine Kategorie ihres Daseins als Kunst, die sie von Wirklichkeit trennt, auch wenn sie noch so sehr auf Wirklichkeit bezogen ist. Musik, alle Musik, ästhetisiert die Wirklichkeit, auf die sie sich bezieht, indem sie die Wirklichkeit in ihr Spiel transformiert und als Spiel erscheinen läßt. Ästhetisieren bedeutet hier nicht in einem imaginären Sinn verschönen, sondern bedeutet: ins Spiel nehmen. Da aber Spielen, ein Spiel, immer schön ist, bedeutet ästhetisieren als ins Spiel nehmen auch immer und unweigerlich verschönen. Auch wenn Musik sich emphatisch auf die Wirklichkeit einläßt, auch auf das Barbarischste vom Barbarischen, schönt sie die Wirklichkeit, weil sie spielt.

N. 9 – stärker jedenfalls als die in den oben angeführten Rezensionen ebenfalls erwähnte *Fünfte* und *Vierzehnte Sinfonie* des Russen. Seine *Siebte Sinfonie*, die Leningrader, wendet sich gegen die Belagerung der Stadt durch die deutsche Wehrmacht, das *achte Streichquartett* thematisiert die Zerstörung Dresdens durch alliierte Flieger. Schostakowitsch dürfte der wichtigste Komponist antifaschistischer Musik in der Sowjetunion sein. Als ein Beispiel antifaschistischer Komposition der DDR nach Eisler und Dessau sei Udo Zimmermanns vielgespielte Oper *Die weiße Rose* genannt.
Auch auf viele weitere Werke konnte in diesem Aufsatz nicht eingegangen werden. So wurden Schönbergs op. 41 und op. 46 nur am Rande erwähnt. Ebenso wäre zu sprechen über Bernd Alois Zimmermann oder über Krzysztof Penderecki, auch entsprechende Werke von den vielen emigrierten Komponisten wären zu behandeln. Ferner dürften auch unbekanntere Werke nicht ausgespart bleiben, etwa die Kammeroper *Das Tagebuch der Anna Frank* von Grigori Frid oder die dem Schicksal Carl von Ossietzkis gewidmete Kantate von Ilja Zeljenka. An diese Werke anschließend wären die in den Konzentrationslagern komponierten Werke mit antifaschistischem Gehalt zu nennen, die in den letzten Jahren wieder an die Öffentlichkeit gelangten. Danach, um den europäischen Rahmen zu verlassen, müßten die Greueltaten der lateinamerikanischen Diktaturen thematisiert werden, wie sie in der Musik reflektiert wurden. Dazu hat Hans Werner Henze in Werken um 1970 einen bedeutenden Beitrag geleistet. Auch die Gewalttaten in Vietnam wären anzusprechen, wie sie in Elliot Goldenthals *Vietnam-Oratorium* oder in Georges Crumbs Komposition *Black Angels* für elektrisch verstärktes Streichquartett behandelt werden. Auch Isang Yuns Eintreten gegen die Gewalt in seinem Heimatland Korea muß erwähnt werden, wie es zum Beispiel im *Exemplum in memoriam Kwangju* erscheint, das einer der vielen Massentötungen gewidmet ist, wie sie schon früher anhand von Guernica und Babij Jar, auch an Auschwitz, dem Warschauer Ghetto u. a. thematisiert wurden. In diesem Zusammenhang sei noch Bohuslav Martinus *Memorial to Lidice* von 1943 genannt, das an eine weitere große Hinrichtungsaktion erinnert. Weitet man den Kreis, so kommen auch die zahlreichen Hiroshima-Kompositionen in Betracht, und auch die neuere Geschichte hat bereits ihren Reflex in der Musik gefunden: In Hans Werner Henzes *Requiem* tritt mittelbar die Tötungsmaschinerie des Golfkrieges in Erscheinung, und auch der Bosnien-Konflikt hat sich bereits in Musik niedergeschlagen.

[134] Hans Heinrich Eggebrecht, *Die Musik und das Schöne*, München 1997, S. 43.

> Sie ästhetisiert die Wirklichkeit, einschließlich des Häßlichsten vom Häßlichen. Ästhetisierung bedeutet Distanzierung: etwas in den Abstand des Spiels rücken. Und Distanzierung bedeutet Entwirklichung.[135]

Läßt man gelten, daß die Erinnerung an die Greueltaten des Nationalsozialismus ihre Wiederholung zumindest einschränkt, dann erscheint es sinnvoll, sich immer daran zu erinnern. Wie aber soll das geschehen? Die Wirklichkeit selbst kann – gottlob – nicht gezeigt werden. Und Dokumentarfilme oder Zeugenaussagen wie der Film *Shoah* sind nicht zu verwechseln mit Wirklichkeit. Sie stellen Bilder der Wirklichkeit nach dem Eingriff der Filmemacher dar, die mittels Schnitt, Montage, Text und Musikunterlegung (!) diese Wirklichkeit zurechtgemacht und mit ihr gespielt haben. Auch Gedenkstätten und Mahnmale sind von der Wirklichkeit weit entfernt. Das gilt noch mehr für literarische Bearbeitungen wie Seghers *Das siebte Kreuz* oder manche Romane Remarques. Alles fällt unter das gleiche Verdikt einer Ästhetisierung der Wirklichkeit, auch das Komponieren gegen die Gewalttätigkeit des Faschismus, das fast genauso alt ist wie dieser selbst und in dessen Tradition Henzes Musik steht.

Eggebrecht zufolge sollen alle diese Kompositionen nun nicht sein. Ihr Sujet sei der Musik nicht »darstellenserlaubt«[136]. Er spricht einem Teil kompositorischer Realität unseres Jahrhunderts ihre Daseinsberechtigung ab und geht in seiner Argumentation auf das berühmte Diktum Adornos ein, nach Auschwitz noch Gedichte zu schreiben, sei barbarisch. Auch Henze kommentiert jenes Diktum. Darin spiegelt sich sein Musikverständnis, und darin bringt er den Sinn seiner dreißig Jahre später entstandenen *Sinfonia N. 9* unmißverständlich zum Ausdruck:

> Der unglaubliche Herr Adorno hat gesagt, nach Auschwitz könne man keine Gedichte mehr schreiben. Und ich sage dagegen: Aber das ist das Einzige, was man noch machen kann, um auf den Geist von Auschwitz zu reagieren.[137]

---

135 Eggebrecht, *Die Musik und das Schöne*, S. 37 f.

136 Ebd., S. 43.

137 Leonardo Pinzauti, *A colloquio con Hans Werner Henze*, in: *Nuova rivista musicale italiana* 1 (1967), S. 362, Ü. d. V.

Klaus Oehl

RICERCAR – Auf der Suche nach sozialer, politischer und künstlerischer Identität. Die Oper *König Hirsch* als autobiographische Allegorie

Das Jahr 1953 markiert im Leben und Werk des Komponisten Hans Werner Henze einen bedeutungsvollen Einschnitt. Deutschland, Darmstadt, Dodekaphonie werden Henze zu eng, zu restriktiv – er weicht aus nach Italien, wo er bis heute seinen Wohnsitz und Arbeitsort hat. Eine deutliche Reaktion auf diesen Ortswechsel stellt seine Oper *König Hirsch* (1953–55) dar, eine künstlerische, soziale wie politische Standortbestimmung.

1. Emigration nach Italien: Eine »festliche Grenzüberschreitung«[1]

An einem Frühjahrstag des Jahres 1953, Henze schreibt in seiner Autobiographie vom »Tag meiner festlichen Grenzüberschreitung, dem schönsten Tag meines Lebens«[2], packt er die Koffer mit dem Notwendigsten, Partituren, den Skizzen zur *Ode an den Westwind* und reist ab nach Italien, nachdem er zuvor seine Bücher verkaufen mußte. Henze besucht Nono am ersten Abend in Venedig, berichtet ihm über sein Opernprojekt *König Hirsch*, verbringt einige Tage in Florenz und fährt zielstrebig weiter nach Ischia; schon im Sommer 1951 war er mit Walter Jockisch und Grete Weil dort zum Urlaub gewesen.[3]

Die Gründe für die Emigration Henzes nach Italien sind vielfältiger Natur, lassen sich aber mit der allgemeinen Situation seines Isoliertseins als Künstler und Mensch in Deutschland begreifen. Rückblickend[4] formuliert Henze seine politische Motivation zur Auswanderung im Gespräch mit Hubert Kolland. Isoliert und abgestoßen fühlte er sich in erster Linie »in diesem westlichen Nachkriegsdeutschland, in dem schon wieder oder immer noch die alten Herren Beträchtliches zu sagen hatten«[5], durch das re-

---

[1] Hans Werner Henze, *Reiselieder mit böhmischen Quinten. Autobiographische Mitteilungen 1926–1995*, Frankfurt am Main 1996, S. 139.

[2] Ebd.

[3] Klaus Geitel, *Hans Werner Henze*, Berlin 1968, S. 43.

[4] Die Auseinandersetzung Henzes mit den Gründen für das Verlassen der BRD, die hier im folgenden resümiert werden, erfolgt mit einigem zeitlichen Abstand in der Retrospektive. Notwendigerweise überwiegt dadurch das Bild eines geplanten rationalen Entschlusses vor sicher auch relevanten emotionalen und momentanen Beweggründen zum Zeitpunkt der Auswanderung.

[5] Hans Werner Henze, *Die Schwierigkeit, ein bundesdeutscher Komponist zu sein: Neue Musik zwischen Isolierung und Engagement (1980). Aus einem Gespräch mit Hubert Kolland*, Erstabdruck in: *Das Argument*, Sonderband 42: *Die Musik der 50er Jahre*, hg. von Hanns-Werner Heister und Dietrich Stern, Berlin 1980; hier zitiert aus: Hans Werner Henze, *Musik und Poli-*

staurative Klima am Anfang der fünfziger Jahre, was zum Verbot der KPD ebenso führen sollte wie zur Remilitarisierung. Enttäuscht äußert er sich später über das unpolitische Verhalten seiner Musiker- und Komponistenkollegen angesichts dieser eindeutigen Tendenzen: »[...] ich habe nie in musikalischen Kreisen davon sprechen gehört. Musik ist ja unpolitisch!«[6]

Als gesellschaftlich motivierte Beweggründe für die Auswanderung führt Henze zum einen das von ihm als zwanghaft empfundene bürgerliche Konsum-, Leistungs- und Statusdenken der Gründerjahre an. Nach seinem frühen künstlerischen Erfolg – »ich war da so richtig ›in‹ plötzlich [...]«[7] – fühlt er sich als Künstler in Zwänge involviert und allzu sehr vereinnahmt. Zum andern leidet er unter der gesellschaftlichen Ächtung seiner Homosexualität. Denunziert durch eine Zimmervermieterin in Konstanz, entgeht Henze einer strafrechtlichen Verfolgung – der damals geltende § 175 StGB bedrohte praktizierte Homosexualität mit Gefängnis – nur durch Verleugnung seiner sexuellen Neigung vor der Polizei.[8] Noch in den 1996 verfaßten Zeilen aus Henzes Autobiographie tritt die Verbitterung über erlittene Demütigungen und Denunziationen zutage, die ihn an seine schlimmen Erfahrungen im faschistischen Deutschland der Nazizeit erinnerten und denen er für immer den Rücken kehren wollte:

> Der Leitgedanke des Reichsführers SS Himmlers von der »Ausmerze der Entarteten«, der »Staatsfeinde, die es als solche zu behandeln gilt«, hatte sich an mir nicht mehr »durchführen« lassen. Die Schergen waren zu spät gekommen. Die schrillen Schwulenwitze von Frau Hilde Strobel waren auch verstummt. Die vielen ekelhaften Erfahrungen mit Spießermief und Exekutionskommandos, Kollegenhäme und hassigem Neid waren jenseits des Brenners hängengeblieben, der Gestank wogte dort gemächlich ins Deutsche zurück.[9]

Schließlich sind es künstlerische Gründe, die für Henze den Ausschlag geben, Neuland zu erkunden, sich in Frage zu stellen und zu orientieren, um eine eigene musikalische Sprache zu finden. Für den Komponisten Henze bedeutet die Abkehr von Deutschland auch eine Abkehr von der Darmstädter Avantgarde, die in seinen Augen die serielle Musik, »jene technokratische Kunstauffassung, die mechanistische Deviation der Dodekaphonie, [...] anfangs der 50er Jahre in Darmstadt zur Doktrin [machte ...]«[10]. Unvereinbar steht die für ihn im zunehmendem Maße als doktrinär empfundene Schule seinem Bedürfnis nach Sprachlichkeit, nach einer »musica impura«[11], gegenüber; die Ausschließlichkeit der kompositorischen Methoden, die strenge Dodekaphonie und Serialität, lehnte er eben aus dem Grunde ab, »[...] weil sie mir so ›pur‹ vorkamen und weil mir schien, daß ich nichts ›sagen‹ konnte innerhalb dieser Regeln.«[12]

---

tik. Schriften und Gespräche 1955–1984. Erweiterte Neuausgabe. Mit einem Vorwort hg. von Jens Brockmeier, München 1984, S. 324.

[6] Ebd.

[7] Ebd., S. 313.

[8] Ebd., S. 323.

[9] Henze, *Reiselieder*, S. 151.

[10] Henze, *Musik und Politik*, S. 310.

[11] Aus dem Gespräch mit Hans-Klaus Jungheinrich: *Musica impura – Musik als Sprache (1972)*, in: Henze, *Musik und Politik*, S. 196.

[12] Henze, *Musik und Politik*, S. 196.

Dem Fremdsein in Deutschland stand eine große Italiensehnsucht gegenüber, die ihn seit seiner Italienreise 1951 mit dem Ehepaar Jockisch nicht wieder los ließ. Henze berichtet überschwenglich über »eine bessere Welt«[13], die für ihn bis heute seine Heimat darstellt. Auf Ischia läßt er sich in San Francesco bei Forio bis 1956 nieder. Dort entsteht sein »mediterranes Tagebuch«[14], die Oper *König Hirsch* auf ein Libretto von Heinz von Cramer nach Carlo Gozzi, der wir im folgenden vorrangig unter dem autobiographischen Aspekt nachspüren wollen.

2. Ischitaner Jahre 1953–55: Die Arbeit an *König Hirsch*

> Es begann mit einem Aufatmen, es war stiller hier. Ich war anonym hier, wurde ruhiger, vielleicht fing mein Leben jetzt erst an.[15]

Das Zur-Ruhe-Kommen ist Henzes vorderstes Bedürfnis in Italien. Auf dem Gut der Familie Capuano mietet er sich ein Haus, das »zwei karge gekalkte Räume [aufweist]; eine winzige Terrasse öffnet sich zu Weinbergen und Meer.«[16] Seine padrona Lucia Capuano kümmert sich um den Haushalt und lernt Italienisch mit ihm. Außer zu seinen padroni und dem Maler Werner Gilles, der sich auch auf Ischia niedergelassen hat und der es wohl war, der Henzes Entscheidung zur Auswanderung auf die Künstlerinsel forciert hat,[17] sucht Henze wenig Kontakt in den ersten Monaten; er zieht sich zurück, genießt die mediterrane Umgebung und arbeitet. Von seinem Verleger und Förderer Willy Strecker ist Henze mit einem Vorschuß versehen worden, ohne daß ein Auftrag oder Termin einzuhalten gewesen wäre. Damit kann er sich ganz auf das Komponieren konzentrieren. Da Henze schon einzelne Teile der Dichtung des *König Hirsch* erhalten hat, kann die Komposition der Oper beginnen: Das Liebesduett des ersten Aktes aus der späteren sechsten Szene zwischen dem Mädchen und dem König ist komponiert, als Heinz von Cramer im Spätsommer von der nahegelegenen Insel Procida Henze das fertige Libretto bringt.[18] Mitte Juni 1953 trifft auch Ingeborg Bachmann auf Ischia ein. Henze hatte der befreundeten Dichterin neben dem seinen ein kleines Haus gemietet, wo sie in unmittelbarer Nachbarschaft den Sommer zusammen verlebten, bis Bachmann im Herbst »zu ihrem Job nach Rom mußte, [und es Henze so vorkam, als] schieden zwei Geschwister voneinander.«[19]

Während Henze über dem ersten Akt von *König Hirsch* über ein Jahr sitzt, benötigt er für den zweiten, am 24. Mai 1954 begonnenen Waldakt neun Monate Zeit, bis er hinter den Schlußtakt des zweiten Aktes, der sinfonischen Finalszene, die Datierung »5. MARZO 1955«[20] setzen kann. Die Wintermonate Dezember 1954 bis Januar 1955

---

[13] Henze, *Reiselieder*, S. 124; vgl. Henzes Schlüsselerlebnis mit der Beschreibung eines Abends in Frascati, an dem Henze sich »unsterblich in das italienische Volk [verliebt hat]«, auf S. 123/124.

[14] Hansjörg Pauli, *Travestimento. Marginalien zu Henzes Œuvre*, in: *Melos* 32 (1965), S. 86.

[15] Henze, *Musik und Politik*, S. 133.

[16] Geitel, *Hans Werner Henze*, S. 61.

[17] Ebd., S. 58.

[18] Henze, *Reiselieder*, S. 139.

[19] Ebd., S. 156.

[20] Partiturreinschrift *König Hirsch*, in: Paul Sacher Stiftung/Basel, Microfilm-Nr. 167, S. 1063.

verbringt Henze zwischenzeitlich in Paris, wo er bei dem Musikwissenschaftler und Mahler-Biographen Henry-Louis de La Grange wohnt. Daß er bereits Ende Januar – den Angaben in der Autobiographie zufolge – dort den zweiten Akt fertigstellt und »mit dem diplomatischen Kurier der BRD-Botschaft nach Mainz befördern«[21] läßt, widerspricht dabei der Datierung hinter dem Schlußtakt der Partiturreinschrift. Daß tatsächlich der 5. März 1955 das Datum zu sein scheint, an dem Henze den zweiten Akt beendet, geht ferner aus einem Brief an einen ungenannten Freund hervor, den er aus Neapel im März 1955 schreibt; er berichtet darin vom gerade fertiggestellten zweiten Aufzug von *König Hirsch* und resümiert die zurückliegende Kompositionsarbeit, angefangen mit der sinfonischen Finalszene, folgendermaßen:

> Das Finale ist eine fünfsätzige Sinfonie (Genesi, Sonata, Variazioni, Capriccio, Ricercar), und ansonsten finden sich im zweiten Akt: Duett für Koloratursopran und Tenor, Quartett für drei Tenöre und Bariton, [...].[22]

Wenn man annimmt, daß Henze die Szenen der Oper ebenso nacheinander geschrieben hat wie er mit der Komposition der drei Akte verfuhr, so grenzt sich die Entstehungszeit für die sinfonische Finalszene des zweiten Aktes auf die Anfangsmonate des Jahres 1955 ein. Den dritten und letzten Akt der Oper stellt er binnen eines halben Jahres am 12. September 1955 fertig.[23]

Bei diesem ersten großen »italienischen« Werk *König Hirsch* – neben dem noch die in München begonnene und am »15. August 1953«[24] beendete *Ode an den Westwind* für Violoncello und Orchester entsteht – handelt es sich um die durch Heinz von Cramer besorgte Librettobearbeitung des *Re cervo* Carlo Gozzis, einer 1762 auf Grundlage zweier persischer Märchen für die Commedia-dell'arte-Truppe um Antonio Sacchi geschriebenen *Fiaba teatrale*. Neben einer insgesamt deutlich erweiterten Personnage und einer dramaturgischen Anreicherung der Gozzischen Vorlage mit surrealistischen und existentialistischen Gehalten fügt von Cramer dem Opernlibretto mit der finalen sechsten Szene des zweiten Aktes eine völlig neue Szene ein, die in den Quellen keine Entsprechung hat. Zur Orientierung sei in groben Zügen der Inhalt der Oper bis zu jener Finalszene wiedergegeben.

Im ersten Akt kehrt der im Wald aufgewachsene König in die Stadt zur Königskrönung und Brautschau zurück. Eine Intrige des Statthalters, der ausschließlich usurpatorische Ziele verfolgt, zerstört das nur kurz währende Glück zwischen dem sich bei der Brautschau verliebenden König und dem Mädchen: Das Mädchen wird durch den Statthalter des versuchten Königsmordes bezichtigt und gefangengenommen. Aus Resignation vor den Gesetzen, denen der die Intrige nicht durchschauende König machtlos gegenübersteht, zieht er sich in den Wald zurück. Der zweite Akt spielt im Wald, einem großen atmenden Organismus, der sich zu öffnen und zu schließen und zudem durch ein fünfstimmiges Vokalensemble zu artikulieren vermag. Es ist der vom

---

[21] Henze, *Reiselieder*, S. 167.

[22] Zitiert nach: Josef Rufer (Hg.), *Musiker über Musik. Aus Briefen, Tagebüchern und Aufzeichnungen. Ausgewählt und kommentiert von Josef Rufer*, Darmstadt 1956, S. 304 f.

[23] Hinter den Schlußtakt des dritten Aktes im Klavierauszug *König Hirsch*, S. 725 notiert Henze: »PYTHACUSA [griech. Name der Insel Ischia]/12 Sett. 1955«.

[24] Eintragung auf der Titelseite der Partiturreinschrift, in: Paul Sacher Stiftung/Basel, Microfilm-Nr. 169, S. 2.

König als Heimat verstandene Ort seiner Kindheit, wo er unter den Tieren des Waldes aufgewachsen ist. Im Laufe des Aufzuges kommt es zu einigen Metempsychosen, die Heinz von Cramer aus den indisch-persischen Märchenquellen in leicht modifizierter Form übernimmt. Verfolgt vom Statthalter, der ihn töten will, schlüpft der König mittels eines Zauberspruchs in die Hülle einer getöteten Hirschkuh, ein Vorgang, der aus seiner romantisch-mythischen Beziehung zu den Tieren des Waldes resultiert. Der Statthalter seinerseits nutzt die Chance zur Verwandlung in die Gestalt der leblosen Königshülle und setzt Jäger auf den Hirsch an. Der Wald schützt den König in Hirschgestalt vor den herannahenden Jägern und verschließt sich vor ihnen.

Innerhalb der Oper nimmt die sich daran anschließende sechste Szene aufgrund ihrer zyklischen Anlage als Jahreszeitenszene und der Henzeschen Vertonung als einer um eine Einleitung (»Genesi«) erweiterten viersätzigen Sinfonie (»Introduzione e Sonata«, »Variazioni«, »Capriccio«, »Ricercar«) eine herausragende Stellung ein.[25] Nicht minder neuralgisch erweist sie sich in der dramaturgischen Anlage, bewirkt doch der mit dem Sommer einsetzende einjährige Aufenthalt des König Hirsch im Wald die für den weiteren dramatischen Fortgang entscheidende Peripetie. Der König erkennt nämlich, daß er in die Stadt zurückkehren, persönlich und politisch Verantwortung tragen und sich engagieren muß, um seine soziale Identität zu gewinnen, nach der er bislang vergeblich suchte.

In einem ersten Schritt der musikalischen Analyse soll im folgenden die Motivik des König Hirsch und des Mädchens im Mittelpunkt stehen, um in einem zweiten Schritt das *Ricercar* aus der Finalszene in den Focus der Betrachtung zu rücken, weist es doch in seinem allegorischen Zuschnitt deutliche Parallelen zur oben ausführlich dargelegten Biographie Henzes in den Jahren 1953–1955 auf.

3. Musikalische Analyse

a) Sehnsuchts- und Liebesmotivik: König Hirsch/Mädchen

Von den Motiven, die den König im ersten und zweiten Akt charakterisieren, sollen zwei Gruppen herausgestellt werden, die zum einen das Verhältnis des Königs zum Wald im allgemeinen und zum Hirsch im besonderen kennzeichnen und zum anderen in Verbindung stehen mit der Liebesbeziehung zu dem Mädchen. Über die Zeit vor der Königskrönung wissen wir, daß der König als Kind vom Statthalter im Wald ausgesetzt wurde und entgegen dessen Vermutung nicht starb, sondern von den Tieren des Waldes aufgezogen wurde. »Die Hirschkuh war meine Mutter [...]«[26] singt der König in den Takten 109/110 der vierten Szene des ersten Aktes, umgeben von den in den Palast zur Verabschiedung gekommenen Tieren. Ein musikalisches Indiz für eine ausgeprägte Affinität des Königs zum Hirsch erklingt wenig später: In den Takten 144–146 spielen die 1. Klarinette und Flöte im Anschluß an die Phrase des Königs »Ihr alle

[25] 1962 bearbeitet Henze das Finale als exzerpierte Opernszene zur *Vierten Sinfonie*, indem er die Singstimmen in Instrumentalstimmen übersetzt. Vgl. Klaus Oehl, *Die Vierte Sinfonie von Hans Werner Henze im Kontext der Oper König Hirsch*, Universität Hamburg: Musikwissenschaftliches Institut 1996 (Magisterarbeit als Typoskript).

[26] Vgl. Partitur *König Hirsch*, Mainz: B. Schott's Söhne 1956, S. 179.

[die Tiere] habt mich hergeführt« ein hier im Notenbeispiel (1a) um einen Ton höher transponiertes Motiv[27], das sich im zweiten Akt als Variante eines eindeutig der Hirschkuh zugeordneten Motivs darstellt. Bei deren Erscheinen in der dritten Szene des Waldaktes intonieren dort die Hörner zusammen mit dem Englisch Horn drei Akkorde (Notenbsp. 1b, oberes System), deren Rahmenintervalle reine Quinte, große Sexte und große Septime mit den drei im Notenbeispiel 1a konstituierten identisch sind. Damit unterstreicht Henze die innere Beziehung des Königs zum Hirsch auch musikalisch.

Notenbsp. 1a: I, 4, T. 144–146:

Notenbsp. 1b: II, 3, T. 78–79:

Während ferner die Motivik des Königs im Orchester bestimmt ist durch vielstimmige bi- oder polytonale Akkorde, die terzgeschichtete Drei- bzw. Vierklänge zudem häufig so übereinandersetzen, daß chromatische Verhältnisse zwischen den Grundtönen der zugrundeliegenden Akkorde entstehen,[28] ist die Singstimme des Königs in den geschlossenen ariosen Formen als tonaler Fixpunkt gestaltet.

Bereits bei seinem ersten Auftritt im ersten Akt in der vierten Szene wird der König über die gestörte Beziehung zu seiner Umwelt als einsamer und resignierter Mensch charakterisiert, der sich auf der Suche nach seiner sozialen Identität befindet. Nachdem die Tiere sich aus dem Palast entfernt haben, beklagt der allein gelassene König in seiner Arie »Kein Blick, kein Schatten, kein Gehör, der Luft ist meine Stimme zu schwer«[29] seine einsame Situation über seine Beziehung zur Natur. Die gewählten

---

27 Auch schon T. 125/126 in Klarinette und Oboe und 134/135 im Horn, wobei das jeweils letzte Intervall der Motive eine kleine Septime ausbildet im Gegensatz zu dem hier im Notenbeispiel 1a wiedergegebenen Motiv mit abschließender großer Septime.

28 Vgl. II, 1, T. 189–192 oder I, 4, T. 80–82.

29 Im weiteren Wortlaut der Arie nach dem Textbuch *König Hirsch* (Mainz: B. Schott's Söhne 1956, renewed 1984), S. 17/18 heißt es: »Die Winde machen Bogen um mich, / o Wald, wer wird mir helfen? / Ich gehe weiter. Mein Schritt hinterläßt keine Spur. / Der Weg will nicht berührt sein von mir. / Die Einsamkeit baut ein Gefängnis aus Spiegeln. / Der Fluß, den ich überschreite, will mich nicht. / Er wirft mein Bild zurück. / Das Feld, das ich durchquere, will mich nicht. / Es wirft meinen Schatten zurück. [...]«.

Bilder aus der Natur wie Luft, Wind, Weg, Fluß, Feld, Ebene, Berg, Himmel, in denen der König keine Geräusche, keine Spuren bzw. Schatten hinterläßt und die ihm abweisend erscheinen, vermitteln dabei in ihrer Gesamtheit die Vorstellung eines ziellos suchenden, umherwandernden Menschen innerhalb einer Umgebung, die ihm keinen Platz einräumt. Ein eingängiges diatonisches Motiv, das die gesamte Arie durchzieht, macht die Gefühlswelt des Königs hörbar: Es steht in seiner ersten vom König gesungenen Gestalt in *e*-Moll, wobei lediglich die Dreiklangstöne h^1 und g^1 sowohl durch einen in 32steln ausgeschriebenen Doppelschlag als auch in augmentierter Form in Achtelnoten umspielt werden; dazwischen ist die von a^1 über die große Sexte erreichte Synkope fis^2 besonders auffällig.

Notenbsp. 2: I, 4, T. 209–213: König: »Sehnsuchtsmotiv«[30]

Die weiteren Belegstellen des Motivs innerhalb der Arie sind zu zahlreich, um sie alle ausführlich darzustellen. Eine tabellarische Übersicht faßt die Motivvarianten unter den Kriterien Instrument, Einsatzton, Tonart zusammen und ist Anhaltspunkt für ein Aufsuchen der Belegstellen in der Partitur; das instrumentale Vor- und Nachspiel (Takte 202–208 und 281–286), das in 1. Oboe und Klarinette den Doppelschlag des Motivs thematisiert, wurde dabei ausgespart. Der Einsatzton ist nicht in allen Fällen auch der Grundton des Motivs, was damit zusammenhängt, daß der Quartfall als eigentlicher Beginn des Motivs auch fehlen kann, so beispielsweise im Notenbeispiel 2 und den Vatianten 3 und 5. Die fallende Quarte am Anfang macht das Notenbeispiel 4b anschaulich.

---

[30] Diese vom Autor eingeführte Bezeichnung läßt bewußt durch ihre unscharfe terminologische Abgrenzung mehrere semantische Deutungsmöglichkeiten zu.

Tafel: Varianten des Sehnsuchtsmotives (I, 4)

Variante	**Takte**	**Instrumente**	**Einsatzton**	**Tonart (sofern ermittelbar)**
1)	218–222	Violinen	e^2	*e*-Moll (Quinte auch tiefalteriert)[31]
2)	227–231	Trompete, Horn	a^1	*a*-Moll
3)	237–243	Singstimme König	a^1	*d*-harmon. Moll (auch 5-)
4)	243–244	1. Violine, E. H.	d^2	*d*-Moll
5)	261–265	1. Oboe u. parallel: Fl., Klar., E. H.	fis^2 und d^2, h^1, fis^1	*h*-Moll
6)	270–272	Violinen	a^2 und a^1	*a*-Moll / *d*-Moll

Das Umherwandern des Königs innerhalb der Natur zeichnet die Musik mit dem Sehnsuchtsmotiv nach, das durch verschiedene Moll-Tonarten und unterschiedliche Instrumente »wandert«. In semantischer Verbindung zum Sehnsuchtsmotiv steht ferner der bei der Variante 1 (und auch im Nachspiel der Takte 281–286) vom König unbemerkt erscheinende Papagei[32], der neben sprechenden Statuen und dem die Verwandlungen ermöglichenden Zauberwort die Aura des Magischen und Geheimnisvollen in der Oper repräsentiert. Er wird es sein, der dem König über Checco das Wort mitteilt, mit dem es zur Verwandlung in den Hirsch kommen kann, wodurch sich die Sehnsucht des Königs im zweiten Akt zu erfüllen scheint. Dementsprechend koppelt Henze in der Verwandlungsmusik zusammen mit dem Todesmotiv[33] des Hirsches in Posaunen und

[31] Anstelle der reinen Quinte steht hier noch in Takt 221 unmerklich als Wechselnote die verminderte Quinte b^1; im folgenden wird diese Besonderheit mit dem Kürzel »5-« in Klammern bezeichnet.

[32] »Der Papagei erscheint und umkreist den König, als wollte er ihn zum Spiel auffordern.«, vgl. Partitur S. 199: I, 4, T. 218–221.

[33] Als der Hirsch verwundet in den neutralen Raum zum Sterben kommt, erklingt zuerst in der Solobratsche (Partitur, S. 598: II, 4, T. 78–85) und bis zum Tod des Hirsches in den Violinen dieses diatonische, auf *e*-Moll bezogene Motiv, das Peter Petersen aufgrund seines Tritonusverhältnisses *e–b* in Anlehnung an Wilhelm Kellers Tonsatzlehre als »Lydisch Moll« identifiziert; vgl. Peter Petersen, *Ein unbekanntes Skizzenheft zu König Hirsch von Hans Werner Henze*, in: *Opernkomposition als Prozeß*, hg. von Werner Breig, Kassel u. a. 1996, S. 160. Diese Bezeichnung Kellers ist allerdings insofern problematisch, als es sich bei dem alterierten Ton *b* nicht um eine übermäßige lydische Quarte handelt, sondern vielmehr um eine verminderte Quinte; der vierte Stammton von *e*-Moll bleibt unverändert.

Tuba eine Variante des Sehnsuchtsmotives in Hörnern und Trompeten, die sich als solche durch ihren Quartfall und die anschließenden Septolenumspielungen erweist.

Notenbsp. 3: II, 4, T. 274–279: Hörner, Trompeten

In der sechsten Szene des ersten Aktes verlieben sich das Mädchen und der König ineinander. Mit der die Szene begleitenden Musik hat Henze seinen Angaben zufolge die Arbeit an der Oper begonnen:

> Die ersten Noten für den I. Akt des *König Hirsch* waren die zum Duett zwischen dem Mädchen und dem jungen König: »Was können wir tun? Die Luft war voll von geöffneten Käfigen. Unsre Blicke wurden Vögel und flogen davon.« Einstimmig waren sie, diatonisch, und es war mir, als kämen die Noten wirklich aus dem Herzen des zauberischen Landes [Italien], das mich umfing [...].[34]

Zwischen dem Sehnsuchtsmotiv aus der Arie des Königs der vierten Szene und diesem Duett bestehen nun deutliche motivische Verwandtschaften, die im folgenden in den Mittelpunkt gerückt werden. Instrumental zitieren zuerst die Violinen in den Takten 108–109 im piano eine mit Quartfall und darauffolgend auskomponiertem Doppelschlag ansetzende Melodie (Notenbsp. 4a), die an den Anfang des Sehnsuchtsmotivs erinnert. Der Vergleich mit dem auf dem gleichen Ton und im gleichen Instrument Violine (zusammen mit dem Englisch Horn) einsetzenden Sehnsuchtsmotiv aus den Takten 242–243 der vierten Szene (Notenbsp. 4b) weist das Motiv als eine weitere Variante mit hier ganztönig gefärbter melodischer Umspielung (h^1 statt b^1) aus.

Notenbsp. 4a: I, 6, T. 108–109: Violinen

[34] Henze, *Reiselieder*, S. 152. Erstaunlicherweise wurden gerade diese Noten in der Stuttgarter Aufführung der Urfassung 1985 nicht gespielt; die Takte 103–148 der vierten Szene sind gestrichen.

Notenbsp. 4b: I, 4, T. 243–244: 1.Violinen, E. H.

Henze verselbständigt die 32stel-Umspielung des Sehnsuchtsmotivs als Motivabspaltung in der weiteren, nur von Streichern getragenen Begleitung des Duetts, die sich zusammen mit den Singstimmen bis zum Takt 127 der sechsten Szene wie eine Invention über den Doppelschlag ausnimmt. Die semantische Funktion des Motivs erschließt sich, bezieht man den Gesangstext der Verliebten mit ein. Als eindrucksvolle Metapher für die Liebesbeziehung steht das Bild von geöffneten Käfigen, aus denen Vögel entfliehen, die gleichgesetzt werden mit den einander begegnenden Blicken von Mädchen und König (I, 6, T. 110–112: »Unsre Blicke wurden Vögel und flogen davon.«). Die schon in der Arie der vierten Szene empfundene Sehnsucht des Königs nach Identität und Einbindung in die ihn umgebende Natur erfüllt sich hier über das Liebesgefühl zum Mädchen. In sprachlicher Anlehnung an die gewählten Naturbilder der Arie des Königs in der vierten Szene singt das Mädchen in den Takten 153–155: »Ich bin eine Landschaft für dich«, worauf 1. Flöte und Fagotte den bekannten Doppelschlag intonieren; etwas später verdeutlicht der im Duett vorgetragene Satz »Wenn wir Wege suchen, müssen wir den Spuren unserer Füße folgen« (Takte 167–172) die Anspielung auf den Anfang der Arie in den Takten 223–229 der vierten Szene »Mein Schritt hinterläßt keine Spur. Der Weg will nicht berührt sein von mir.« Das die Szenen verbindende musikalische Band konstituiert sich in dem Sehnsuchtsmotiv, das semantisch sowohl für das Gefühl des Suchens als auch des Findens verwendet wird.

b) Ricercar

In der Finalszene des zweiten Aktes rekurriert Henze auf das Duett, ein Rückbezug, der durch das Zitat der ersten von König und Mädchen gemeinsam geäußerten Sätze (»Was können wir tun. Die Luft war voll von geöffneten Käfigen. Unsre Blicke wurden Vögel und flogen davon.«) bereits angelegt ist. Die Erinnerung wird musikalisch durch ein in Terzen parallelgeführtes Motiv lebendig, das instrumental am Anfang des *Ricercars* zitiert wird. Nur noch bruchstückhaft sind die motivischen Beziehungen zum Sehnsuchtsmotiv zu erkennen, sind doch die umspielenden Verzierungen in Doppelschlägen eliminiert. Daher sei das um eine Quarte tiefer nach *fis*-Moll transponierte Sehnsuchtsmotiv (5a) aus der Arie des Königs mit den Gesangsstimmen der Takte 119–122 (5b) der sechsten Szene verglichen, um die bestehende Motivverwandtschaft aufzuzeigen. Ferner wird hier auch der Anfang des *Ricercar* (5c) in den Oboen wiedergegeben, das bis auf den zweiten eingeschobenen Takt nahezu die gleiche Phrase, jedoch in anderer Rhythmisierung als in Bsp. 5b instrumental artikuliert.

Notenbsp. 5a: I, 4, T. 261–265: Ob., Fl.

Notenbsp. 5b: I, 6, T. 119–122: Duett König – Mädchen

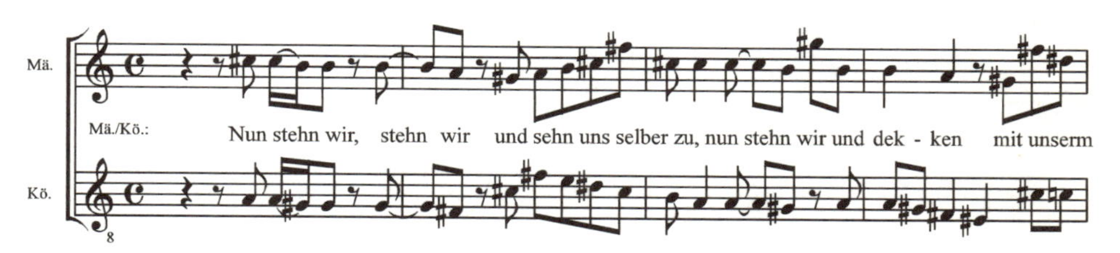

Notenbsp. 5c: II, 6, *Ricercar*, T. 1–5: Oboen

Ricercar meint in seiner wörtlichen Bedeutung ein Wiederaufsuchen; was unter der traditionellen Form des Ricercars verstanden wird, beschreibt Clemens Kühn in seiner Formenlehre: »Immer wieder aufgesucht wird der zugrundeliegende Gedanke, das ›Subjekt‹ des Satzes.«[35] Bei Henze geht die Bedeutung über jene der erneuten Motivfindung innerhalb des Satzes allerdings noch in verschiedener Hinsicht hinaus.

Henze sucht ein weitgehend in Terzen parallelgeführtes Motiv aus dem Liebesduett der sechsten Szene des ersten Aktes von *König Hirsch* wieder auf, welches er mit dem siebentaktigen, sehr langsamen Abschnitt dem Satz voranstellt. Die Begleitung in jeweils zwei Solo-Bratschen und -Celli nimmt die von Henze noch als Liebesintervall verstandene Terz in den ersten beiden Takten auf und etabliert darauf in den 1. Violi-

---

[35] Clemens Kühn, *Formenlehre der Musik*, München, Kassel u. a. 1987, S. 109, Fußnote 2.

nen (Notenbsp. 6b) eine melodische Phrase, die ihrerseits aus dem Sehnsuchtsmotiv der Oper abgeleitet ist. Im Duett der sechsten Szene singen König und Mädchen die verwandte Phrase unisono auf die Worte »Was können wir tun?« (Takte 104 f., Notenbsp. 6a). Der Quartfall und die kreisende ganztönige Sekundfortschreitung auf den annähernd gleichen Tonigkeiten sind motivverwandte Elemente der beiden Phrasen (6a und b).

Notenbsp. 6: Sehnsuchtsmotivik

a) *König Hirsch*, I, 6, T. 104–105:

b) *Ricercar*, T. 3–5: 1. Violinen

Im weiteren Verlauf des Ricercars zitiert der Komponist mit dem Arioso des Königs wiederholt aus diesem Liebesduett; so nimmt Henze mit den Worten des Duetts »Was können wir tun?« in den Takten 72–74 die Musik der Duett-Takte 104–105 (I, 6) in leicht variierter Form wieder auf: Der König ruft sich erneut die mit dem Mädchen gemeinsam geäußerten Worte ins Gedächtnis. Der Titel »Ricercar« wird damit auch insofern semantisch belegt, als das Sich-Erinnern des Königs an den gemeinsamen Liebesschwur gleichzeitig ein Wiederwachrufen der musikalischen Motivik aus dem ersten Akt der Oper nach sich zieht. Darüber hinaus nimmt die gewählte Form des Rondos, das schubweise in den Refrains (Takte 48–56, 75–90, 109–112 und 126–135) die Sehnsuchtsmotivik wiederaufgreift, auf psychische Reaktionen des Königs Bezug, der sich gegen seine Erinnerung wehrt: »O, daß ich ablegen [bzw. abtrennen] könnte, was ich nicht vergessen kann!« singt er zu Anfang [bzw. zu Ende] des Ariosos, doch zitiert er gerade danach wörtlich Ausschnitte aus dem Liebesduett und belegt, daß es ihm nicht gelingt, »die Anker aus dem Grund [zu] reißen« (bei T. 57–63). Über das rondohafte Alternieren von Sehnsuchtsmotivik und Musik, die sich nicht auf das Liebesduett zurückbezieht, drückt Henze einerseits das Nachgeben gegenüber dem Liebesgefühl, andererseits den Versuch des Verdrängens aus; der König kann sich in Hirschgestalt nicht dem Wald zugehörig fühlen, wenn er immer wieder an das Mädchen zurückdenken muß, das er liebt. Er muß sich weiterhin allein fühlen und Sehnsucht empfinden, was seine in den Takten 145–147 geäußerten Worte auch belegen.

Auf die Worte »Warum rufst du noch immer?« intonieren in den Takten 136–140 zuerst Sopran und Mezzosopran der Waldstimmen, eingebettet in einen – von je vier Bratschen- bzw. Cellosoli vorgetragenen – bitonalen Akkord (*es*-Moll/*D*-Dur mit sixte ajoutée), dann Sopran und Alt des Waldstimmenensembles mit »Du gehst und rufst!«

innerhalb des gleichen Akkordes – nun in Holzbläserbesetzung – die Abfolge Großterzsprung und Kleinterzfall. Auch in den Takten 148–150 wird diese Terzenfolge von Alt und Mezzosopran mit »Ich sehe, du gehst und rufst« wieder aufgenommen. Zwischen diesen Terzenmotiven erklingt nun mit dem kargen, nur zweistimmigen Satz aus Harfe (colla parte mit Celli und Kontrabässen) und der Singstimme des Königs eine Allusion auf die musikalische Tradition, womit dem Titel »Ricercar« eine weitere Bedeutungsebene zugewiesen wird, indem Henze auch Motive aus anderen Werken der Musikgeschichte zitiert. Mit der Phrase der Harfe aus aufsteigender Kleinterz und verminderter Quarte in den Takten 142–143 spielt Henze auf den Anfang der *Neunten Symphonie* von Gustav Mahler an, wobei in Mahlers »Dreitonmotiv«[36] die allerdings reine Quarte nur als verdecktes und durch Pause abgetrenntes Intervall zwischen erstem und drittem Motivton existiert. Die Abweichung rührt daher, daß Henze den ersten Motivton wiederholt und damit den Sekundschritt Mahlers zu einer (verminderten) Quarte »weitet«. Was die motivischen Unterschiede aufwiegt, ist der nur punktuelle, sehr spärliche Satzkontext, in dem das Motiv in beiden Fällen erklingt. Im Notenbeispiel (7) wurde das Motiv Mahlers um einen Ganzton abwärts transponiert, um den Vergleich der beiden Motive zu erleichtern.

Notenbsp. 7a: Mahler: *Neunte Symphonie*, T. 3–4: Hf.

Notenbsp. 7b: *König Hirsch* II, 6: *Ricercar*, T. 142–143: Hf.

Henze verbindet die Phrase der Harfe mit einem Motiv der Singstimme des Königs, das mit der motivischen Keimzelle des *Liedes von der Erde* verwandt ist und damit den Verweis auf Mahlers *Neunte Symphonie* zusätzlich untermauert, vergegenwärtigt man sich die motivischen Verwandtschaften der beiden 1908 und 1910[37] vollendeten Werke Mahlers. Peter Revers bezeichnet das Motiv *a–g–e* aus Mahlers *Lied von der Erde* als »eine der wesentlichen Keimzellen thematischer Entwicklung [..., die] am Beginn der Neunten Symphonie (T. 3 f.) als Krebs (*fis–a–h–a*; Hf.) wieder[kehrt]«[38] und nennt die erste Zitatstelle des um den Quartaufschwung erweiterten Motives *e–a–g–e* mit den Takten 5–7 im ersten Satz des *Liedes von der Erde* in Violinen und Brat-

[36] Constantin Floros, *Gustav Mahler*, Bd. III: *Die Symphonien*, Wiesbaden 1985, S. 272.

[37] Vgl. zur Entstehungsgeschichte der beiden Symphonien: Floros, *Mahler*, Bd. III, S. 242 f. bzw. S. 267.

[38] Peter Revers, *Gustav Mahler. Untersuchungen zu den späten Sinfonien*, Hamburg 1985 (= *Salzburger Beiträge zur Musikwissenschaft*; Bd. 18; teilw. zugl.: Salzburg: Univ., Phil. Diss. 1980), S. 89.

schen. Die Singstimme des Königs im Ricercar (Takte 141–144 auf die Worte »Ich bin allein, du siehst es. [...] Ich habe Sehnsucht«) ähnelt mit den Tönen *e–a–g–e* diesem Motiv deutlich, auch wenn die rhythmische und dynamische Gestalt im Vergleich zur zitierten Stelle bei Mahler abweicht. Mit der Allusion auf die beiden Werke Mahlers verankert Henze offensichtlich den Topos des Abschieds[39] in den musikalisch-dramatischen Kontext seiner Sinfonie und drückt seine Affinität zu Mahlers Musik explizit aus.[40] Der König steht innerhalb der Oper an einem inneren Scheideweg, befangen vom Gefühl der Sehnsucht und Wehmut. Auf die weiteren Fragen der Waldstimmen antwortet er nicht mehr, »senkt [hingegen] den Kopf und schweigt« (Regieanweisung T. 156–57).

Die letzte Frage der Waldstimmen an den König, ob er nun fortgehen werde, beantwortet dieser mit dem forte vorgetragenen Dezimensprung d–f^1 auf die Worte »Ich gehe!«, worauf Henze das Orchester zur fortissimo-Dynamik crescendieren läßt, welche die apotheotische Coda der Takte 196–218 bestimmt. Die Entscheidung des Königs, in die Stadt zurückzukehren, wo er im dritten Akt zu dem geliebten Mädchen zurückfindet, die Menschen von der tyrannischen Herrschaft des Statthalters befreit und sich aus seiner Tiergestalt in einen Menschen zurückverwandelt, löst seinen inneren Konflikt. Durch die Erkenntnis, daß er als Mensch und König sowohl persönlich als auch politisch Verantwortung übernehmen muß, gewinnt er gleichzeitig seine soziale Identität, nach der er bislang suchte. Die befreiende Entscheidung zur Rückkehr aus dem Wald in die menschliche Welt, um die der König ein Jahr lang gerungen hat, drückt der apotheotisch-affirmative Schluß des Finales musikalisch aus.

4. Versuch einer allegorischen Deutung der »Waldsinfonie« aus *König Hirsch* im Hinblick auf Henzes Künstlerverständnis

> [...] in der Form der Symphonie ist sehr viel Raum, sich mit philosophischen Gedanken zu beschäftigen, das ist sehr wesentlich, denn die Musik muß aus ihrer Sprachlosigkeit herausfinden![41]

In einem letzten Abschnitt soll einigen Koinzidenzen zwischen Henzes Äußerungen über die Stellung des Künstlers in der Gesellschaft und dem der »Waldsinfonie« und speziell dem *Ricercar* zugrundeliegenden, an den musikdramatischen Kontext gebundenen Programm nachgespürt werden. Der Deutungsansatz des Verfassers verbindet dabei das Programm der Sinfonie mit Henzes Verständnis vom Künstler als Außenseiter, der mittels einer auf Sprachlichkeit und Kommunikation gegründeten Musik, in die Allusionen und Stilzitate eingebunden sind, über den Protagonisten seiner Oper das Bedürfnis nach Integration artikuliert.

---

[39] Vgl. Floros, *Mahler*, Bd. III, S. 267–270.

[40] Vgl. Peter Petersen, *Von Mahler zu Henze. Versuch über musikalischen Realismus*, in: *Das Gustav-Mahler-Fest Hamburg 1989. Bericht über den Internationalen Gustav-Mahler-Kongreß*, hg. von M. T. Vogt. Kassel u. a. 1991, S. 376–378: »Henzes Äußerungen zu Mahler«.

[41] Ein Zitat Henzes aus: Karl-Robert Danler, *Gespräch mit Hans Werner Henze. »...die Musik muß aus ihrer Sprachlosigkeit herausfinden!«*, in: *Das Orchester* 20 (1972), H. 3, S. 137.

a) Zu Henzes künstlerischem Selbstverständnis[42]

In dem schon 1955, also noch während der Arbeit an *König Hirsch*, veröffentlichten Essay *Neue Musik*[43] kommt Henzes Verständnis vom Künstler als Einzelgänger zum Ausdruck. Auf die Frage »Wo stehen wir heute?« aus dem Jahr 1958 antwortet er, Musik werde nicht von Gruppen geschrieben, sondern von Einzelpersonen:

> Ein Musiker, Erforscher der Musik, muß sich selbst erforschen, in sich hineinhorchend, nicht in den Wind einer »Richtung«.[44]

Daß er sich als solitärer Künstler, als nicht zu einer bestimmten Schule oder Richtung zugehörig definiert, läßt sich ferner anhand seiner Biographie zur Entstehungszeit des *König Hirsch* ablesen. Politische, gesellschaftliche und eben künstlerische Beweggründe, die bereits dargelegt wurden, veranlaßten Henze zur Flucht nach Italien, wo er drei Jahre mit der Komposition des *König Hirsch* verbrachte und seine künstlerische Position grundlegend überdachte:

> In dieser Zeitspanne [während der Entstehung des *König Hirsch*] würde ich mir noch einmal neu überlegen, was ich mit Musik wollte, was sie mich anging und ob das bisher Gesehene und Gehörte als bindend zu betrachten sei.[45]

In einem 1964 veröffentlichten Essay führt Henze aus, daß gerade der gesellschaftlich isolierte Künstler mit Macht nach Integration strebe, wohingegen bei dem in die soziale Gemeinschaft involvierten Künstler das Gegenteil sein schöpferisches Tun beeinflusse:

> Der bürgerliche Künstler oder einer, der sich gesellschaftlich geborgen fühlt, neigt dazu, in seinem Tun das ihm zu Gebote stehende Material zu disintegrieren, während der Abgesonderte, der out-law, alles daran setzt, mit dem gleichen Material das Gegenteil zu erreichen, nämlich sich unbedingt zu integrieren.[46]

Dabei suche der isolierte Künstlertyp nach einer Integration in eine Gesellschaft,

> die seinem segregierten Wesen entspricht: in die eine oder andere Form von Minorität, der sein Mitgefühl gilt und die seine sinnliche und geistige Substanz anregt.[47]

---

[42] Die im folgenden ausgewählten Äußerungen Henzes stammen bis auf eine Ausnahme alle aus dem Zeitraum der Jahre 1954–1964, also zum einen einigermaßen nahe am Entstehungszeitraum des *König Hirsch* bzw. der *Vierten Sinfonie* und zum andern noch vor seiner bewußten Politisierung, die freilich die Auffassung von Henzes Künstlertum einschneidend veränderte.

[43] Vgl. Henze, *Neue Musik (1955)*, in: Henze, *Musik und Politik*, S. 29–30.

[44] Hans Werner Henze, *Wo stehen wir heute?*, in: *Darmstädter Beiträge zur Neuen Musik 1*, hg. von Wolfgang Steinecke, 1958, S. 83.
Im übrigen sah auch Arnold Schönberg die Fähigkeit zur Introspektion als grundlegenden Unterschied zwischen dem »Durchschnittsmenschen«, der nach Grundsätzen lebt, und dem sich nach Neigungen definierenden Künstler, wenn er am Ende seiner Harmonielehre schreibt, »worauf es ankommt: auf die Fähigkeit, sich selbst zu hören, in sich selbst tief hineinzuschauen [...].«, in: Arnold Schönberg, *Harmonielehre*, [Wien:] Universal Edition 1986 (in Ungarn für die UE hergestellter Nachdruck der 7. Auflage, Wien: UE 1966), S. 493.

[45] Hans Werner Henze, *Die Bundesrepublik Deutschland und die Musik (1967/68)*, in: Henze, *Musik und Politik*, S. 133.

[46] Hans Werner Henze, *Künstler als Außenseiter*, in: Henze, *Musik und Politik*, S. 40.

[47] Ebd., S. 40–41.

Daß der dramatische Inhalt der sinfonischen Finalszene des II. Aktes der Oper, die in den persischen Märchenquellen und auch in der Gozzischen Schauspielvorlage keine inhaltliche Entsprechung hat und von Henze und von Cramer neu eingefügt wurde, ein solches Selbstverständnis Henzes als Künstler im musiktheatralischen Kontext abbildet, legen folgende Entsprechungen nahe, hinter denen die bewußte Intention des Komponisten vermutet werden darf.

b) König Hirsch als allegorische Künstlerfigur

Der suchende König Hirsch in der Finalszene der Oper ist dem Typus des Künstlers, der sich nach Integration in die Gesellschaft sehnt, sehr ähnlich. Einsamkeit und Sehnsucht bestimmen den inneren Konflikt des Königs, zu dessen Lösung er auf seine innere Stimme hören muß, die er am Anfang seines einjährigen Besuchs im Wald noch verdrängt. Henze artikuliert im Ricercar durch das Wiederaufgreifen der Sehnsuchtsmotivik aus dem Liebesduett musikalisch das Wiedererwachen der inneren Stimme des Königs. Der Erkenntnisprozeß erreicht im Frühling insofern seinen neuralgischen Punkt, als der König sich an den gemeinsam mit dem Mädchen gesungenen Liebesschwur erinnert. Der segregierte Künstler sucht nach Kommunikation und Integration und findet schließlich seinen Weg durch ein Sich-Erforschen, analog zu der Entwicklung des König Hirsch im Ricercar der Oper.

Das unstillbare Bedürfnis des Königs nach einer vorrationalen Existenz inmitten der Tiere des Waldes geht darüber hinaus einher mit dem Wunsch nach dem Bruch mit seiner Geschichte, wenn er im letzten Frühlingssatz davon spricht, »abtrennen [zu können], was [er] nicht vergessen kann [, bzw.] die Anker aus dem Grund [zu] reissen«48[48].

Ein politisch und persönlich bewußter Künstler muß sich hingegen seiner Geschichte und Tradition stellen und darf sich nicht aus der Welt heraushalten. Diese Auffassung zeigt sich in vielen Äußerungen Henzes. So vergleicht er etwa die Figur des König Hirsch, der nach seiner Rückkehr in die menschliche Gemeinschaft persönliche und politische Verantwortung übernommen hat, mit Luigi Nono, der seiner Auffassung nach den Weg des »Erkenne dich selbst« gegangen und dadurch zu einem Vorbild geworden ist:

> Manchmal denke ich, er [Nono] sei wie der Gozzische »König Hirsch«, wegen der Hoffnung auf ein Leben in Güte und Wahrheit [...].49[49]

Mehr noch erscheint die These plausibel, daß sich Henze selbst mit der Figur des König Hirsch in der Sinfonie identifiziert, in dem Maße, als dieser ein musikdramatisch klingendes Beispiel sowohl für den künstlerischen Erkenntnisprozeß, der von Einsamkeit wie Zerrissenheit bestimmt ist, als auch für Henzes eigene Biographie abgibt. Henzes Abkehr von Deutschland als Folge einer zunehmenden Isolation als Künstler wie als politischer Mensch und sein selbstgewähltes einsames Refugium in San Francesco auf Ischia, wo er seine künstlerische Position neu überdenkt, erscheint dem Schicksal seiner Titelfigur deutlich verwandt.

---

48 Textbuch, S. 62.

49 Hans Werner Henze, *Luigi Nono (1956)*, in: Henze, *Musik und Politik*, S. 217–218.

c) Sprachlichkeit der Musik als Lösung des künstlerischen Konflikts

> Bei allem aber ein Gefühl großer Freiheit und ein Verlangen nach Schönheit und Humanität, und das Weggehen von der Welt der unnötigen astrattissimi.[50]

Die Lösung des inneren Konflikts erfolgt in der Oper schließlich nicht durch Verdrängen sondern durch bewußte Erinnerung an das, was der König nicht vergessen kann: sein durch die Intrige des Statthalters jäh zerstörtes Glück, einen ihn aufrichtig liebenden Menschen gefunden zu haben. Nur als Mensch innerhalb der sozialen Gemeinschaft kann es ihm gelingen, der Intrige zu begegnen, das Mädchen und seine Krone wiederzugewinnen.

Der Künstler Henze löst den für sein Leben zentralen Konflikt durch bewußten Rekurs auf die Musiktradition, über die er sich definiert. Dadurch gerät er jedoch nicht in jene Abhängigkeit, die Theodor W. Adorno meint, wenn er dem der Darmstädter Avantgarde und ihrem Determinismus entflohenen Henze mit »Arbeiten wie der Oper *König Hirsch* [... Rückzug] in die bequeme Unfreiheit der Konvention«[51] vorwirft; vielmehr führt ihn dieser Weg zur Entwicklung einer eigenen Sprache, welche selbstbewußt mit der Tradition umzugehen imstande ist.

Mit dem Verweis auf Thomas Mann äußert Henze 1966 sein Verständnis eines musikalischen Kulturerbes: In Opposition zu einem hermetischen, seriellen Komponieren will Henze

> nicht verzichten auf das, was uns die Jahrhunderte zuspielen. Im Gegenteil: »Zu erben muß man auch verstehen; erben, das ist am Ende Kultur«.[52]

Mittels seiner »Referenztechnik«[53] stellt er über musikalische Allusionen und Stilzitate Verbindungen zur musikgeschichtlichen Tradition her und entwickelt damit ein künstlerisches Konzept, in dem er Musik als Sprache und Kommunikationsmittel verstanden wissen will. Die von Henze als »Verständigungsbrücke«[54] intendierten Zitate sind nicht Merkmale eines eklektischen Traditionalismus, sondern zeugen von der Sprachfähigkeit seiner Musik, die sich an Werken Mozarts, Mahlers und Bergs orientiert. Sie offenbaren Henzes in dieser Tradition situierte Kunsthaltung einer sprachlichen, lebensnahen Musik,[55] die sich gerade mit *König Hirsch* »um Gleichmaß und um die Erfindung eines neuen Schönheitsbegriffes bemüht«[56].

---

[50] Programmheft *Il Re Cervo*, Staatstheater Kassel, Spielzeit 1962/63, S. 4.

[51] *Zum Stand des Komponierens in Deutschland*, in: Theodor W. Adorno, *Gesammelte Schriften*, Bd. 18 (= *Musikalische Schriften*; III). Frankfurt am Main 1978–1984, S. 138 [134–139].

[52] Hans Werner Henze, *Tradition und Kulturerbe (1966)*, in: Henze, *Musik und Politik*, S. 116.

[53] Zur Definition des Begriffes vgl.: Peter Petersen, *Von Mahler zu Henze. Versuch über musikalischen Realismus, in: Das Gustav-Mahler-Fest Hamburg 1989. Bericht über den Internationalen Gustav-Mahler-Kongreß*, hg. von M. T. Vogt. Kassel u. a. 1991, S. 383.

[54] Eine Äußerung Henzes aus einem Interview im Jahr 1972: Hans-Klaus Jungheinrich, *Vier Stunden auf Henzes neuem Weg*, in: *Melos* 39 (1972), H. 4, S. 208.

[55] Vgl. den mit einem Zitat Henzes überschriebenen Abschnitt »Wer kann sagen, wo ›vorwärts‹ liegt?«, in: Peter Petersen, *Hans Werner Henze. Werke der Jahre 1984–1993*, Mainz u. a. 1995 (= *Kölner Schriften zur Neuen Musik*, hg. von Johannes Fritsch u. Dietrich Kämper; Bd. 4), S. 222–226.

[56] Henze, *Reiselieder*, S. 175.

Hans-Jürgen Keller

Streik bei Mannesmann. Hans Werner Henze als künstlerischer Projektleiter einer Kollektivkomposition

1. Das politische Umfeld

Nach dem Abflauen der von einer breiten Basis der Studenten noch relativ einheitlich getragenen Proteste um das Jahr 1968 herum – die Henze bekanntlich mit Interesse und auch eigenem Engagement verfolgt hat – gab es, im Anschluß an das Attentat auf Rudi Dutschke und den Niedergang des SDS, eine Aufsplitterung der Bewegung in viele kleine Parteien, die sogenannten K-Gruppen. Kritisiert wurde von ihnen nicht nur die Politik der im Bundestag vertretenen Parteien, sondern das gesamte Gesellschaftssystem wurde in Frage gestellt. Erklärtes Ziel war es, Eigentum an Produktionsmitteln zu vergesellschaften, um somit ein Gleichgewicht zwischen Arbeit und Kapital herzustellen. Die kommunistische Plattform, auf die sich diese Gruppierungen beriefen, hat aber keinesfalls dazu beigetragen, eine gemeinsame politische Linie zu verfolgen oder sich auf einen Grundkonsens zu verständigen; vielmehr wurden zeitweise die absurdesten Scheingefechte um die »einzig wahre« marxistische Gesellschaftsanalyse ausgetragen.

Vor diesem Hintergrund ist die Kantate *Streik bei Mannesmann*, die 1973 als Kollektivkomposition entstand, zu sehen. Schon der Titel zeigt die Anbindung bzw. Sympathie für die (oder dem Jargon der Zeit entsprechend: Solidarität mit der) »Arbeiterschaft« des Konzerns Mannesmann. Der »Streik« könnte exemplarisch für einen Arbeitskampf stehen, der die Auseinandersetzung »Arbeit kontra Kapital« thematisiert, und wäre somit geeignet, den zu führenden »Klassenkampf« zu symbolisieren. Allerdings ist das Mittel des Streiks auch von gemäßigterer Seite – insbesondere von den Gewerkschaften, aber auch vom linken Flügel der CDU – als legitimes Mittel für Lohnforderungen oder Verbesserung der Arbeitsbedingungen akzeptiert.

Die in der Kantate vertretene politische Position wird dadurch differenziert, daß Linksradikale auftreten und zum Gewerkschaftsaustritt aufrufen. Die Gewerkschaft wird von dieser Seite verdächtigt, nicht die Interessen ihrer Mitglieder zu vertreten; die Funktionäre werden als »Arbeiterverräter« bezeichnet. Im Textentwurf von Erika Runge[1] wird die linksradikale Position dadurch »entlarvt«, daß ein Arbeiter die Hände des politischen Extremisten begutachtet und zu dem Ergebnis kommt: »Er hat nie gearbeitet [...]!« Damit ist der Linksradikale als »Phrasendrescher«, bestenfalls abgehobe-

[1] Zwei Durchschläge des Textentwurfes befinden sich in der Paul Sacher Stiftung/Basel.

ner Theoretiker, der über keinerlei praktische Arbeitserfahrung verfügt, eingestuft und somit der Inkompetenz in diesem Bereich überführt.[2]

Interessanterweise ist diese Stelle, an der die Zugehörigkeit zur »Arbeiterklasse« überprüft wird, nicht in die Partitur übernommen worden. Wahrscheinlich wäre dem Publikum sonst aufgefallen, daß die aus- und aufführenden Künstler – von den Komponisten ganz zu schweigen – auch nicht gerade Schwielen an den Händen hatten; damit wäre dann eine wesentliche Intention der beteiligten Autoren – die Solidarität zwischen Künstlern und Arbeitern aufzuzeigen – ad absurdum geführt worden.

Werden Ort und Anlaß der Uraufführung am 2. August 1973 in Betracht gezogen – die Kantate war für die X. Weltfestspiele der Jugend und Studenten in Berlin (DDR) geplant –, so ist die politische Position ihrer Urheber schon sehr deutlich charakterisiert: Vertreten wird ein breites Spektrum politisch unterschiedlicher Interessen vom linken Flügel der SPD über die Gewerkschaften bis hin zur DKP.

Henze unterstützt 1972/1973[3] die Bemühungen der DKP um den Einzug in den Bundestag. Seine Hoffnung besteht darin, diese Partei könne ein ähnlich umfangreiches Sammelbecken für Linke jeglicher Schattierung werden, wie es die kommunistische Partei Italiens (die nicht die strikte »Marschordnung« Moskaus befolgt) zu dieser Zeit schon lange ist.[4] Henze verfolgt aber nicht die enge dogmatische Linie der DKP, so meidet er in diesen Jahren beispielsweise keinesfalls Westberlin für Konzerte oder Aufführungen, obwohl es für »linientreue« Parteimitglieder zu dieser Zeit ein äußerst heikler Punkt war, die kapitalistische Enklave – mitten im Hoheitsgebiet des deutschen Sozialismus liegend – durch Auftritte o. ä. symbolisch zu stärken. Auch Kritiker der sozialistischen Staaten – etwa den inhaftierten Herberto Padilla auf Kuba – unterstützt er durch Beteiligung an Unterschriftenlisten etc.[5] Henze stellt dabei das individuelle Anliegen über die Parteirichtlinien und -beschlüsse und verhält sich damit diesen gegenüber diamentral entgegengesetzt.

Die Kontakte zur DKP müssen allerdings noch auf frühere Zeiten zurückgehen, denn schon im Herbst 1971 wird er mit offiziellem Schreiben von deren Vorstand zum Düsseldorfer Parteitag eingeladen.[6] Somit vermag es nicht zu verwundern, daß verschiedene Personen aus diesem Umfeld an Henze herantreten, um gemeinsame künstlerische Projekte vorzuschlagen. Der Liedermacher Dieter Süverkrüp etwa möchte eine Kinderoper mit Henze machen, aus der dann zwar aus verschiedenen Gründen nichts

---

[2] Erika Runge, *Entwurf zum Kantatentext »Streik bei Mannesmann«*, o. O. Anfang Juni 1973, Paul Sacher Stiftung/Basel, S. 10.

[3] Vgl. Hans Werner Henze, *Musik und Politik. Schriften und Gespräche 1955–1984*. Erweiterte Neuausgabe, mit einem Vorwort hg. von J. Brockmeier, München 1984, S. 205 u. S. 390.

[4] »Es handelt sich für mich nicht nur darum, daß die DKP Sitze im Bundestag haben muß, sondern vor allem darum, daß sich, in der Konsequenz, in ihr und aus ihr eine Massenorganisation entwickelt, die in der Lage wäre, die Widersprüche aufzubrechen, die heute jegliche linke Bewegung paralysieren (ich meine diese Konflikte im Inneren und unter den Splittergruppen, die fast so zahlreich sind wie die Gruppen selbst) [...]. Die DKP kann und muß eine Größe bekommen, wie sie die KPI, die Kommunistische Partei Italiens, hat.« In: Henze, *Musik und Politik*, S. 205.

[5] Vgl. Hans Werner Henze, *Reiselieder mit böhmischen Quinten. Autobiographische Mitteilungen 1926–1995*, Frankfurt am Main 1996, S. 367.

[6] Korrespondenz Herbert Kellner an Henze vom 9.11.1971, Paul Sacher Stiftung/Basel.

wird – unter anderem spielt dabei der von Henze gewünschte Aufführungsort Berlin (West) eine Rolle.[7] Immerhin entsteht 1974 ein Chilelied für Süverkrüp anläßlich des faschistischen Putsches gegen den gewählten sozialistischen Staatschef Salvador Allende.[8]

Die Zusammenarbeit mit politisch aktiven Studenten der Musikhochschule Hamburg verläuft erfolgreicher: Ein Ergebnis ist die Kollektivkomposition *Streik bei Mannesmann*. Die Entstehung des Werkes läßt sich wie folgt skizzieren: Auf einer Tagung der Fachkonferenz Kunst und Medien des Verbandes deutscher Studenten (vds) wird der Beschluß gefaßt, mittels eines Kompositionswettbewerbs und einer Ausschreibung für ein Schauspiel- und Instrumentalensemble die Vorbereitungen für die X. Weltfestspiele, an denen teilgenommen werden soll, vorzunehmen. Bis dato steht ein künstlerischer Leiter für das Projekt – Hans Werner Henze – sowie der thematische Bereich »Arbeitswelt« fest.[9] In einem Brief Wolfgang Floreys an Henze – Florey führt das Sekretariat der Fachkonferenz –, datiert vom 13. Dezember [1972], werden die Modalitäten des Wettbewerbes diskutiert. Als Einsendeschluß wird der 28. Februar [1973] genannt.[10] Von Erika Runge kommt der Hinweis auf den gerade beendeten Streik der Profilwalzwerker bei Mannesmann. Dies muß, da der Streik Anfang März 1973 stattgefunden hatte, etwa Mitte des Monats gewesen sein. Erika Runge übernimmt dann auch die Aufgabe, den Text der Kantate zu schreiben. Eva Maertin und H. K. Bast – zwei bildende Künstler, die ein Atelier führen – sind beauftragt, ein Bühnenbild zu entwerfen. Wettbewerb und Ausschreibung werden so gehandhabt, daß alle interessierten Personen, die sich melden, teilnehmen können.[11]

Etwa Mitte Juni werden dann die Kompositionsaufgaben unter den sechs Beteiligten, Dietrich Boekle, Niels Frédéric Hoffmann, Thomas Jahn, Luca Lombardi, Wilfried Steinbrenner sowie Hans Werner Henze, verteilt. Ensemble, Text sowie Genre stehen zu diesem Zeitpunkt als Vorgaben fest. Am 7. und 8. Juli werden die Ergebnisse gegenseitig vorgestellt, und das Atelier Bast/Maertin zeigt seine Bühnenentwürfe. Damit nimmt das Projekt konkretere Gestalt an: Nach der Herstellung von Stimmenmaterial, Klavierauszug und Partitur können die Proben am darauf folgenden Wochenende beginnen. Anfang August findet die Uraufführung statt.[12]

---

7 Korrespondenz Henze an Süverkrüp vom 19.5.1975, Paul Sacher Stiftung/Basel.

8 Henze, *Reiselieder*, S. 407.

9 Vgl. Wolfgang Florey, *Anmerkungen zum Projekt »Streik bei Mannesmann«*, o. O. u. J., Archiv Hedwig Florey/Hamburg. Das Archiv H. Florey umfaßt diverse Dokumente (Partituren, Programmhefte, Flugblätter etc.), die im Zusammenhang mit den *Mannesmann*-Aufführungen stehen.

10 Vgl. Korrespondenz Henze/Florey vom 13.12.[1972] in der Paul Sacher Stiftung/Basel; die Jahresangabe fehlt, doch sie läßt sich aus der Gesamtheit der Dokumente rekonstruieren.

11 Vgl. Florey, *Anmerkungen*.

12 Florey, *Anmerkungen*. In einem Rundbrief von W. Florey an die *Mannesmann*-Mitwirkenden vom 1. Juli [1973] wird folgender Plan verschickt: Treffen der Komponisten am 7./8. Juli in Frankfurt, Probe am 15. Juli in Hamburg, Generalprobe am 2. August (10 Uhr), Aufführung am selben Tag um 20 Uhr (Korrespondenz Henze/Florey in der Paul Sacher Stiftung/Basel).

2. Vom Text zur Kantatenform

Textquelle, Rollen, Schreibstil und Kritik

Aus den Unterlagen der Paul Sacher Stiftung geht hervor, daß Henze (mindestens) zwei Kopien des zwölfseitigen sogenannten »Entwurfs zum Kantatentext« vorgelegen haben. Ein Exemplar ist nahezu unbearbeitet: Lediglich eine Wortergänzung Henzes ist hierauf zu finden. Das andere enthält mehrere handschriftliche Eintragungen, die die spätere Struktur der Kantate ziemlich genau vorzeichnen. Es handelt sich dabei hauptsächlich um die Markierungen von Songstellen, die teilweise auch schon betitelt sind. Ansonsten gibt es ein paar kleinere Änderungen im Satzbau sowie Streichungen einzelner Passagen. Die Eingriffe in den Text sind aber nur unwesentlich. Der Wechsel von gesprochenem und gesungenem Text ist aus diesem Entwurf zu ersehen.

Im Textentwurf sind verschiedene Rollen zu finden: Es gibt einen Sprecher sowie verschiedene (handelnde) Personen, die als Arbeiter, Betriebsrat, Unternehmer, türkische Arbeiter, Meister, Frauen, IG-Metall-Vertreter, Linksradikale, Pfarrer und Jugendlicher bezeichnet sind. Die Anlage erweckt den Eindruck eines Hörspiels; insofern weist der Text – von sich aus – keine kantatenspezifische Anordnung auf.

Die naheliegende Vermutung, die Personen würden in dramatischer Direktheit aufeinander reagieren, bestätigt sich nicht, denn einerseits ist der Anteil des Sprechers sehr hoch, zum anderen sprechen die übrigen Personen nicht unbedingt in direkter Rede. Häufig erzählen sie die Ereignisse und übernehmen insofern quasi die Funktion des Sprechers. So berichtet ein Arbeiter:

> Da stehen Ledersessel, die Kollegen setzen sich mit ihrem Arbeitszeug darauf, daß die nicht sauber bleiben, ist klar.[13]

Aber auch auf direkte Rede gibt es selten eine unmittelbare Reaktion anderer Personen; vielmehr erfolgt daraufhin zumeist ein Einsatz des Sprechers. Dadurch entsteht sozusagen der Eindruck von »Live«-Einblendungen, in denen die agierenden Personen das Wort übernehmen und Bericht erstatten, ganz ähnlich dem Stil von Nachrichtensendungen. Dialoge gibt es nur an einigen wenigen Stellen, zumeist handelt es sich um sehr kurze Einschübe. Insgesamt hat der Entwurf also eher einen protokollartig-epischen Charakter.

Sprachlich verwenden die Arbeiter – aber auch andere Personengruppen – stets den Plural. Die Wir-Form unterstreicht die Gemeinsamkeit und abstrahiert vom Individuum: Nicht das Schicksal einzelner Personen, sondern ihre gesellschaftliche Position – ihr »Klassencharakter« – soll verdeutlicht werden.

Der Text behandelt die verschiedenen Aktionen, Konfliktsituationen und Solidaritätsbekundungen während des Streikverlaufs. Dabei spitzt sich – grob gesprochen – der Konflikt in der ersten Hälfte, bis zur Besetzung des Rollgangs, stetig zu. Danach breitet sich eine Welle der Solidarität aus, angefangen bei den Frauen, die im Gedankenspiel zwischen materieller Sicherheit und ungewissem Ausgang des Arbeitskampfes (es drohen Entlassungen) abwägen, letztlich den Streikenden aber doch den Rücken stärken.

---

[13] Runge, *Entwurf zum Kantatentext*, S. 4.

Diese Entwicklung wird aber nicht dramaturgisch gestaltet oder auf bestimmte Punkte hin zugespitzt, sondern lediglich chronologisch protokolliert. Dabei gibt es Umschwünge, die auf der psychologischen Ebene nicht überzeugend wirken. So werden die oben beschriebenen Bedenken der Frauen gegen den Streik durch die Feststellung »Aber dann wäre alles umsonst«[14] vom Tisch gefegt. Das ist kaum nachvollziehbar; der schnelle, unbegründete Meinungswechsel wirkt unglaubwürdig. Auch die Formulierung »Wir möchten unsern Wohlstand haben«[15] vermag nicht wirklich von bevorstehender sozialer Misere oder vom finanziellen Fiasko zu überzeugen.

Mittels der oben erwähnten Abstraktion – eine Art der Umwandlung individuell geprägter Personen zu Typen einer Berufs- oder Interessengruppe – werden die unterschiedlichen Positionen des Konflikts samt ihrer klassenspezifischen Bedingtheit verdeutlicht. Allerdings besteht dadurch aber auch die Gefahr, daß die Schilderung persönlicher Umstände (Ängste, Befürchtungen, familiäre Situationen etc.) unglaubwürdig oder klischeehaft gerät. So heißt es im *Lied der Frauen*: »Wir haben fünf Kinder, schon jetzt fehlt das Geld«[16]. Es wird das Bild einer Arbeiterfamilie, das für die siebziger Jahre in dieser Verallgemeinerung nicht zutreffend ist, entworfen und mit einem sozialen Klischee gearbeitet.[17] Darüber hinaus kommt innerhalb der Arbeitswelt keine einzige Frau vor. Die Rolle der Frauen sieht im Textentwurf folgendermaßen aus: Sie versorgen die Kinder und die streikenden Männer, die »Helden« der Kantate. »Heim und Herd« ist der Platz, der ihnen zugewiesen wird, am Konflikt Arbeit kontra Kapital sind sie nur indirekt beteiligt. Die Arbeiter sind die Protagonisten, den Frauen wird lediglich eine Nebenrolle zugebilligt. Die progressive Stellungnahme der Kantate äußert sich nur in Bezug auf den Streik; bezüglich der Geschlechterrolle weist das Libretto hingegen ein sehr konservatives Bild auf.

Reaktion der Komponisten und Änderungsmaßnahmen

Emotional-reflektierende Abschnitte, die sich zur Songausgestaltung anbieten würden, gibt es eigentlich nicht. Insofern sind die Ansatzpunkte für eine Ausgestaltung zu einer Kantate eher ungünstig, so daß folgende Aussagen aus diesem Sachverhalt heraus verständlich sind: »Der Eindruck beim ersten Lesen des Textes war durchaus nicht der eines Librettos. Eher wirkte er wie eine Vorlage, aus der man ein Libretto hätte her-

---

[14] *Streik bei Mannesmann! Scenische* [sic!] *Kantate von Erika Runge, Dietrich Boekle, Hans Werner Henze, Niels Frédéric Hoffmann, Luca Lombardi, Thomas Jahn, Wilfried Steinbrenner*, o. O. u. J., S. 55, im folgenden als Partitur bezeichnet. Zur Quelle s. a. Anm. 25.

[15] Ebd., S. 54.

[16] Ebd., S. 50 f.

[17] In den Jahren 1967 bis 1971 gibt es 164 Kinder pro 100 Ehen; die Zahlen sinken stetig. Aus: Bericht über die Bevölkerungsentwicklung in der Bundesrepublik Deutschland (Stand 1. Mai 1980) des Bundesministers des Inneren. Zit. nach Hermann Korte, *Bevölkerunsstruktur und -entwicklung*, in: *Die Geschichte der Bundesrepublik Deutschland*, Bd. 3: *Gesellschaft*, hg. von Wolfgang Benz, aktualisierte und erweiterte Neuausgabe, Frankfurt am Main 1989, S. 26, Tab. 4.

stellen können«[18], bemerkt Thomas Jahn etwas enttäuscht. Auch Henze war, laut Bericht von Wolfgang Florey, nicht besonders erfreut über die Vorlage: »In London war Henze über das magere Papier unglücklich; es gab wenig Ansatzmöglichkeiten für eine musikalische Gestaltung«[19].

Aus diesem Grund werden einige Änderungsmaßnahmen ergriffen. So werden zwei Songs eingefügt – *Die Sprache des Streiks* und *Song der türkischen Arbeiter* –, die von Erika Runge verfaßt sind und die ursprünglichen Texte dieser Stellen ergänzen bzw. ersetzen.[20] Weitere Ergänzungen werden aufgenommen, ohne daß die Librettistin sie überarbeitet, da sie durch einen längeren Auslandsaufenthalt in Südafrika verhindert ist. So kommt eine kurze Dialogszene zwischen Werkschutz und Frauen – plaziert nach dem *Kesselsong* – hinzu[21] sowie eine *Erklärung des Jugendsolidaritätskomitees*, deren Text nicht in der Partitur vorliegt, wohl aber die entsprechende Begleitmusik.[22] Des weiteren schreibt Wolfgang Florey zum *Schlußsong* eine zweite Strophe.[23] Angeregt wurde er dazu von Henze, denn im *Kessel-Song* findet sich ein handschriftlicher Hinweis, der deutlich macht, daß der Text so noch nicht komplett ist: »auch hier wäre ein 2. vers, z. b. über die solidarität der frauen, angebracht. ist aber nicht so nötig wie im Schluss-Song«[24]. Der erste Vorschlag Henzes wurde allerdings – vielleicht aus Zeitmangel – nicht mehr ausgeführt. Darüber hinaus wird dem Werk ein kurzer Einleitungstext vorangestellt, der in knapper Form die Ausgangslage der Handlung beschreibt.

3. Die kompositorische Umsetzung

Musik, Bühnenbild, Aufbau, Besetzung

Basis der folgenden Darstellung ist die Partitur der sogenannten »Kleinen Fassung«[25], die auf die – im Vergleich zum Instrumentarium, das bei den X. Weltfestspielen zur

---

[18] Gerd Rehlich, *Untersuchungen zur »Mannesmann-Kantate«*, schriftliche Hausarbeit für das erste Staatsexamen an der Hochschule für Musik. Hamburg 1976, Bd. 3, Interview-Teil, Abschnitt IV, S. 2.

[19] Rehlich, *Untersuchungen zur »Mannesmann-Kantate«*, Bd. 3, S. 2. Die letzten zwei Worte sind im Abdruck des Interviews unterstrichen.

[20] Rehlich, *Untersuchungen zur »Mannesmann-Kantate«*, Bd. 1, S. 32.

[21] Partitur, S. 62.

[22] Ebd., S. 99 f.

[23] Ebd., S. 105.

[24] Ebd., S. 60, Schreibweise so von Henze. Die im Selbstverlag herausgebrachte Partitur enthält hier eine Fotokopie der originalen Niederschrift Henzes.

[25] Archiv Hedwig Florey/Hamburg. Die Partitur der »Kleinen Fassung« wurde mir freundlicherweise von Frau Hedwig Florey – Pianistin des Ensembles Hinz & Kunst – leihweise zur Verfügung gestellt. Es handelt sich dabei um die fotokopierte und gebundene Sammlung der handschriftlich notierten Kompositionen, (maschinenschriftlich) ergänzt durch die zu sprechenden Texte zwischen den Musikstücken. Die Partitur, quasi im Selbstverlag herausgebracht, ist – bis auf einige wenige Ausnahmen – relativ gut lesbar. Eine einsehbare Kopie befindet sich auch an der Hochschule für Musik/Hamburg, als Anhang der Examensarbeit von Gerd Rehlich, s. Anm. 18.

Verfügung stand – kleinere Besetzung der Gruppe Hinz & Kunst zugeschnitten ist. Hiervon existiert auch eine Schallplatteneinspielung.[26] Das Gegenstück, die »Große Fassung«, konnte ich teilweise ebenfalls einsehen.[27] Da diese allerdings nicht ganz vollständig ist – sämtliche Zwischentexte fehlen hier beispielsweise –, lag es nahe, sich auf die erstgenannte komplette Version als Grundlage der Betrachtungen zu beziehen.

Der Begriff »szenische Kantate« impliziert, daß lyrisch-betrachtende, epische bis dramatische Formen des Vokalwerks mit darstellenden Elementen gekoppelt werden. Die Gattung der Kantate wird somit um szenisch-darstellende Anteile – denkbar sind auch der Dramatisierung dienende dialogische Abschnitte – erweitert. Regieanweisungen gibt es in der Partitur allerdings nicht. Die darstellerische Ausgestaltung bleibt insofern der Phantasie der Ausführenden überlassen. Anhaltspunkte geben die verschiedenen Personen, die in der Kantate vorgesehen sind. Einen weiteren Hinweis gibt es noch in Form des auf der Partitur abgebildeten Bühnenbildes. Auf diesem Bühnenbildentwurf befinden sich Arbeiter in entsprechender Kleidung mit Schutzhelm vor einem Werkstor des Mannesmannkonzerns. Rechts davon sitzen die Musiker, die somit in das Geschehen quasi involviert sind und ihre Solidarität mit der Arbeiterschaft demonstrieren. Zwei Frauen, die einen Suppenkessel tragen, bewegen sich auf den Eingang zu – offensichtlich eine Anspielung auf die Szene des *Kesselsongs* (s. u.). Vor einem Arbeiter steht ein Herr im Anzug mit Hut und Zigarre: ein Repräsentant der Unternehmensleitung. Dem kräftigen Arbeiter reicht er allerdings kaum bis zum Bauchnabel! So wird schon optisch darauf eingestimmt, wer die eigentliche Macht des Konzerns – zumindest in dieser Kantate – darstellt.

Aus dem Aufbau der Kantate – ein steter Wechsel zwischen gesprochenem Text und musikalisch ausgestalteten Teilen – ergibt sich gleichzeitig die Übersicht, wer welche Abschnitte kompositorisch übernommen hat und welche Sprech- oder Darstellungsrollen der Text verlangt:

Einleitungstext (Sprecher)
Ouvertüre (L. Lombardi)
Text (Sprecher)
Die Sprache des Streiks (N. F. Hoffmann)
Text (Sprecher, Betriebsrat, Unternehmer)
Textakzentuierungen (Th. Jahn, dieser Abschnitt besteht aus den Teilen: 1. Textakzentuierung [Arbeiter, Unternehmer] – Text [Sprecher, Arbeiter] – Intermezzo »Besetzung des Verwaltungsgebäudes« – Text [Sprecher, Betriebsrat] – 2. Textakzentuierung [Arbeiter, Unternehmer] – Text [Sprecher])
Tanz und Song der türkischen Arbeiter (N. F. Hoffmann)
Text (Sprecher, Meister, Arbeiter)
Rauf, auf den Rollgang (Th. Jahn)
Text (Sprecher)
Einleitung und Lied der Frauen (D. Boekle)

---

[26] Hinz & Kunst, *Streik bei Mannesmann*, Dortmund 1975. Pläne-Verlag Nr. S 30 E 100.

[27] Archiv Hedwig Florey.

Text (Arbeiter, Sprecher, Unternehmer)
Kessel-Song (H. W. Henze)
Text (Werkschutz, Frauen)
Einleitung und Song der Arbeiter (W. Steinbrenner)
Text (Sprecher, Linksradikale, Arbeiter)
Gewerkschaftslied (L. Lombardi)
Text (Sprecher, Pfarrer)
Filmmusik (Solidaritätsaufruf, H. W. Henze)
Text (Gewerkschaftsführer, Sprecher, Arbeiter, Betriebsrat)
Begleitmusik zur Erklärung des Jugend-Solidaritätskomitees (H. W. Henze)
Schluß-Song (H. W. Henze)

Der Grad der musikalischen Ausgestaltung variiert dabei von melodramatischen Begleitformen gesprochener Texte über rhythmisiertes Sprechen oder rezitativische Elemente bis zum Song, wobei die *Ouvertüre* – als rein instrumentale Form – eine Sonderstellung einnimmt. Die Titel der musikalischen Teile geben den groben inhaltlichen Verlauf der Kantate wieder. Zwei Überschriften bedürfen aber doch der Erklärung: Die *Textakzentuierungen* sind rhythmisch ausgestaltete und begleitete Abschnitte, die wahrscheinlich wegen ihrer Länge die Proportion zwischen gesprochenem Text und Musik ungünstig gestaltet hätten. Der Titel *Filmmusik* bezieht sich auf die Uraufführung, da an dieser Stelle ein Film auf eine Leinwand projiziert wurde, in dem eine Schreibmaschine zu sehen war, die die Zahlen der eingegangenen Spenden eintippte.[28]

Die Besetzung besteht einerseits aus den Sprech- und Gesangspartien (sowohl solistisch als auch chorisch), die auch darstellerische Aufgaben übernehmen können, andererseits aus dem Stammensemble von Hinz & Kunst[29], das bei Bedarf zu erweitern oder umzubesetzen ist, da die Partitur teilweise auch Saxophon[30] und E-Baß[31] erfordert. Die gesamte Länge des Werkes beträgt gut 30 Minuten. Art, Aufbau und Besonderheiten in der kompositorischen Ausführung sollen im folgenden beschrieben werden.

Ouvertüre (Luca Lombardi)

Die *Ouvertüre*, in ABA-Form gehalten, wird durch ein langsames, schwer und massiv klingendes Ostinato – Dursextakkorde im Klavier werden einem betonten Klang des Tutti samt Beckenschlag auf der ersten Zählzeit gegenübergestellt – eingeleitet. Kontrastierend folgt nun der bewegte A-Teil, der wiederum durch ein Ostinato (Violoncello: *e–e–d–H*) geprägt ist, allerdings wird das Tempo beschleunigt, so daß dieser Teil eilend bzw. gehetzt wirkt. In der Trompete setzt ein archaisch wirkendes Thema ein:

[28] Vgl. Rehlich, *Untersuchungen zur »Mannesmann-Kantate«*, Bd. 1, S. 77.
[29] Besetzung: Klarinette, Trompete, Posaune, Violoncello, Schlagzeug und Klavier.
[30] Partitur, S. 11 ff., (*Die Sprache des Streiks*).
[31] Ebd., S. 99 f., (*Begleitmusik zur Erklärung* [...]).

Abbildung 1: Trompetenthema

Das Motiv b (bzw. b') ist im *Gewerkschaftslied* an der Textstelle »Spuck in die Hände, Kollege vom Vorstand«[32], wiederzufinden. In der anschließenden Wiederholung wird das Trompetenthema von der Klarinette imitiert. Beim dritten Einsatz präsentiert es sich sehr massiv – gespielt von Trompete und Posaune – und leitet mittels einer Steigerungssequenz in den B-Teil über. In diesem wird wiederum die Verbindung zum *Gewerkschaftslied* hergestellt: »Kollegen! Laßt euch nicht spalten! Macht, daß Gewerkschaftspolitik Arbeiterpolitik wird!«[33], wird vorweg zitiert. Die Klarinette – als Hauptstimme gesetzt – spielt quasi die gesamte dritte Strophe des Songs, wobei das Wort »Kollegen« (Kleinterzmotiv) durch Imitationen auf Resonanz bei den anderen Instrumenten stößt. Danach beendet der verkürzte A-Teil diese Komposition.

Die *Ouvertüre* ist das einzige Stück, das musikalisch-thematisches Material eines späteren Kantatenteils verarbeitet. Somit stimmt sie auf das entsprechende Lied, aber auch auf einen politischen Schwerpunkt der Kantate, nämlich die Verbindung von Gewerkschaft, Arbeitern und Musikern, ein.

Die Sprache des Streiks (Niels Frédéric Hoffmann)

Diese Komposition besteht aus einem Vorspiel, in dem sich die Erregung der Arbeiter über den »vom Tisch gefegten« Kompromiß widerspiegelt, und einem Song. Der erste Teil ist mit den Bläsern und dem Violoncello besetzt. Hinzu kommt der Sprechgesang der Arbeiter. Der rhythmisch notierte Text auf unbestimmter Tonhöhe wird zuerst instrumental umrahmt von schnellen, chromatischen Figuren, wobei das Metrum teilweise außer Kraft gesetzt ist, sowie von Glissandi, Dissonanzen und schließlich auch von einer rein graphisch notierten Passage, bei welcher der Text »[...] machen was sie wollen« die Musiker sozusagen zum Improvisieren auffordert. Danach spielen die Instrumentalisten tremolierend dissonante Klänge, doch schließlich mündet ihr Spiel im Unisono. Dazu wird die Gesangspartie jetzt in distinkter Tonhöhe notiert: »Die Sprache des Streiks verstehn sie«.

Nun folgt ein liedhafter, zweistrophiger Streik-Song, der, zur obengenannten Besetzung, noch um Klavier und Schlagzeug ergänzt wird und in *d*-Moll steht. Er klingt sehr eingängig und wirkt entschlossen, kämpferisch. Der marschartige Charakter wird allerdings vier Takte vor der Wiederholung durch Boogie-Woogie-Figuren tänzerisch aufgeweicht. Beendet wird der Song durch ein Unisono von Instrumentalisten und singenden Arbeitern, das die Gemeinsamkeit und die daraus resultierende Zielgerichtetheit symbolisieren soll: »Die Sprache des Streiks verstehn sie«, heißt es wiederum, jetzt aber machtvoll und entschlossen.

---

[32] Partitur, S. 81; s. a. Abb. 3: »Spuck in die Hände«-Thema.

[33] Partitur, S. 83 ff.; s. a. Abb. 2: »Kollegen«-Thema.

Textakzentuierungen (Thomas Jahn)

Der rhythmisierte Sprachvortrag der Arbeiter alterniert mit dem Spiel von Perkussionsinstrumenten (zwei Bongos und zwei Congas), während die Unternehmer frei sprechen. Es treffen hier zwei Sprachwelten aufeinander: Der streng rhythmisierte Text der Arbeiter – Partiturhinweis: »immer streng im Metrum« – steht der freien Rede (»senza misura«) der Unternehmer gegenüber. Dieser Kontrast – Eingebundensein kontra Freiheit – verweist musikalisch auf die unterschiedlichen gesellschaftlichen Positionen dieser Personengruppen und behandelt inhaltlich die erste Konfrontation zwischen Arbeitern und Werksleitung. Die scheinbare Souveränität der Unternehmer macht aber auch ihre Schwäche deutlich: Sie sind (metrisch) isoliert.

Zwischen erster und zweiter *Textakzentuierung* ist ein 14 Takte umfassendes Intermezzo, *Die Besetzung des Verwaltungsgebäudes,* eingefügt. Die Arbeiter beharren dort – rhythmisiert sprechend – auf der Besetzung und somit der Fortsetzung des Streiks. Auch der Instrumentalsatz bleibt – sehr langsam gespielt – beharrlich: Das Vibraphon wiederholt stets den gleichen dissonanten Klang, der sehr lange gehalten wird. Ein Violoncellomotiv des ersten Taktes wird in Abständen von jeweils fünf Takten von der Posaune und vom Saxophon imitiert.

In Takt fünf taucht ein auffälliges Motiv im Saxophon auf – bestehend aus der rhythmischen Folge von Triole-Duole-Quintole –, die im zehnten von der Posaune wiederholt wird. Schließlich findet sich ein sukzessiv gespieltes Kleinterzintervall bei fast allen Instrumenten wieder. Dadurch wirkt dieser Teil sehr dicht, motivisch-imitatorisch verknüpft und (untergründig) spannungsgeladen. Gleichzeitig gibt es keine Entwicklung, sondern nur starres Festhalten an diesen Motiven, gedehnt über lange Zeiträume.

In der – nach einem Zwischentext – folgenden zweiten *Textakzentuierung* setzt sich die Konfrontation zwischen Arbeitern und Unternehmern entsprechend der ersten fort.

Tanz und Song der türkischen Arbeiter (Niels Frédéric Hoffmann)

Durch wechselnde Metrik, Triller, phrygische Wendungen (Tonfolgen c^1–*h* oder Harmoniefolgen *F*-, *E*-Dur) absteigende Melodielinien etc. sollen Assoziationen an südöstliche Länder musikalisch geweckt werden. Der Song ist dreiteilig, wobei die Gleichheit des ersten und des abschließenden Teils – nicht zuletzt durch die Übereinstimmung des Textes – offensichtlich ist, so daß es naheläge, auch an eine musikalische ABA-Form zu denken. Tatsächlich entsprechen sich hier aber A- und B-Teil melodisch und harmonisch, so daß quasi ein Teil dreimal wiederholt wird. Unterschiede der drei Abschnitte gibt es jedoch in der Besetzung, der Dynamik, dem Tempo, in der Metrik, der rhythmischen Akzentuierung und – zwischen erstem und zweitem Teil – im Text.

Der erste Abschnitt präsentiert sich akzentuiert und mit spärlichem Schlagzeugeinsatz, der nächste ist stiller, mit gleichförmiger, leiser Begleitung und Vibraphon, die Blasinstrumente kommen nur einmal zum Einsatz. Der letzte Teil wird als Marsch im forcierten Tempo, mit voller Bläserbesetzung und massivem Schlagzeuggebrauch dargeboten. Die wachsende Entschlossenheit der türkischen Arbeiter, sich am Streik zu beteiligen, ist somit musikalisch deutlich dargestellt.

Rauf, auf den Rollgang (Thomas Jahn)

Dieses Stück bildet den dramatischen Höhepunkt des Konflikts, es droht die Wiederaufnahme der Produktion mit Hilfe von Streikbrechern. So sehen sich die Arbeiter genötigt, den Rollgang zu besetzen. Im ersten, rezitativartigen Teil – er umfaßt 14 Takte – fragen sich die Arbeiter: »Was sollen wir tun?« Genauso unentschlossen wirkt auch die Musik: Es gibt Wechsel zwischen Presto und Senza misura, dissonante Klänge im Tremolo und schnelles Passagenwerk. Doch die Idee »Auf den Rollgang!« setzt sich – dargestellt durch eine ostinate Baßfigur (übermäßige Sekunde) – langsam fest.

Es folgt als zweiter Teil ein Marsch: »Aber, da gehen wir vorwärts!«, der immer entschlossener präsentiert (»poco a poco crescendo«), aber von der Warnung der Unternehmer unterbrochen wird. Doch die Arbeiter lassen sich nicht beirren, der Marsch wird fortgesetzt. Der schmissige Song ist mit dem kompletten Instrumentarium besetzt und steht in *f*-Moll. Harmonisch dominiert der Wechsel zwischen Tonika und vermindertem Dreiklang auf der zweiten Stufe, wobei beide Akkorde meist zur Fünfstimmigkeit erweitert werden. Die gesamte Gesangspartie bewegt sich im entsprechenden harmonischen Rahmen. Ein einzelner Arbeiter schildert den Hergang der Besetzung des Rollgangs, der Arbeiterchor bestätigt nach jedem Satz: »Rauf, auf den Rollgang!« Der Höhepunkt des Songs kündigt sich musikalisch durch einen kurzen Rhythmuswechsel – Triolen im Klavier –, gekoppelt mit abwärts gerichteten Glissandi der übrigen Instrumente, an. Nun setzt sich der Marschrhythmus im Fortissimo fort. Das »Rauf, auf den Rollgang!« wird vom gesamten Chor – häufig mit schnellen Wechseln zwischen Solosänger »Wir« und Gruppe »Rauf [...]« – geradezu geschmettert, so daß sich niemand der mitreißenden Wirkung entziehen kann. Der Vormarsch wird zwar durch die Unternehmer – wie oben beschrieben – kurzfristig unterbrochen, setzt sich dann aber um so entschiedener fort.

Einleitung und Lied der Frauen (Dietrich Boekle)

Eine instrumentale Einleitung sorgt für dunkle, unruhige Stimmung. Gegen die scharfen, langanhaltenden Klavierklänge wird eine aufgewühlte Bewegung im Violoncello, später in der Klarinette, gesetzt. »Es soll Unruhe in die Familien gebracht werden«, singt ein Arbeiter nach einem kurzen Text des Sprechers. Diese Unruhe kündigt sich musikalisch sehr verhalten und untergründig spannungsgeladen an.

Nun folgt ein Abschnitt, in dem ein dreistimmiger Frauen-Sprechchor am Anfang und ganz am Ende homorhythmisch, dazwischen aber polyrhythmisch die Aussage »Wir möchten unsern Wohlstand haben« mitteilt. Eingeleitet und begleitet wird dieser Teil vom Klavier, das Cluster spielt, und dem Schlagzeug.

Der nächste Teil zeichnet sich durch die Kombination von Sologesang (»Wir möchten unsern Wohlstand haben«) und gesprochenem Text (»Wenn gestreikt wird,[...]«) aus, wobei Singstimme und Sprecherin unterschiedliche Inhalte bieten, so daß sachliche Information und emotionaler Ausdruck musikalisch gekoppelt sind. Das soziale Elend (»Wir haben fünf Kinder, schon jetzt fehlt das Geld.«) wird solistisch gesprochen vorgetragen, untermalt von expressiv zu spielender Musik. Anschließend wird »Wir möchten unsern Wohlstand haben« choralartig (äolisch *g*-Moll), in einer dreistimmigen homophonen Gesangspartie der Frauen nochmals dargeboten. Nach einem kurzen imitatorischen Abschnitt folgt noch ein Grave, in dem ein Arbeiter in düsteren Tönen die prinzipielle Frage stellt: »Wer muß in die Knie – Sie? Oder wir?«

Die Aussage »Wir möchten unsern Wohlstand haben«, die als Argument gegen den Streik fungiert, da ein Verlust des Arbeitsplatzes zu befürchten ist, wird musikalisch dreimal, mit jeweils veränderter Satztechnik präsentiert. Sie wird durch die Wiederholung aber nicht eindringlicher, sondern eher penetranter. Der schwer nachzuvollziehende Gedankenumschwung »Aber dann wäre alles umsonst«, der nicht näher begründet wird und sich auf die Konsequenz eines Streikabbruchs bezieht, wirkt auch in der komponierten Form nicht plausibler. Insofern werden die Schwächen des Textes musikalisch nicht gemildert oder kaschiert, sondern eher noch verstärkt.

Kessel-Song (Hans Werner Henze)

Dieser 22 Takte umfassende Song, besetzt mit Frauenstimmen und Klavier, beschreibt die Essensversorgung der streikenden Männer durch die Frauen. Gegliedert ist er in zwei Teile.

Im ersten Abschnitt ist die Gesangsmelodie einstimmig, liedartig und – bis auf die Töne es^2 und des^2 – in der Tonart *d*-Moll stehend. Der Komponist kann sich diesen Song durchaus als Strophenlied vorstellen, denn eine handschriftliche Notiz Henzes in der Partitur verweist darauf, daß ein zweiter Vers hinzugefügt werden könnte.[34] Das ist dann aber doch unterblieben, eventuell aus Zeitmangel.

Im Klaviersatz sind die Alberti-Figuren der linken Hand auffällig, die durchgängig verwendet werden. Häufig sind Nonen vorzufinden, teilweise aber auch Oktaven oder Dezimen. Dabei gibt es auch in dieser Stimme so etwas wie tonale Geschlossenheit: Die erste Figur, die auf *g* einsetzt, wird ebenso am Schluß verwendet. Die rechte Hand spielt Oktaven mit eingeschlossenen Quarten. Anfangs, nach instrumentaler, eintaktiger Einleitung, wird auf diese Art die Gesangsstimme gestützt. Doch die Klavierstimme der rechten Hand entwickelt schnell eine melodische Eigenständigkeit; kürzere melodische Bezüge zwischen Gesangsstimme und dem Klavierpart finden sich im gesamten Teil.

Durch die Liedhaftigkeit, die Leichtigkeit des Klaviersatzes, altertümlich anmutende Verzierungen und die satztechnische Verwobenheit von Melodie und Begleitung liegt die Vermutung nahe, daß Henze in diesem Abschnitt Mozartsche Setzweise und Stilistik in neuer – ihm eigener – Art verarbeitet.

Der zweite Teil, er umfaßt acht Takte, wäre dann – hätte es noch eine zweite Strophe gegeben – zum Refrain geworden. Die Gesangspartie ist nun zweistimmig gesetzt, der Umfang jeder Stimme beträgt eine Quinte. Zumeist verharrt die Melodie auf einem Ton – die erste Stimme auf d^2, die zweite auf b^1 –, so daß die Tonart *B*-Dur vorliegen könnte, oder präziser: Durch den Ton e^2 wäre von einer lydischen Färbung auszugehen. Der Baß des Klaviersatzes, der kräftig gespielte Oktaven in gleichmäßigen Vierteln erfordert – der Song steht im Viervierteltakt –, präsentiert sich mit *B–F–es–A* als ostinat wiederholte Tonfolge. Mit der Verzögerung einer Achtelpause spielt die rechte Hand folgende Akkorde dazu: *B*-Dur, *d*-Moll, *D*-Dur, *E*-Dur. Die ersten beiden Har-

34 Partitur, S. 60.

monien passen sowohl in die Tonart *B*-Dur als auch zur Baßfolge. Doch die zweite Takthälfte schafft dann eine bitonale Verfremdung.

Die ostinate, marschartig wirkende Klavierfigur mit ihren gleichmäßigen, hämmernden Bässen und die »Monotonie« der (zwar in Terzen geführten, aber über einen längeren Zeitraum hinweg nur auf einem Ton verharrenden) Gesangsstimmen bilden einen Kontrast zum ersten Teil. Der Abschluß, vom Klavier gestaltet, bringt einen auskomponierten, crescendierenden »Akkordtriller« – *G*- und *Fis*-Dur werden in Sechzehnteln abwechselnd gespielt.

Song der Arbeiter (Wilfried Steinbrenner)

Diese Komposition ist aufgeteilt in Einleitung und Song. Die Einleitung hat rezitativischen Charakter und stellt – ähnlich den *Textakzentuierungen* – eine kompositorisch ausgestaltete Form eines Gesprächs zwischen Arbeitern, Unternehmern und Gewerkschaftsvertreter dar. Dabei ist – im Gegensatz zu den *Textakzentuierungen*, in denen nur Perkussionsinstrumente spielen – die komplette Besetzung beteiligt.

Der Text der Einleitung wird stets auf unbestimmter Tonhöhe gesprochen, wobei der Rhythmus zumeist vorgegeben ist. Zu Beginn steht die Aufforderung der Unternehmensleitung, die Arbeit wieder aufzunehmen und anschließend zu verhandeln. Dabei wird jeweils durch eine Pause nach dem ersten Wort der beiden Satzteile eine künstliche Textdeklamation erzielt, die Erwartungsspannung erzeugt: »Nehmt [...] die Arbeit auf, dann [...] wird verhandelt.« Die Arbeiter bekunden ihre Unnachgiebigkeit. Nun versucht der Gewerkschaftsvertreter die Arbeiter zum Abbruch ihres Streiks zu bewegen. Da er dieselben Worte wie der Unternehmer benutzt – er spricht sie darüber hinaus im selben Rhythmus, und auch der instrumentale Begleitsatz ist fast identisch gestaltet –, ist die Kritik an der Gewerkschaftsführung unüberhörbar. Auch in seiner restlichen Rede vermag sich der IG Metall-Vertreter nicht recht zu profilieren: Teilweise werden die Silben einzelner Worte durch Pausen getrennt, so daß Redefluß und sinnvolle Akzentuierung leiden. Teilweise werden Sätze mechanisch heruntergeleiert, indem alle Silben gleichlang sind, was wenig überzeugend wirkt. Nur selten wird frei gesprochen.

Im anschließenden Songteil erfolgt die Replik: Erstens verweisen die Arbeiter auf die Legitimität ihres Verhaltens und beharren deshalb auf Erfüllung ihrer Forderungen; zweitens üben sie Kritik an dem IG Metall-Vorstand, nachdem der Betriebsrat auf die Diskrepanz zwischen Basis und Gewerkschaftsführung aufmerksam gemacht hat. Die Worte der Arbeiter sind dabei in Gesang umgesetzt, so daß daraus ein »Song« resultiert. Ansonsten wird eher der rezitativische Charakter fortgesetzt.

Gewerkschaftslied (Luca Lombardi)

Der formale Aufbau dieses Liedes besteht aus drei unterschiedlichen Strophen und einem Refrain, die sich stetig abwechseln. Dritte Strophe und Refrain sind die gewichtigsten Teile dieser Komposition, hieraus stammt auch das Material der *Ouvertüre*.
Die erste Strophe – sie umfaßt lediglich drei Takte – besteht aus einem gesungenen Solo »Die Gewerkschaft [...]« und einer chorischen Fortsetzung des Satzes »[...] sind wir«. Die Art der Darbietung erinnert an liturgischen Gesang durch den Wechsel von

Sologesang und Chor einerseits (Priester – Gemeinde) und die dorische Tonart andererseits, allerdings hier mit der Finalis auf dem Rezitationston *a*, quasi als Halbschluß. Fast identisch, in der Art eines Glaubensbekenntnisses, ist die zweite Strophe angelegt; sie ist lediglich etwas länger. »Die Gewerkschaft ist die einheitliche Organisation der Arbeiter« wird solistisch – bei gleichem Anfangsmotiv und dorischer Tonart – quasi »vorgebetet«, »Wir brauchen sie!« bestätigt der Chor, vergleichbar dem Amen der Gemeinde. Ein paar unumstößliche Dogmen der Arbeiterbewegung erscheinen auf diese Art konterkariert. Beide Strophen werden nicht instrumental begleitet, ganz im Stil der Gregorianischen Gesänge.

Die dritte Strophe bringt nun das in der *Ouvertüre* schon vorweg zitierte »Kollegen«-Thema mit dem charakteristischen Kleinterzmotiv zu Beginn:

Abbildung 2: »Kollegen«-Thema (Anfang)

Dieser Abschnitt wird von der »geballten Kraft« des Tutti präsentiert, harmonisch mit *a*- und *fis*-Moll-Akkorden gestützt und mit einer kadenziellen Wendung, die durch Querstände geprägt ist, abgeschlossen.

Nach jeder Strophe kommt ein zweiteiliger Refrain. Der erste Abschnitt »Spuck in die Hände [...]« ist motivisch abgeleitet aus dem Trompetenthema der Ouvertüre. Er wird begleitet von einer Akkordfolge des Klaviers (überwiegend Mollklänge) und – wie zur Bekräftigung – mit perkussiver Verstärkung wiederholt. Das folgende »Laß uns nicht im Stich« wird im Wechselgesang (*d*-Moll und *B*-Dur) dargeboten und mündet in der gemeinsam gesungenen Aufforderung »Handle!«.

Abbildung 3: »Spuck in die Hände«-Thema (Anfang)

Filmmusik (Hans Werner Henze):

An dieser Stelle der Kantate wurde ein Film eingeplant, in dem eine Schreibmaschine zu sehen ist, auf der die eingegangenen Spendenzahlungen für die Streikenden eingetippt werden, so daß die entsprechenden Zahlen auf dem Papierbogen erscheinen; hierdurch erklärt sich der Titel. Die Komposition bleibt über drei von sieben gleich langen Abschnitten rein instrumentale Filmmusik. Der restliche Part ist mit einem Text verbunden, der – rhythmisch präzise notiert – deklamiert wird. Er beinhaltet den Aufruf zur Bildung eines Jugendsolidaritätskomitees.

Die Struktur des Instrumentalsatzes ist als Variationsform angelegt: Ein zwölf Takte umfassender Abschnitt, in dem anfangs nur Klarinette und Trompete an Reihentechnik erinnernde Tonfolgen – kontrapunktisch gesetzt – präsentieren, wird sechsmal wiederholt. Jede Wiederholung bietet aber Abänderungen durch Hinzufügung weiterer Stimmen, Verzierungen etc., so daß sich der Aufbau dieser Komposition an das Modell der Passacaglia bzw. der Chaconne anlehnt. Auch die Verwendung des Dreivierteltaktes bekräftigt diese Auffassung.

Der erste Abschnitt wird in der Partitur mit Teil A bezeichnet. Die Klarinette spielt 23 Töne, nur ein *e* kommt nicht vor. In der Trompetenstimme hingegen wird die vollständige chromatische Skala – innerhalb der Folge von 27 Tönen – verwendet. Diese beiden (kontrapunktischen) Tonfolgen bilden das Ostinato der *Filmmusik*:

Abbildung 4: Ostinato (Klarinette und Trompete)

Ab Takt acht setzt zusätzlich das Vibraphon ein, so daß nun ein dreistimmiger Satz vorliegt. Seine Tonfolge entspricht der um eine kleine Terz nach unten transponierten Klarinettenstimme, es fehlen lediglich ein paar (Wiederholungs-) Töne der Klarinettentonfolge. Damit wird die kontrapunktische Setzweise des Ostinatos um die Spezialform der Kanontechnik erweitert. Gleichzeitig ergibt sich eine Verschleierung der zwölftaktigen Phrasen, da das Vibraphon erst mitten im B-Teil den ersten Durchgang beendet hat.

Teil B wiederholt den Abschnitt A, eine Cello-Stimme kommt hinzu. Diese zeichnet sich durch tonleiterartiges Spiel und einen steten Wechsel von Quart- und Quintolen aus, so daß die rhythmische Glätte des Dreivierteltakts durchbrochen wird. Im folgenden Teil (C) ist die gesamte Besetzung beteiligt. Das Klavier übernimmt nun die Partien von Klarinette und Trompete, wobei alle Töne mit kurzen Vorschlagnoten im weiten Abstand verziert werden. Klarinette und Trompete haben langgehaltene Notenwerte.

Der bisherige Verlauf der Veränderung besteht einerseits in einer additiven Stimmenerweiterung, andererseits in einer variierenden Verzierung sowie einem Klangfarbenwechsel der beiden ostinat wiederkehrenden Tonfolgen. Abschnitt D reduziert nun das Instrumentarium: Posaune, Tomtoms (statt Vibraphon) und Cello unterstützen mit einem spärlichen Satz – alle spielen stets auf der ersten Zählzeit, das Cello schlägt pizzicato den Akkord *F–H–e* sforzato an, und die Posaune ergänzt ein *a* – den Einsatz der Sprechstimme. Nach fünf Takten kommen Klarinette und Trompete mit dem ostinaten Thema hinzu; sie beginnen allerdings jetzt mit dem siebenten Takt ihrer Tonfolgen, so daß dieser Abschnitt dadurch um einen Takt verkürzt wird. Das Klavier übernimmt die langen Notenwerte des C-Teils. Reduktion findet also in zweifacher Hinsicht statt: Die Besetzung wird zu Beginn zurückgenommen, und das Ostinato wird um seinen Anfang verkürzt.

Teil E ist gekennzeichnet durch Verzierung des Ostinatos – quasi ausnotierte kurze Vorschläge –, Terzgänge in der rechten Klavierhand und tiefe, stetig sich wiederholende Klänge in der Kombination von linker Klavierhand und dem Cello (ein *F–H–e–g–* Akkord vom Klavier wird gekoppelt mit dem in Quarten geschichteten *E–A–d–g–* Klang des Cellos; so entsteht sozusagen ein »Weißtasten-Cluster« in tiefer Lage, woraus ein »breiiger« Klang resultiert). Die Posaune führt eine neue Melodie vor, die als Hauptstimme bezeichnet und bis zum Schluß fortgeführt wird.

Im Teil F übernimmt das Klavier wieder das Ostinato, diesmal nur von der rechten Hand gespielt, während die linke weiterhin den Akkord vom Abschnitt E beibehält. Klarinette und Trompete verstärken diesen Part. Das Cello bekommt nun ein kantables Hauptstimmenthema, das ebensowenig wie der Posaunenpart des vorangegangenen Teils aus dem bisherigen Material ableitbar ist. Kontrapunktiert wird diese Melodie von der Posaunenstimme.

Auch im letzten Teil (G) bleiben diese zwei Stimmen erhalten, ergänzt um eine dritte. Ausgeführt wird sie von der Trompete, die jetzt die Hauptstimmenfunktion innehat. Insofern ist von Henze quasi ein dreistimmiges, kontrapunktisches Quodlibet mit neu komponierten Melodien eingeflochten worden. Das Klavier ornamentiert das Ostinato reichhaltig; nach sieben Takten wechseln linke und rechte Hand ihre Aufgaben. Die Klarinette übernimmt die Quint- und Quartolen, wie sie in der Cello-Partie des Teils B beschrieben waren. Innerhalb dieses Abschnittes wechselt der Perkussionist von den Tomtoms zum Vibraphon und spielt verziert seine (Kanon-) Tonfolge aus Teil A. Insgesamt ergibt sich also eine äußerst verdichtete und komplexe kontrapunktische Satztechnik.

Begleitmusik zur Erklärung des Jugendsolidaritätskomitees (Hans Werner Henze)

Zu dieser Musik wird ein Text verlesen, nämlich die im Titel genannte Erklärung. Der Einsatz ist aber nicht in der Partitur vorgegeben.[35] Der Text ist nicht abgedruckt, so daß die Schallplatte hierfür die einzige Quelle darstellt. Es gibt einige Freiheiten bei der Ausführung des nur sechs Takte umfassenden Stückes: »entweder von hier DA CAPO oder diesen letzten takt als ostinato crescendo wiederholen, bis zum einsatz des SONGS«, lautet Henzes Anweisung am Ende des fünften Taktes.[36] Die instrumentale Besetzung besteht aus Klavier, E-Baß (bzw. Cello) und Vibraphon, wechselnd mit dem Schlagzeug. Der Satz ist sehr sparsam und überwiegend ruhig, häufig spielen einzelne Instrumente allein (sehr leiser Trommelwirbel, Baß- bzw. Cellopassage etc.), dann gibt es jedoch überraschende Sforzati.

Bemerkenswert ist die Spielweise des Klaviers: Teilweise werden die Saiten gezupft, teilweise werden sie mit einer Bürste angeschlagen, wobei das Pedal ständig

[35] In der Schallplatteneinspielung setzt die Erklärung etwa in der Mitte des zweiten Taktes ein.

[36] Partitur, S. 100. Schreibweise so von Henze. In der vorliegenden Schallplatteneinspielung wird von der zweiten Möglichkeit Gebrauch gemacht.

liegen bleiben soll. Effektvoll und einfach zugleich ist auch das Ostinato des letzten Taktes: Bürstenanschlag des Klaviers und Baß-/Celloakkord alternieren mit einem Trommelwirbel, ständig crescendierend, bis sich schließlich die auf diese Weise erzeugte Spannung im Einsatz des *Schlußsongs* entlädt.

Schlußsong (Hans Werner Henze)

Der Schlußsong formuliert quasi die »Moral« der Kantatengeschichte:

> Wir haben den Kollegen, allen Arbeitern und der Bevölkerung gezeigt: Nur vierhundert von uns, in sich geschlossen, selbstbewußt, am richtigen Punkt, gehalten von der Kraft der Solidarität, können Konzernmacht bändigen![37]

Die Komposition besteht aus zwei musikalisch identischen Strophen; der Chorgesang wird vom Vibraphon, Klavier und Cello unter Verwendung harmonischer Satztechnik begleitet. Nur selten werden melodische Elemente des Gesangs von den Instrumentalisten übernommen. Die zweite Strophe wurde von Wolfgang Florey, dem Initiator der Kantate und Mitglied des Ensembles Hinz & Kunst, auf Wunsch von Henze hinzugefügt.[38] Die Melodie ist tonal gestaltet und bewegt sich auf der *G*-Dur- bzw. *e*-Moll-Ebene. Einzig die Töne es^1 und *b*, die an drei Stellen vorkommen, erweitern diesen Rahmen. Die Harmonik bestätigt diese tonale Gebundenheit: Der Schluß der Gesangsstrophen endet auf einem *G*-Dur-Akkord mit großer Septime.

Der Charakter des Stückes ist tanzartig: Im schnellen Viervierteltakt spielt der Begleitapparat überwiegend simultan angeschlagene Akkorde, wobei in den ersten zwölf Takten stets die dritte Zählzeit ausgespart wird – die typische Tanzcharakteristik des kubanischen Son findet so Eingang in den *Schlußsong*. Anschließend sind wechselnde Rhythmen vorzufinden, die sich durch Synkopierungen auszeichnen und insofern an lateinamerikanische Tänze erinnern.

Harmonisch verwendet Henze Vier- bis Siebenklänge; oftmals werden dabei in der Klavierstimme zwei verschiedene Akkorde, die einen oder auch mehrere gemeinsame Töne aufweisen, kombiniert. So werden z. B. im ersten Takt auf der vierten Zählzeit ein *G*-Dur- und *d*-Mollsept-Akkord zu einem Sechsklang, der sich auch als terzerweiteter *G*-Dur-Klang erklären ließe (*g–h–d–f–a–c*), verbunden. Aber auch scharfe Kontraste sind zu finden: Im zehnten Takt wird auf der zweiten Zählzeit ein *F*-Dur-Akkord mit großer Septime (*f–a–c–e*) parallel zu einem *cis*-Moll-Quintsextakkord (*cis–e–gis–ais*) gespielt, wobei es – neben dem gemeinsamen Ton *e* – zu starken Kleinsekundreibungen kommt.

Nach jeder Strophe gibt es ein kurzes, fanfarenartiges Intermezzo der drei Bläser, die bis dato nicht zum Einsatz gekommen sind. Eine fünftaktige Coda, an der alle Instrumentalisten beteiligt sind – sie spielen zumeist gleichzeitig einen Sechsklang (eine Kombination von *F*- und *Es*-Dur-Akkord) rhythmisch synkopiert –, beendet die Kantate.

---

[37] Partitur, S. 101 f.

[38] Ebd., S. 105, vgl. Abschnitt: »Reaktion der Komponisten und Änderungsmaßnahmen«.

4. Fazit

Die Funktion dieser Kantate bringt Hans Niemeyer auf den Punkt: »Entscheidend ist, daß hier politische und ästhetische Erziehung zusammenfallen.«[39] Gleichzeitig erscheinen in diesem Zusammenhang – laut Niemeyer – ästhetische Gestaltungsmöglichkeiten mit den Mitteln Neuer Musik sinnfällig und nachvollziehbar, so daß auch in dieser Hinsicht ein pädagogischer Effekt erzielt wird.[40]

Dieser zuletzt genannte Gesichtspunkt gewinnt interessanterweise sowohl für Henze als auch für die Mitglieder des Ensembles Hinz & Kunst eine notwendige und ausbaufähige Perspektive: Im »Cantiere Internazionale d'Arte di Montepulciano« wird kulturpädagogische Arbeit, auch unter Einbeziehung der Ensemblemitglieder, ab 1976 fortgesetzt. 1973 dürfte im thematischen Aufgriff aktueller Situationen aus der Arbeiterwelt aber auch der Versuch gesehen werden, einen Weg aus der gesellschaftlichen Isolation – dem »Elfenbeinturm« der Kunst – zu suchen. Ein scheinbar weiterer Schritt aus der Vereinzelung bestand darin, im Kollektiv an der Komposition zu arbeiten. Tatsächlich verlief der kreative Schaffensprozeß jedoch isoliert, die einzelnen Teile wurden anschließend zum Gesamtwerk zusammengefügt; die individuellen Leistungen lassen sich genau ausmachen.

Letztendlich stellt dieses Werk aber nicht nur ein historisch interessantes Dokument der Beteiligung Henzes an der »Arbeiter- und Studentenbewegung« mittels funktionaler Musik dar, sondern bildet auch den Ausgangspunkt neuer Freundschaften und Initiativen, die in der Folgezeit angegangen werden: So wird eine weitere Kollektivkomposition (*Der heiße Ofen*) ab 1975 angefangen[41], Komponisten und Ensemblemitglieder wirken beim oben erwähnten »Cantiere« mit, und es entstehen die Werke *Amicizia!* (1976) und *El Rey de Harlem* (1979) für das Ensemble Hinz & Kunst. Somit dürfte der Gewinn für die Beteiligten – über dieses Projekt hinaus – auch in der Entwicklung der daraus resultierenden Perspektiven gelegen haben.

Henzes kompositorischer Anteil an der Kantate ist – mit vier Beiträgen – nicht als gering zu bezeichnen, selbst wenn berücksichtigt wird, daß die *Begleitmusik zur Erklärung des Jugendsolidaritätskomitees* nur wenige Takte umfaßt. Lombardi, Jahn und Hoffmann sind mit jeweils zwei, Boekle und Steinbrennner mit je einer Komposition beteiligt.

Gewicht bekommt Lombardis Mitwirkung dadurch, daß *Ouvertüre* und *Gewerkschaftslied* motivisch-thematisch verbunden sind; somit wird diesem Song eine besondere Rolle innerhalb dieses Werkes zugebilligt, denn es war ein zentrales Anliegen der Initiatoren, für die organisatorische Anbindung der künstlerisch-kreativ tätigen Personen an die Gewerkschaft zu werben.[42] Die Kompositionen Henzes zeichnen sich – wie

---

[39] Hans Niemeyer, Text der Schallplattenbeilage, Hinz & Kunst, *Streik bei Mannesmann.*

[40] Ebd.

[41] Henze, *Reiselieder*, S. 419.

[42] Bemerkenswert ist in diesem Zusammenhang, daß die Verbindung der IG Druck und Papier und der IG Kunst zu »einer alle Berufssparten des Kultur- und Medienbereichs umfassenden Gewerkschaft Kultur und Medien« (W. Florey, *Aufgaben der Kulturarbeit im Rahmen des Verbandes deutscher Studenten*, o. O. u. J, Archiv Hedwig Florey) schon etwa Mitte der siebziger Jahre – im Rahmen der *Streik bei Mannesmann*-Aufführungen – angedacht war. Realisiert wurde die IG Medien, die all diese Berufe organisatorisch umfaßt, dann erst auf ihrem

auch die gesamte Kantate – durch stilistische Vielfalt aus. Der *Kesselsong* präsentiert sich in Mozartscher Art: Klavierbegleitung mit Alberti-Bässen, liedhaft leicht klingend, dabei motivisch verknüpft mit der Gesangspartie; im zweiten Abschnitt ist das Stück dann aber wuchtiger, marschartig. Die *Filmmusik* kombiniert die barocke Form der Passacaglia mit dem Kanon, dem Quodlibet und der Reihentechnik Henzescher Prägung. Avantgardistische Spielweisen fließen in die *Begleitmusik zur Erklärung des Jugendsolidaritätskomitees* durch das Saitenzupfen und den Bürstenanschlag am Klavier ein. Der *Schlußsong* – ein wenig an Eisler- und Weill-Songs erinnernd – verbindet die Melodie mit einem Harmoniesatz, der sich durch lateinamerikanische Rhythmik auszeichnet. Durch ihre stilistische Vielfalt weisen die Kompositionen Henzes – von der Qualität des Textes einmal abgesehen – eine Nähe zum Liederzyklus *Voices* auf.

Gewerkschaftstag 1989 in Hamburg (IG Medien, *Daten, Fakten, Entwicklungen* 1, Heft 6 der Schriftenreihe der Industriegewerkschaft Medien, Hauptvorstand, Stuttgart 1992, S. 8).

Marion Fürst

»Und Orpheus zerbrach Apollo's Leier«[1]. Zur Entstehung des Chorzyklus' *Orpheus behind the Wire* von Edward Bond und Hans Werner Henze

Orpheus hat viele Gesichter: Für die Griechen war er der älteste Sänger, der mythische Vater der Musik, aber auch der erste Dichter. Er galt als Stifter eines Kultes, einer Religion, als Prophet und Weiser. Orpheus ist der große Liebende, der in seiner Trauer über den Tod Eurydikes den Mut findet, den Gang in die Unterwelt zu wagen, die Götter der Unterwelt herauszufordern. Im Zentrum aller um seine Person kreisenden Mythen steht die Macht seiner Musik: Sein Leierspiel übertönt den Lockgesang der Sirenen und bewahrt die Argonauten vor dem Verderben, seine Lieder schlichten Streit unter den Menschen, seine Musik rührt Natur und Kreatur, selbst die Seelen der Toten.

Bis in unsere Zeit haben sich Künstler und Künstlerinnen mit Orpheus identifiziert, ist der Mythos von Orpheus immer auch als Sinnbild schöpferischer Tätigkeit verstanden worden. Auch für Edward Bond und Hans Werner Henze ergab sich aus der Auseinandersetzung mit dem Orpheus-Mythos ein »Diskurs über den Künstler und seine gesellschaftliche Aufgabe«[2].

Edward Bond hatte Henze durch Vermittlung von Volker Schlöndorff kennengelernt. Bei ihrer ersten Begegnung im Herbst 1972 bat Henze Bond um ein Libretto auf der Basis von Christopher Marlowes *Edward II* und erhielt statt dessen einen ersten Entwurf, aus dem später das Textbuch zu *We come to the River* werden sollte.[3]

Der Entstehungsprozeß dieses ersten gemeinsamen Projektes scheint nicht unkompliziert gewesen zu sein. Henze deutet in seiner Autobiographie an, es habe prinzipielle und kulturelle Differenzen zwischen beider Denken und Fühlen gegeben.[4] Ein erhaltener, am 14. März 1973 geschriebener Brief Edward Bonds an Henze gibt schlaglichtartig Einblick in die zwischen den Künstlern geführte Kontroverse, bei der es offenkundig auch um die Frage ging, wie weit sich der Künstler von der Wirklichkeit distanzieren muß und darf:

> Offenbar bestehen doch Unterschiede zwischen uns. Ich glaube, Du gibst Deine Verantwortung als Künstler zu leichtfertig an Leute ab, die nichts davon verstehen.

---

[1] Edward Bonds *Canzoni to Orpheus*, VIII. Gedicht, deutsche Übersetzung von Hans-Ulrich Treichel, in: *Orpheus Materialien*, Programmbuch zur Uraufführung des Ballets *Orpheus* am 17. März 1979, hg. vom Württembergischen Staatstheater Stuttgart, S. 89.

[2] Hans Werner Henze, *Die Englische Katze. Ein Arbeitstagebuch 1978–1982*, Frankfurt am Main 1983, S. 13.

[3] Hans Werner Henze, *Reiselieder mit böhmischen Quinten. Autobiographische Mitteilungen 1926–1995*, Frankfurt am Main 1996, S. 383 ff.

[4] Ebd., S. 385.

Ich denke (aus verschiedenen Gründen), daß eine Spannung zwischen Kunst + Politik herrschen muß. Kunst ist moralisches Anliegen + moralische Leidenschaft + muß deswegen die Politik immer wieder beurteilen. Das schließt meiner Meinung nach nicht aus, daß ich Kommunist bin. Ich komme aus der Arbeiterklasse + Kunst birgt für mich eine Verantwortung gegenüber meinesgleichen. Deswegen sind meine Stücke auch keine Parolen, sondern zeigen auf, wie Parolen entstehen + warum sie notwendig sind. Weniger zu tun, hieße, auf meine Klasse herabzusehen und so zu tun, als könnten sie noch nicht lesen + als herrschte noch der Feudalismus. usw. usw.[5]

Mit dem 1934 geborenen, also acht Jahre jüngeren Bond war Henze einer Künstlerpersönlichkeit begegnet, die ihn ermutigte, sein eigenes Kunstverständnis zu radikalisieren:

[...] bis zu der Begegnung und der Auseinandersetzung mit Edward Bond hatte ich geglaubt, es sei der Musik möglich, sich gegenüber Erscheinungsformen zeitgenössischer Wirklichkeit, von denen die der Gewalt eine der hervorstechendsten ist, passiv, regressiv oder mit der Berufung auf das Abstrakte der Musik zu verhalten und sich ihr damit zu entziehen oder nur mit Klage- oder auch Anklagegesang darauf zu reagieren. [...] ich hatte es nicht für notwendig und auch nicht für möglich gehalten, künstlerische Mittel zur Darstellung von realen gesellschaftlichen Verhältnissen in einem so radikalen Maße einzusetzen und sie im Augenblick des Aufeinanderprallens von Kunst und Realität aufs Spiel zu setzen, wie es in diesem Stück der Fall ist.[6]

Nach *We come to the River* entstand als zweites gemeinsames Projekt das Ballett *Orpheus*.[7]

---

[5] »There are obviously some differences between us. I think you are too willing to hand over your artistic responsibility to people who don't understand them. I think (for various reasons) a tune has to be a state of tension between art + politics. Art is moral desire + moral passion + it must therefore always judge politics. I don't think this means I am not a communist. I was born in the working class + art for me is a responsibility to my own people. So my plays are not slogans, they are accountes of how slogans are made + why they are necessary. If I did less than this I would be patronizing my own class + pretending they are pre-literate + feudal. etc. etc.«
Für die deutsche Übersetzung sämtlicher Briefstellen sowie des Bondschen Gedichts für Henze sei an dieser Stelle Stefan Lerche herzlich gedankt. Alle hier zitierten Briefe befinden sich in der Sammlung Henze der Paul Sacher Stiftung/Basel.

[6] Hans Werner Henze, *Musik und Politik. Schriften und Gespräche 1955–1984*, München 1984, S. 256.

[7] Bis zu ihrem Zerwürfnis im Jahre 1989 entstanden neben den im Text erwähnten Werken noch folgende gemeinsame Produktionen: Henze komponierte die Schauspielmusik zu Bonds Theaterstück *The Woman*, Bond schrieb das Libretto zur Oper *Die englische Katze*. Als mögliches Projekt schlug Bond am 3. Dezember 1985 Henze ein »choral work on nuclear danger« vor, das aber nie verwirklicht wurde. Über die Gründe für das Ende der Freundschaft gibt Bonds letzter Brief an Henze vom 30. September 1989 andeutungsweise Auskunft: »Im sorry you found my letter upsetting. I hadnt intended it to be. Your setting of the Cat doesnt work. [...] I had hoped that sometimes you would revise it. [...] I was frustrated to learn that you were revising it but without consulting me in time enough for me to be able to really help you. It isnt really true that I know ›too little‹ about music and opera. If that were so you wouldnt have

1977 hatte Henze sich intensiv mit dem Orpheus-Stoff beschäftigt. Anlaß dafür gab die Vorbereitung des zweiten »Cantiere Internazionale d'Arte« in Montepulciano, der thematisch den Mythos in den Mittelpunkt stellte. Ein während dieses »Cantiere« gehaltener Vortrag des Gräzisten Franco Serpa nährte Henzes Wunsch, einen *Orpheus* zu komponieren. Im Dezember 1977 konnte er Bond für seine Idee gewinnen. Innerhalb weniger Wochen schrieb ihm der englische Dramatiker ein Prosa-Gedicht, das zur textlichen Grundlage von Henzes Ballettmusik *Orpheus* wurde.[8] *Orpheus – Eine Geschichte in sechs Bildern* nennt Bond sein poetisches Szenario, in dem er den Mythos neu erzählt, ihn mit geschichtlichen Erfahrungen des 20. Jahrhunderts anreichert und so entscheidend verändert. Bond stellt Orpheus' Aufbegehren gegenüber Apollo in den Mittelpunkt, entlarvt die Götter als verlogen, raffgierig und machtsüchtig und zeigt die Emanzipation, das Sich-Befreien von den Göttern und ihren Idealen als wesentlich für die Selbstfindung des Menschen. »Die Welt« und »Die Hölle« sind die Schauplätze der Handlung, und sie gehören – so die Interpretation Sigrid Neefs – zusammen:

> Zur Welt gehört die Hölle, zum Leben die höllische Erfahrung. Orpheus' Gang ist bei Bond eine Reise sowohl in das eigene Innere als auch in die Geheimnisse der Geschichte und Existenz.[9]

In eine ähnliche Richtung weist auch Bonds Deutung der Hölle. In einem Brief vom 7. Januar 1977 an Henze wird sie von ihm als Ort beschrieben, »an dem Orpheus lernt, was Erleben heißt – und an dem er weit über die Naivität eines Goldenen Zeitalters hinauswächst, falls es das je gegeben hat.«[10]

Zum Lernen, was Erleben heißt, gehört die Auseinandersetzung mit den Greueltaten unseres Jahrhunderts, mit unserer Geschichte. Die Toten, denen Bonds Orpheus in der Hölle begegnet, sind in ihre eigenen Leiden eingesiegelt, bewegen sich kraftlos, starren mit leerem Blick vor sich hin, berühren einander nicht.

> Sie sind wie die geisterhaften Erscheinungen eines Konzentrationslagers / Sie zittern wie die wenigen toten Blätter an einem Baum im Winter[11].

---

waited for two operas, a ballet and a song cycle to find out [...]. I have nothing but good memories of you, as a composer and friend. I have been fortunate to work with you. And in the past you have expressed pleasure at the texts I have written for you – including, incidentally, the text of the Cat, which you praised in your book more than, Im sure, it deserved. I thought our friendship was secure enough for me to write to you in the way I did. I meant to use a bantering tone, partly (I repeat) to cover my frustration. Obviously I got it wrong, and I apologise. The music of the Cat is wonderful. But its relation to the text isnt ... friendly enough? My friendship with you meant too much to me to willingly give it up, but I see I have lost it.«

8 Später entstand auch eine konzertante Fassung, bei der der Bondsche Text von einem Sprecher gelesen wird.

9 Sigrid Neef, *Zur Orpheus-Musik von Hans Werner Henze*, in: *Henze/Bond/Berghaus Orpheus,* Programmheft der Wiener Staatsoper zur Premiere am 20. Juni 1986, S. 15–20, hier S. 15.

10 »Here's an outline for the Orpheus. [...] I've tried to use hell as a place where Orpheus learns experience – and goes further than the simple naivity of a golden age, if there ever was such a thing.«

11 »Spectres of a concentration camp / A few dead leaves left in winter«, in: Bond, *Orpheus – A story in six scenes,* in: *Orpheus Materialien*, S. 20.

Orpheus' Musik zeigt ihre Wirkung selbst an diesem Ort: Die Toten wandeln sich langsam, bewegen sich schließlich in ruhiger Freude und umarmen einander in Frieden. Als das Paar die Hölle verlassen will, flehen die Toten sie an, bei ihnen zu bleiben. Eurydikes und Orpheus' Aufstieg zur Erde durch einen dunklen gewundenen Tunnel begleiten die allmählich schwächer werdenden Schreie der Verdammten.

Auch Orpheus' berühmter Blick zurück, der ihn seine Eurydike verlieren läßt, wird von Bond neu interpretiert. Bond hatte zunächst mehrere Möglichkeiten angedacht und Henze in einem Brief am 17. Juni 1977 mitgeteilt:

> Man könnte alles Mögliche aus dem Orpheus machen. [...] Vielleicht dreht sich Orpheus nach Eurydike um, weil man ihn hereingelegt hat. Pluto (der mit Eurydikes Stimme spricht) oder jemand, der in seinem Auftrag handelt, könnte Eurydikes Hilferuf nachahmen, damit Orpheus sich umdreht. Oder vielleicht will Eurydike ja gar nicht von den Verdammten in der Hölle fortgehen, und meint, Orpheus solle sich nach ihnen umdrehen. Der Mythos der Schönheit muß sich in den Mythos der Freiheit verwandeln, denn das allein ist schön. Das wird mir immer klarer, genauso wie ich erkenne, daß Kunst in einer Zeit der Selbstreflexion (in der man sie als einen Wert an sich betrachtet und weniger als Ausdruck allgemein menschlicher Art) immer Gefahr läuft, sich selbst zu verleugnen. Wenn Orpheus sich umschaut – was sieht er? Ich will nicht auf eine krude modernistische Neufassung des Mythos hinaus – als wollte man die Hölle in einem Raketensilo inszenieren –, sondern auf ein tieferes Verständnis des Mythos, das aufdeckt, daß wir uns irgendwo zwischen Himmel und Hölle bewegen und jemand uns mit allen Tricks weismachen will, unser Heil wäre die Hölle [...].[12]

Schließlich entschied sich Bond für eine ganz andere Lösung: Apollo, der am Eingang der Hölle auf Orpheus wartet, um ihn zu begrüßen, blendet mit seinem Licht Orpheus so sehr, daß dieser, um sich zu schützen, sein Gesicht abwendet, in das Antlitz Eurydikes sieht und erblindet. Für Albrecht Puhlmann ist mit dieser Blendungsszene »die Dialektik der Aufklärung in ein prägnantes Bild gefaßt. Die glühende Vernunftsonne, für die der goldene Apoll hier steht, bringt den Wahnsinn hervor«[13].
Die allgemein übliche Vorstellung vom Hellen und Geistigen des Lichtgottes werde von Bond soweit getrieben, daß dessen Funktion als Lichtbringer umschlage in die des Todbringenden. Somit werde der Gott Apollo schuldig an Orpheus.

---

[12] »There are all sorts of things that could be done with Orpheus. Pluto is obviously a tyrant. Perhaps Orpheus turns back to look at Eurydice because he' s tricked. Pluto (imitating Eurydice?) or someone working on his behalf, could imitate Eurydice calling for help – so that Orpheus turns round. Or, perhaps Eurydice herself doesnt want to leave the damned in hell – but thinks Orpheus should turn back to them? The myth of beauty had to be turned into the myth of freedom – which alone is beautiful. I feel this more and more, just as I feel that art in a self-conscious age, which sees art as something in itself rather than an expression of a common human purpose – is always in danger of betraying itself. What is Orpheus looking at? Im not suggesting a crudely modernistic rehash of the myth – like putting hell in a Rocket Silo – but a way of getting at the essential understanding of the myth, which is that we are on the road between heaven and hell and someone is cleverly trying to tell us that our rewards are in hell [...].«

[13] Albrecht Puhlmann, *Wunschbilder des erfüllten Augenblicks. Anmerkungen zu Hans Werner Henzes Orpheus*, in: *Henze/Spoerli Orpheus,* Programmheft des Theater Basel zur Premiere am 29. September 1988, S. 20–22, hier S. 21 f.

Die Blendung des Orpheus läßt im Kontext des Bondschen Werkes auch eine weitere Deutung zu. In seinem Libretto *We come to the River* läßt Bond den General an einer Augenkrankheit leiden, die zur Blindheit führen wird. Durch diese Krankheit gelangt der General zu ersten Einsichten in die realen Gewaltverhältnisse des Krieges. Doch erst, nachdem er auf Anordnung des Kaisers geblendet wurde, erst als Blinder wird er wahrhaft sehend, erkennt sich selbst, sieht das auch von ihm verursachte Elend seiner Mitmenschen. Die Blendung des Orpheus kann gleichfalls als Sinnbild interpretiert werden, das auf seine Entwicklung hin zu einem befreiten neuen Menschen verweist.

Folgerichtig zerbricht Orpheus in Bonds Version des Mythos die Leier, das von Apollo geschenkte Instrument, ein weiteres Bild für den nötigen Befreiungsakt des Menschen aus bisher geltenden patriarchalischen Strukturen, für Bond auch Sinnbild dafür, »daß [...] die Menschheit mittlerweile bereit ist, die Verantwortung für ihr Schicksal selbst zu übernehmen.«[14] Von der »neuen« Musik, die Henze am Ende des Balletts zu komponieren hatte, besaß auch Bond eine Vorstellung, die er in einem Brief vom 24. Februar 1978 so beschrieb:

> Die Musik brauchte keineswegs »optimistischer« zu sein als in der Erstfassung, schon gar nicht irgendwie plakativ oder banal, das würde dem Mythos auch nicht gerecht. Statt dessen brauchte ich – wie schon vorher in der ersten Fassung – eine Musik, die menschliches Erleben auf eine zutiefst menschliche Art ausdrückt, nicht so sehr Musik des Jubels, sondern Musik des Erlebens. Wenn man so will, eine Musik, die auch das Leiden einbezieht, sich aber nicht resignativ davon zersetzen läßt, die sich auch nicht im negativen Sinne lustvoll dem Leiden hingibt. Ist das deutlicher so? Kein Mensch würde auf die Idee kommen, seine Erlösung aus der Hölle zu feiern, man empfindet einfach eine Veränderung des Daseins, und wenn die alten Götter nichts mehr gelten, wendet man sich eben von ihnen ab. Vielleicht muß auch Musik vorkommen, die einen Gegenpol zum großen Rest darstellt und die von der Bedeutungslosigkeit der Götter, von Plutos Ärger und dergleichen handelt, aber diese Musik könnte leicht in der übermächtigen übrigen Musik untergehen, in der Musik des Friedens und der Harmonie, in der freilich auch die Obertöne oder der Kontrapunkt des Erlebens mitschwingen sollen.[15]

Zur Uraufführung des Ballettes hatte Edward Bond statt eines werkeinführenden Essays einige *Orpheus*-Gedichte geschrieben, die als *Canzoni to Orpheus* im Programm-

---

[14] »That men now accept responsibility for their own destiny.« Brief von Bond an Henze vom 24. Februar 1978.

[15] »The music doesnt have to be anymore ›optimistic‹ than in the first version, and certainly not in a blatant or banal sense, which would be inappropriate for this myth. What it needs, as it needed before in the first version, is music that expresses human experience in a profound, humane sense – not so much music of rejoicing as music of experience. If you like, music which acknowledges suffering but isnt pessimistically destroyed by it, and which doesnt negatively indulge suffering. Is this clearer now? We dont see the people celebrating their release from hell, we see them experiencing a new way of existence – they ignore the old gods as irrelevant. There presumably has to be some music, counterposed to the main music, to suggest the irrelevance of the gods, the frustration of Pluto and so forth, but this could very quickly be swamped by the main music – which is music of peace and harmony, but which should also suggest the harmonics or the counter-point of experience.«

heft der Stuttgarter Inszenierung veröffenlicht wurden.[16] Mit dem Plan, einige dieser Gedichte in einem Chorzyklus a cappella zu vertonen, beschäftigte sich Henze mehrere Jahre.[17] In Tagebuchaufzeichnungen und Briefen des Jahres 1979 spricht er mehrmals vom Reiz dieser Aufgabe, aber auch von ihrer Schwierigkeit und dem hohen Zeitaufwand, den sie benötige.[18] Am 29. Dezember 1979 läßt Bond Henze wissen:

> Sag mir, welche von den Orpheus-Gedichten Du vertonen willst, dann kann ich darüber nachdenken, ob sie einen stimmigen Zyklus ergeben, und Dir sagen, was ich für ratsam halte.[19]

Doch erst 1981 begann Henze mit den kompositorischen Arbeiten, die sich bis 1983 hinzogen.

Auch wenn das Chorwerk offenbar von Anfang an als Zyklus konzipiert war, sind zwei der Sätze für besondere Anlässe entstanden und zunächst auch einzeln uraufgeführt worden.

Unter dem Motto »›Dónde estás hermano?‹ – ›Wo bist Du, Bruder?‹ – Zeitgenössische Komponisten schreiben für verschwundene argentinische Künstler« fand am 24. November 1982 eine von der AIDA (Association Internationale de Défense des Artistes) und der Kölner Musikhochschule organisierte Solidaritätsveranstaltung statt. Für diesen Anlaß schrieb Bond das Gedicht *Pressed by the weight of the world*, das Henze in der Zeit vom 24.–29. Dezember 1981[20] als a cappella Chorsatz vertonte und mit dem Titel *Madrigal für Orpheus*[21] versah. Neben Henzes Beitrag gelangten in der Kölner Musikhochschule Werke von Juan Allende Blin, Dieter Schnebel, Jürg Baur, Wilhelm Killmayer, Johannes Fritsch, Joachim Blume, Tilo Medek, Charles Amirkhanian, Luigi Nono, Wolfgang Rihm, Thomas Jahn, Hans Jürgen von Bose, Manfred Trojahn und Eric Stokes zur Uraufführung. Das Protestkonzert war – so Henze –

> zugleich eine Solidaritätsadresse an die Frauen und Mütter, die sich in Buenos Aires täglich vor dem Regierungspalast einfanden mit der Forderung um Auskünfte über ihre verschleppten Männer und Söhne, die sogenannten »desaparecidos«, den Ver-

---

[16] Auch zu dem gemeinsamen Projekt *We come to the River* schrieb Bond begleitend Gedichte, die er in einem Brief an Henze »the poems on Art« nannte (Brief vom 23. Mai 1978).

[17] Henze hat von den insgesamt neun Gedichten der Bondschen *Canzoni to Orpheus* nur drei vertont.

[18] Henze, *Die Englische Katze. Ein Arbeitstagebuch*, S. 15 und S. 36.

[19] »Let me know which of the Orpheus poems you want to set. I can check if they make a good cycle – and make any recommendations I feel might help you.« Ob Bond tatsächlich Henze bei der Auswahl und Zusammenstellung der Gedichte behilflich war, läßt sich anhand der Korrespondenz nicht feststellen.

[20] Die Datierung entspricht Henzes Vermerk auf einer Abschrift des Gedichtes *Pressed by the weight of the world* in der Paul Sacher Stiftung. Abweichend hiervon gibt Henze an anderer Stelle an, er habe das Madrigal im Frühjahr 1982 komponiert, vgl. Henze, *Die Englische Katze. Ein Arbeitstagebuch*, S. 376.

[21] Vgl. Programm, abgedruckt in: *Klangraum. 40 Jahre Neue Musik in Köln 1945–1985*, Komponistenlexikon und Veranstaltungschronologie, hg. von der Kölner Gesellschaft für Neue Musik in Verbindung mit dem Institut für Neue Musik des Landesmusikrates NRW, Köln 1991, S. 302–304. Henzes *Madrigal für Orpheus* sang der Hochschulchor Pro Musica Köln unter der Leitung von Johannes Hömberg.

schwundenen. Heute weiß man, daß die meisten von ihnen niemals zurückgekehrt sind – sie starben alle, wurden beseitigt, wurden lebend von Flugzeugen herab ins offene Meer gestoßen.[22]

Henzes Angaben zufolge soll der Rundfunk das Konzert mitgeschnitten haben, um es, mit »Kommentaren und Berichten aus der argentinischen Wirklichkeit versehen«[23], im Musikprogramm auszustrahlen.

Der Chor *You Who Survived, Du der du die Zeit der Mörder überlebtest*, ein *Epitaph für Walter Buchebner*, wurde am 26. Oktober 1982 in Kindberg (Steiermark) während der ersten von Henze initiierten Mürztaler Musikwerkstatt uraufgeführt. Er war zunächst Teil des Werkes *Der verstummte Arbeiter – Requiem für den Dichter Walter Buchebner*, einer Kollektivkomposition, die Henze gemeinsam mit Schülern seiner Kompositionsklasse schrieb.[24] Bond hatte – vermutlich Ende Juni 1982 – auf Henzes Wunsch hin das Gedicht verfaßt, mit dem an den Arbeiterdichter erinnert werden sollte, worüber Bonds Brief vom 14. Juni 1982 Aufschluß gibt:

Ich werde zusehen, daß ich bis Ende des Monats mit dem Selbstmord-Gedicht fertig werde. Ich glaube, ich kann es nicht speziell auf den Dichter zuschneiden, den Du im Auge hast, denn ich weiß nicht genug über ihn. Aber die anderen Orpheus-Gedichte sind ja auch nicht »persönlich«, sondern beziehen sich stärker auf das Wesen des Dichters an sich. Sie beschreiben die Dinge aus einer gewissen Distanz und verlieren sich nicht allzusehr in Konkretionen. Wenn Du also zwei von den Orpheus-Gedichten für den Sommer-Zyklus vertonen willst, sollte ihnen das dritte vom Tonfall her entsprechen – falls man es überhaupt als Orpheus-Gedicht verstehen möchte. Ich hielte das auch musikalisch für schlüssig. Eigentlich gibt es aber keinen Grund, es als Orpheus-Gedicht anzusehen. Ich könnte genauso gut ein Gedicht über den Selbstmord eines Schriftstellers schreiben. Könntest Du dann Deine Vertonung ein bißchen anders anlegen als die der beiden Orpheus-Gedichte?[25]

Daß Edward Bond wenig über den Dichter Walter Buchebner wußte, verwundert nicht, ist Buchebner doch bislang keine seinem Werk angemessene Bekanntheit und Würdigung zuteil geworden.[26] Als »Früh- und Spätstarter zugleich«[27] hat Daniela Strigl den

---

[22] Henze, *Reiselieder mit böhmischen Quinten*, S. 482.

[23] Henze, *Die Englische Katze. Ein Arbeitstagebuch*, S. 376.

[24] Die Uraufführung des Requiems leitete Lothar Zagrosek, es spielten und sangen die ORF-Sinfonietta und der ORF-Chor sowie als Solist Siegfried Lorenz.

[25] »I will have a go at writing the suicide poem by the end of the month. I dont think I can make it refer specifically to the poet you have in mind because I dont know enough about him. Anyway, the other Orpheus poems arent ›individual‹ but refer more to the poetic persona itself. They view things from a slight distance, without shedding an involvment in the immediate. So I feel that if you set two of the Orpheus poems for the summer cycle the third one ought to keep the same tone – if its going to described as an Orpheus poem. I think that would also be musically right. But there's no reason why it should be an Orpheus poem. I could juste write a poem about a writer suicide. You could then approach the setting in a way perhaps a bit different from the one you use for the Orpheus poems?«

[26] Buchebner wurde am 9. September 1929 als Sohn eines Arbeiters in Mürzzuschlag, Steiermark, geboren. 1945 entzog er sich der Einberufung zum Volkssturm, indem er desertierte. 1947 legte er seine Matura ab, zog 1948 nach Wien und begann Germanistik und Geographie zu studieren. Während und nach seinem Studium, das er 1954 abbrach, war er in verschiedenen Berufen tätig, u. a. als Bauarbeiter, Fahrdienstleiter, Monteur, Telegraphist und Erzieher. Ab

am 9. September 1929 in Mürzzuschlag geborenen Dichter charakterisiert, der im Alter von zwölf Jahren erste Gedichte schrieb und sie wieder verbrannte, Anfang der fünfziger Jahren schlicht gebaute, von religiöser Inbrunst geprägte Arbeiterlyrik[28] verfaßte, doch erst mit seinen Gedichten, die in den letzten Lebensjahren entstanden, seinen »ureigenen Ton«[29] fand. Buchebner war ein Rebell und Anarchist, ein zeitkritischer Beobachter der politischen und kulturellen Entwicklungen im Österreich der Nachkriegszeit. Seine »aggressiv-radikalen Gedichte«[30] sind eine Kriegserklärung an gesellschaftliche Mißstände. Wütend und haßerfüllt protestierte er gegen eine zerstörerische, mechanisierte Großstadtwelt, gegen jegliche Form der Unterdrückung. Seine persönlichen Leiderfahrungen hat er in Gedichten reflektiert, sein Siechtum in einen »Todeskampf in Worten«[31] münden lassen.

1962/63 hat Buchebner seine Ästhetik mit dem Schlagwort »Active Poesie« theoretisch umrissen[32]: »Active Poesie« definiert er u. a. als »eine Poesie des Verstandes, des Leides, der Erfahrung, der Wirklichkeit in allen Spielarten und allen Konsequenzen«[33]. Pessimistischer als Bond und Henze, war Buchebner von der Sinnlosigkeit der Dichtung überzeugt und hat trotzdem am Dichten festgehalten.

> Warum ich dichte, wenn ich es für sinnlos halte? Ich lebe doch auch, obwohl ich es für äußerst sinnlos halte.[34]

Die Macht des Orpheus sah er – in Anbetracht der Leiderfahrung unseres Jahrhunderts – in Frage gestellt.

In einem Gedicht, das sich wie eine künstlerische Positionsbestimmung liest, hat Buchebner auf diesen Verlust angespielt.

1956 leitete er eine Wiener Städtische Bücherei, eine Tätigkeit, die er bis zu seinem Freitod ausübte. An einer unheilbaren Nierenkrankheit erkrankt, setzte er am 4. September 1964 in Wien seinem Leben ein Ende. An Auszeichnungen erhielt Buchebner zu Lebzeiten den Förderpreis des Wiener Kunstfonds für Literatur (1960) und den Theodor-Körner-Preis für Lyrik (1962).

[27] Vgl. Daniela Strigl, *Von einem der auszog das Dichten zu lernen*. Nachwort zur erweiterten Neuausgabe von Walter Buchebners Gedichtsammlung *Zeit aus Zellulose*, hg. von der Walter Buchebner Gesellschaft, Mürzzuschlag, Graz/Wien/Köln 1994, S. 103–113, hier S. 103. Im folgenden wird das Nachwort zitiert als: Strigl, *Von einem der auszog*; die Gedichtsammlung als: Buchebner, *Zeit aus Zellulose*.

[28] Strigl, *Von einem der auszog*, S. 105.

[29] Ebd., S. 103.

[30] Vgl. Eva Weisz, *Buchebner, Walter*, in: *Literatur-Lexikon. Autoren und Werke deutscher Sprache Bd. 2*, hg. von Walther Killy, München 1989, S. 278–279, hier S. 279.

[31] Kurt Klinger, *Offene Rebellion. Walter Buchebner*, in: *Die zeitgenössische Literatur Österreichs*, hg. von Hilde Spiel, Zürich und München 1976 (= *Kindlers Literaturgeschichte der Gegenwart*), S. 423–424, hier S. 423.

[32] Strigl, *Von einem der auszog*, S. 111.

[33] Walter Buchebner, *Active Poesie, Umrisse einer Definition,* in: Buchebner, *Zeit aus Zellulose*, S. 94.

[34] Tagebuch 14.11.60, zit. nach: Strigl, *Von einem der auszog*, S. 109.

mein Gedicht:

ein alltagsgolgotha
auf einsamen heidnischen dorfstraßen
kain vergast
abel vergast
wie die angst von nagasaki
eingeätzt in japanische kirschblüten
mein gedicht:
gewachsen in der schuppenhaut der piranhas
die das tafelgeschirr leerfressen
von leichenstücken
mein gedicht:
ein gesang der stumm bleibt für eurydike
für immer[35]

Diesem Dichter also gilt Henzes *Epitaph*-Komposition, die er später ins Zentrum seines Zyklus *Orpheus behind the Wire* stellen sollte.

Die Chöre I., II. und IV. aus *Orpheus behind the Wire* komponierte Henze im Sommer 1983 während eines längeren Lehraufenthaltes in Tanglewood, Massachusetts. Dort legte er am 10. August 1983 auch die endgültige Reihenfolge der Gesänge fest.[36] Am 10. September 1985 kam das Werk in Southampton zur Uraufführung. Edward Bond war mit der Vertonung seiner Gedichte mehr als zufrieden. Am 3. Dezember 1985 schrieb er an Henze:

> Jetzt haben wir endlich auch die mehrstimmigen Orpheus-Gesänge gehört. Sie sind wunderschön. Kompositorisch bist Du voll auf der Höhe. Das soll nicht heißen, daß es von nun an bergab ginge! Du bist eben auf der Höhe. Du hast mit sparsamsten Mitteln größte Wirkung erzielt. Wenn ich statt der Worte die Musik hätte schreiben sollen, hätte ich versucht, genau solche Klänge zu komponieren. Wir haben auch Deine 7. Symphonie gehört. Sie klingt ganz so, wie von jemandem mit der Erfahrung eines alten Mannes und den Augen und Ohren eines jungen Mannes geschrieben.[37]

Trotz der unterschiedlichen Entstehungszusammenhänge und der relativ langen Entstehungszeit hat Henze mit *Orpheus behind the Wire* einen Chorzyklus komponiert, der seine Geschlossenheit nicht allein aus dem thematischen Gehalt der Gedichte bezieht. Schon in der Besetzung der fünf Stücke für 8–12stimmigen gemischten Chor zeigt sich ein zyklisches Gestaltungsprinzip: Das erste und fünfte Gedicht sind jeweils

---

[35] Buchebner, *Zeit aus Zellulose*, S. 31.

[36] Vermerk in der Reinschrift der Partitur, die heute in der Paul Sacher Stiftung aufbewahrt wird.

[37] »We also heard the Orpheus part songs for the first time. They are very beautiful. You really are at your peak as a composer – though that doesnt mean you now have to decline! Just a peak. You got the utmost effect out of the simplest of means. If I'd composed the music instead of written the words, I'd've tried to make it sound like that. We also heard your 7th symphony. It sounds to have been written by someone with the skills of an old man and the eyes and ears of a young man.«

für das gesamte Ensemble gesetzt, das zweite für Sopran- und Alt-, das vierte für Tenor- und Baßstimmen. Das dritte Gedicht ist alternativ für einen kompletten Chor, einen Chor und einen Solisten oder für acht Einzelstimmen konzipiert.[38] Henze verzichtet bei der Vertonung gänzlich auf eine instrumentale Begleitung – eine Besonderheit innerhalb seines Vokalschaffens. Das Alternieren der Besetzung bürgt für verschiedene Farben und Stimmungen, auch die Verwendung des seit Schönbergs *Pierrot Lunaire* gebräuchlichen Sprechgesangs dient der Erweiterung stimmklanglicher Möglichkeiten. Gemessen an den heute zur Verfügung stehenden vokalen Techniken erweist sich Henzes Umgang mit der Singstimme als wenig experimentierfreudig.

Angesichts der inhaltlichen Nähe von Bonds Gedichten zum Orpheus-Libretto läge es nahe, daß auch Henze Material aus seiner Ballettmusik aufgriffe, beispielsweise die Reihe des Orpheus zur Grundlage seiner Chormusik machte. Eine solche Verbindung zwischen beiden Werken liegt jedoch nicht vor. Beiden Werken aber ist anzuhören, daß Henzes Auseinandersetzung mit dem Orpheus-Stoff maßgeblich durch den Monteverdischen *Orfeo* bestimmt wurde. Im Falle der Ballettmusik verweist ein Zitat in Orpheus' dritter Arie unmittelbar auf das Vorbild.[39] Ein entsprechendes Monteverdi-Zitat fehlt in den Orpheus-Chören, doch schon der Titel *Madrigal*, den der fünfte Chor bei seiner Uraufführung noch trug, gibt einen indirekten Hinweis.[40] Darüber hinaus ist Henzes Begeisterung für Monteverdi, den er neben Mahler und Mozart für einen der »größten Realisten der Musik«[41] hält, vielfach bezeugt. Unter Monteverdis Einfluß entstanden auch die Werke *We come to the River* und *Barcarola*.

Im Falle seiner Chorkomposition liegt Henzes Orientierung am Madrigal nahe, läßt sich an dieser durch Monteverdi maßgeblich geprägten Gattung doch einiges über die Möglichkeiten der Vereinigung von Wort und Musik lernen. Die Sprachlichkeit der Musik – das ist Henzes großes Thema, mit dem er sich in jeder seiner Kompositionen befaßt. Die Madrigale Monteverdis bieten ihm einen wichtigen Bezugspunkt, deutet sich in ihnen doch ein neuer Musikbegriff an, mit dem auch Henze sich identifizieren kann und den Reinhold Hammerstein so charakterisiert hat:

> Musik wird neu in ihrer Sinnlichkeit, in ihrer Leiblichkeit, als lebendiges Singen, Spielen und Tanzen, als Aktion und Geste verwirklicht. Sie wird in einer neuen Weise auf den Menschen, auf die Natur des Menschen bezogen.[42]

---

[38] Hans Werner Henze, *Orpheus behind the Wire,* Partitur, Mainz 1984, Anmerkung zur Besetzung S. 20.

[39] Henze zitiert das zweite Ritornello aus Orpheus' Bittgesang *Possente spirto*, der im Zentrum des dritten Aktes und der gesamten Oper Monteverdis steht, vgl. Henze, *Orpheus behind the Wire,* Partitur S. 207, T. 121–122 und S. 214, T. 171–172, jeweils Harfenstimme.

[40] Zudem fällt in die Entstehungszeit von *Orpheus behind the Wire* auch Henzes Beschäftigung mit Monteverdis *Ulisse*. Vgl. Bern Wilms, *Von der Schönheit alter Jahrhunderte. Hans Werner Henzes Bearbeitung von Claudio Monteverdis »Il ritorno d'Ulisse in patria«*, Saarbrücken 1997.

[41] Henze, *Musik und Politik*, S. 267.

[42] Reinhold Hammerstein, *Versuch über die Form im Madrigal Monteverdis*, in: *Claudio Monteverdi. Festschrift Reinhold Hammerstein zum 70. Geburtstag*, hg. von Ludwig Finscher, Laaber 1986, S. 9–33, hier S. 32.

Schon im Textbuch zum Ballett *Orpheus* hatte Bond den Mythos in Beziehung zu geschichtlichen Erfahrungen des 20. Jahrhunderts gesetzt. Auch bei den *Canzoni to Orpheus*, die als Marginalien zum *Orpheus* entstanden, wird dieser Aspekt akzentuiert.

Auf die quasi programmatische Frage »Wie war die Hölle?«, die mit dem Titel des ersten Chores in *Orpheus behind the Wire* gestellt wird, geben die von Henze vertonten Gedichte Bonds Antwort. Die Hölle ist nicht mehr ausschließlich der Ort, an dem die Toten weilen, die Hölle ist alltäglich und auch auf Erden unter den Menschen anzutreffen. Die Hölle ist da, wo Kriege geführt werden, wo Diktatoren Menschen ihrer Freiheit berauben, Militärs Angst und Schrecken verbreiten, Menschen hungern und ums Überleben kämpfen. Die Hölle sind alle weltweit existierenden Militärdiktaturen und Terrorregime. Mit wenigen Andeutungen bezieht Bond diese politischen Realitäten in sein Gedicht ein:

> Die Straße war gänzlich leer / Ein Mann vom Geheimdienst hielt Wacht durch ein Fenster.[43]

Die Frage »Wie war die Hölle?« vertont Henze als viertönige aufwärtsgerichtete Fortschreitung in Ganz- und Halbtönen: Der Baß I bewegt sich dabei in einem Klangraum, der aus den ersten drei Tönen *B–c–des* seines melodischen Tonbestands gewonnen ist (Baß II, III und Tenor III). Dieses Prinzip, Horizontale und Vertikale zu verschränken, wird ab T. 4 auch vom hinzukommenden Frauenchor variativ fortgeführt. Nun werden die Tönhöhen der Sprechgesangpartie Alt I (»I'd never seen such a place«), allerdings mit zeitlicher Verzögerung, von den umliegenden Stimmen als Haltetöne aufgenommen. Parallel zur damit einhergehenden sukzessiven Weitung des Klangraums wird mit der wiederholten Frage »Wie war die Hölle?« (Baß I, T. 4) erstmals auf die Ostinato-Technik verwiesen, die als Gestaltungsprinzip für den zweiten Teil des Satzes (T. 14–52) bestimmend ist. Mit dem großen klingenden Schweigen, von dem Bonds Gedicht spricht[44], korrespondiert in Henzes Vertonung eine lange Generalpause, eine Stille, in der das zuvor Erklungene nachzuhallen scheint (T. 12–14). Denkbar ist aber auch, daß sich die Generalpause auf das im Gedicht erwähnte, nicht vorhandende Echo der Musik bezieht. Schon in der barocken Figurenlehre war die Aposiopesis, das »Verstummen aller Stimmen«, ein Mittel, um Worte wie »leer«, »keiner«, etc. musikalisch auszudrücken. Darüber hinaus hat die Pause auch ein gliederndes Moment, sie teilt das Chorstück in zwei Abschnitte und vollzieht den Strophenwechsel des Gedichts musikalisch nach.

Die Gestaltung des zweiten Teils orientiert sich ganz am vorgegebenen Text, der Orpheus' Gang durch die Hölle schildert. Kurze, ostinate Figuren der einzelnen Stimmgruppen werden nacheinander eingeführt und bilden musikalisch den Gestus der Bewegung nach. Das lyrische Ich wandert gleichsam durch die Stimmgruppen: von den Tenören (T. 18, »I do not know where it took it«) zu den Altstimmen (T. 23, »For the first time I walked in silence«) zu den Bässen (T. 26, »walked«) schließlich zu den Sopranstimmen (T. 30, »the ground was strewn with fine ash«). Die ostinaten Figuren bestehen überwiegend aus Dur-/Molldreiklängen, die jeweils abwärts oder aufwärts in

[43] »It was an empty street / A secret policeman watched from a window.« Henze, *Orpheus behind the Wire,* Partitur, S. 10–13.

[44] »Music sounded like silence«, in: Henze, *Orpheus behind the Wire,* Partitur, S. 2–3.

Halb- oder Ganztonabstand gerückt werden (Bässe: *As*-Dur/*as*-Moll, Tenöre *H*-Dur/*fis*-Moll, Altstimmen *as*-Moll/*G*-Dur, Soprane *b*-Moll/*h*-Moll). Durch die Überlagerung der ostinaten Figuren entsteht ein polytonales Klangfeld. Am Schluß aber bleibt ein reiner *as*-Moll Klang der Altstimmen liegen. Bezogen auf den Grundton *B*, der bis T. 11 seine Gültigkeit als tiefster Liegeton behauptete, ist harmonisch ein Abstieg erfolgt, möglicherweise eine Entsprechung zu Orpheus' Gang in die Hölle.

Bonds Gedicht *The Point to be Noted*, das Henze im zweiten Chor vertont, erzählt von Orpheus' und Eurydikes Tod, genauer vom Mord, der an beiden begangen wurde.[45] Die Hölle des 20. Jahrhunderts, das sind die Konzentrationslager der Nationalsozialisten. »Wagen«, »Rampe«, »Welle aus Draht« und »Asche« – mit wenigen Worten erinnert Bond an die Greueltaten. Sein Gedicht evoziert Bilder des Grauens: überfüllte Züge, Transporte in die mit Stacheldraht umzäunten Konzentrationslager, die Schornsteine der Krematorien, in denen Millionen Ermordete zu Asche wurden.

Henze wählt für die Vertonung eine äußerst schlichte kleingliedrige Form. Der Anfang (T. 1–5) kehrt am Ende (T. 27–38) in leichter Variation wieder: Die begleitenden Terzen der Altstimmen wandern nun bis T. 31 in den Sopran, der Alt I greift die anfängliche Melodie (Sopran I, T. 1 ff.) mit dem charakteristischen kleinen Sextaufschwung auf und führt sie leicht verändert weiter. Ab T. 32 übernimmt wieder der Sopran I und trägt erneut die Takte 4–6 vor, wobei auf dem Wort »Orpheus« eine Art melismatischer Tropus eingefügt und diesem Wort damit besonderes Gewicht gegeben wird. Das Stück, das in *B*-Dur begann, endet mit einem *h*-Moll-Klang. Im Mittelteil (T. 6–26) gliedert Henze die fünf zu vertonenden Verszeilen in zwei ähnlich gestaltete Abschnitte (T. 6–16 und T.16–26): Beide beginnen über einem Bordunklang (T. 6 Quinte *cis–gis*, T. 16 Quinte in weiter Lage) der Altstimmen mit einem charakteristischen großen Septimsprung (e^1–es^2) und münden in ein langes Melisma zu den Worten »Rampe« und »Welle aus Draht«. Für die melodische Gestaltung wählt Henze in beiden Abschnitten fast ausschließlich kleine und große Sekunden sowie die entsprechenden, sich bei veränderter Oktavlage ergebenden, Septen und Nonen.

Bonds Gedicht *You Who Survived* steht nur sehr lose in Beziehung zum Leben des Arbeiterdichters Walter Buchebner. Schon die ersten Zeilen »Der überlebte die Zeiten der Mörder hat sich getötet«[46] stellen eine Kausalität her, die auf Buchebners Biographie nicht zutrifft.[47] Etwas konstruiert mutet die gewählte Figurenkonstellation an: Ein kollektives »Wir« sieht den Dichter im Styx stehen, versucht mit ihm Kontakt aufzunehmen, doch er reagiert nicht. Dennoch versucht er, sich mitzuteilen. Er schreibt – so

---

45 Diese von Bond vorgenommene und im Gedicht hervorgehobenene Erweiterung des Orpheus-Mythos um die Dimension des Holocausts wird von Henze in seiner deutschen Übersetzung gleichsam zurückgenommen, wenn er, vermutlich um sprachlicher Schönheit willen, die letzten drei Zeilen mit »Der Sinn zu beachten liegt hier / Als Eurydike getötet war / Da starb auch Orpheus« übersetzt. Vgl. Henze, *Orpheus behind the Wire,* Partitur, S. 18–19.

46 »You who survived the time of the murderers / Killed yourself«, Henze, *Orpheus behind the Wire,* Partitur, S. 21–22.

47 Buchebner litt zwar unter seinem »Schicksal als Österreicher, als Provinzösterreicher, als von den Nazis unterdrückter und isolierter Österreicher«, aber für seinen Freitod dürften andere Gründe eine Rolle gespielt haben; u. a. konnte er zuletzt trotz starker Schmerz- und Schlafmittel nicht mehr arbeiten, vgl. Strigl, *Von einem der auszog*, S. 112.

Bonds poetisches Bild – auf das Wasser des Styx, ein vergeblicher Akt, da kein Wort zu lesen ist. Mit dem Freitod – das soll offenkundig ausgedrückt werden – vergibt der Künstler die Möglichkeit, sich mitzuteilen und somit auch die Chance, mit seiner Kunst in der Welt zu wirken. »Dies ist das Los der Dichter die sterben von eigener Hand«[48]. Zur Verantwortung zieht Bond auch alle, die ihre Hilfe versagten: »Wo waren wir als du starbst? Kam da niemand zur Hilfe«[49]. Das menschliche Versagen, die unterlassene Hilfe haben sogar Folgen für die Kunst. »By these events we too are silenced / And our heritance taken to the grave«. Bond formuliert hier sein Verständnis von Kunst als moralisches Anliegen und moralische Leidenschaft[50]: Moral gehört für ihn substantiell zur Kunst und ist untrennbar mit ihr verbunden.

Das in Bonds Gedicht angesprochene »Du« – gemeint ist der Dichter – wird von Henze als Person in Szene gesetzt, indem er für die Tenorpartie die Verse in direkte Rede überträgt und parallel zum übrigen Chor singen läßt. So gewinnt der Komponist ein personifiziertes lyrisches Ich, weshalb eine Aufführung, die die Tenorpartie ganz von einem Solisten ausführen läßt, besonders stimmig erscheint, auch wenn Henze verschiedenste Besetzungsmöglichkeiten autorisiert hat.[51]

Ist dem Tenor die Rolle des im Styx stehenden Dichters, der sich getötet hat, zugewiesen, so obliegt es den übrigen Sängern und Sängerinnen, seinen Selbstmord zu kommentieren und zu beklagen. Sie übernehmen somit Aufgaben, die jenen des Chores in der griechischen Tragödie vergleichbar sind.

Die von Henze gewonnenen verschiedenen Sprachebenen des Textes werden auch musikalisch verschieden gestaltet, ein Vorgehen, für das wiederum Monteverdi Pate gestanden haben könnte. Die melismenreiche musikalische Ausarbeitung der Tenor-Partie orientiert sich am solistisch-monodischen Stil des Vorbilds, an der reichen, virtuosen Verzierungspraxis seiner Zeit. Der kommentierende Chor hingegen ist über weite Strecken syllabisch und im Charakter begleitend gehalten. Zeigt die Tenor-Partie für sich betrachtet deutliche Spuren von Henzes Monteverdi-Begeisterung, so weckt der Gesamteindruck Assoziationen an noch ältere Musik. Die Bordunklänge der Bässe, häufig sogar Oktavklänge, zu weit ausgreifenden melismatischen Vokalisen des solistischen Tenors lassen auch den Gedanken an organale Gestaltungsprinzipien zu. In jedem Fall wirken die entsprechend gestalteten Abschnitte dieses Chores archaisch.

Die schnellen Sechzehntel- und Zweiunddreißigstel-Bewegungen haben auch tonmalerischen Charakter und zeichnen den im Gedicht erwähnten Lauf der Wellen nach.

Das Gedicht *Old now* liest sich wie eine liebenswürdige Hommage Bonds an den Freund Henze, der Orpheus dieses Gedichtes trägt unverkennbar Züge des Komponisten. Die Verszeilen »Der Reiher (›zerbrochener Stab in dem Flusse‹) / Schaut auf und

---

48 »This is the fate of poets who die by their own hands«, Henze, *Orpheus behind the Wire,* Partitur, S. 27–28.

49 »Where were we when you died? / Was there no-one to help you?«, Henze, *Orpheus behind the Wire,* Partitur, S. 29.

50 Vgl. Fußnote 5. Diesen Gedanken, die Einheit von Kunst und Moral, hat Henze in seiner deutschen Übersetzung unberücksichtigt gelassen. Er überträgt die letzten beiden Zeilen in: »Dein Tod läßt uns wie dich verstummen / Und dein Vermächtnis sinkt mit dir zu Grab«, Henze, *Orpheus behind the Wire,* Partitur, S. 30–31.

51 Vgl. Henze, *Orpheus behind the Wire,* Partitur, S. 20.

fährt fort mit dem Fischen«[52] nehmen bezug auf ein Erlebnis Henzes, das im Zusammenhang mit der Entstehungsgeschichte des *Orpheus* steht.[53] Der Fluß, von dem im Gedicht mehrfach die Rede ist, wird als Metapher gebraucht und verweist darüber hinaus auf das erste gemeinsame Projekt von Bond und Henze, auf *We come to the River*. Dort ist der Fluß ein zentrales Motiv, er steht für die Hoffnung auf Rettung, für die Sehnsucht nach Reinheit und Schutz.[54] Der Fluß ist nicht nur Ausdruck von Hoffnung, im Bild vom Wasser ist auch das Untergehen, der Tod, enthalten. Der Fluß ist eine Grenze, die unüberwindbar scheint. Mit dem Mut zur Grenzüberschreitung aber, mit der Hoffnung auf das Erreichen der anderen Seite des Flusses verbindet sich für Bond und Henze die Vision einer besseren Welt.

Ähnlich wie in seinem Textbuch zum Ballett *Orpheus* zeichnet Bond auch in diesem Gedicht die zentrale mythische Figur als einen Lernenden, als Menschen, der alle Leidenschaften durchlebt und im Laufe seines Lebens Erfahrungen gesammelt hat, die ihn im Alter milde werden lassen. Abgeklärt und mit sich im Einklang, aber nicht resigniert – so mutet sein Orpheus an. Auch als Musiker ist er ein Lernender: Seine Musik hat sich mit ihm gewandelt, sie ist in Bonds poetischer Vision zu einer Musik der Menschen geworden. Sie gehört zum Leben, ist funktional eingebunden, erklingt bei »Hochzeit, Taufe und Begräbnis«[55]. Und sie weiß sich verbunden mit der Erde. Diese Musik kann auf den Mythos verzichten, daher läßt Bond Orpheus sagen:

> Mein Singen zähmt keine Bestien / Ich weiß nicht warum man solche Lügen verbreitet.[56]

In dem Gedicht *Pressed by the weight of the world* wird besonders deutlich, daß Orpheus' Musik eine soziale und politische Funktion zugeschrieben wird. Sie erklingt da, wo die Menschheit durch aktiven Kampf der Erfüllung ihres Wunsches nach Freiheit und Gerechtigkeit ein Stück näher gekommen ist. Bonds Gedicht steht einem Gedanken nahe, den Henze für sich 1968 erstmals formuliert hat:

> Musik kann unter den bestehenden Verhältnissen nur noch als Akt der Verzweiflung gesehen werden, als Verneinung. Sie kann vielleicht noch die Utopie von der Freiheit des Menschen vage vorzeichnen, aber die von uns gemeinte Freiheit ist größer als ihr Surrogat, das Kunstwerk.[57]

Radikal folgerte Henze daraus:

---

[52] Henze, *Orpheus behind the Wire,* Partitur, S. 41–42.

[53] Zur Entstehung seines *Orpheus* schreibt Henze in seiner Autobiographie: »Die Grundidee war mir im Morgengrauen nach jener Amsterdamer Abendgesellschaft vom Herbst 1976 gekommen, als ich von meinem Hotelzimmer aus einen einsamen grauen Reiher entdeckte, der auf einem Pfahl in der diesigen Amstel hockte. Dieser Vogel würde später auch in Bonds Orpheusgedichten vorkommen.« In: Henze, *Reiselieder mit böhmischen Quinten*, S. 456.

[54] Bond greift archetypische Bilder, die sich mit dem Wasser verbinden, auf und stellt sie in neue Zusammenhänge.

[55] Henze, *Orpheus behind the Wire,* Partitur, S. 40. Henzes Übersetzung ist frei, Bond formuliert »at weddings and at births / And at buryings«.

[56] »My music did not tame beasts / I don't know why men tell such rumours and lies«, Henze, *Orpheus behind the Wire,* Partitur, S. 40–41. Henze macht in seiner Übersetzung aus Orpheus einen Sänger, Bonds Orpheus hingegen ist Instrumentalist.

[57] Henze, *Musik und Politik*, S. 135.

> Notwendig ist die Schaffung des größten Kunstwerks der Menschheit: die Weltrevolution.[58]

Ohne die Veränderung der gesellschaftlichen und politischen Ungerechtigkeiten in der Welt kann – so Bonds wie Henzes Überzeugung – auch die Kunst nicht zu ihrer wahren Bestimmung finden.

Die Entstehung des Chores *Pressed by the weight of the world* ist durch Skizzenmaterial dokumentiert, das heute in der Paul Sacher Stiftung aufbewahrt wird (s. Abb. S. 108/109). Vermutlich handelt es sich um einen ersten Entwurf des Stückes: Henze notiert die Besetzung, hält in einer Art graphischer Notation den ungefähren Tonhöhenverlauf der einzelnen Stimmen zum Text der ersten beiden Gedichtzeilen fest. Um auf die Zusammengehörigkeit der Worte »Pressed« und »Burdens« hinzuweisen, will Henze beide auf dem gleichen Ton singen lassen, ein Plan, der später seiner Idee nach, aber doch in anderer Form verwirklicht wurde. Die Textzeile »with sorrow for friends who sold out to their enemy« unterlegt Henze mit einem Rhythmus, den er mit J. S. Bach verbindet. Der Ausdrucksgehalt des Wortes »Trauer« scheint für ihn mustergültig im Eröffnungschor »Kommt, ihr Töchter, helft mir klagen« der *Matthäuspassion* von Bach vertont zu sein. Daher orientiert Henze sich beim ersten Entwurf seines Klagegesangs am 12/8 Takt des Vorbilds. Auch Bonds Gedichtzeile »that somewhere the starving have taken the bread« plante er, rhythmisch nach dem Bachschen Modell zu vertonen. An dieser Stelle findet sich zur triolischen Achtelbewegung der Vermerk »Matthäuspass.«, während bei der vorangehenden Triolenpassage »quasi Bach« notiert ist; und bei der Textstelle »And a flag that flutters in breeze« schreibt er: »Bach, aber glücklich«.

Was hier am Skizzenmaterial erkennbar wird, hat Henze auch für die Entstehung seiner Ballettmusik *Orpheus* bezeugt. Dort inspirierten ihn die konzertierenden Instrumente der Bachschen Passionen zu den ungewöhnlichen Klängen des Infernos, und bei der Darstellung von Weinen, Stöhnen, Klagen griff er auf Expressivo und Duktus der Bachschen Vorlage zurück.[59]

Warum Henze sich beim Komponieren seines Beitrags für die politisch verfolgten Künstler in Argentinien auf Bachs Passionsmusiken besinnt, wird verständlicher, wenn man seine andernorts formulierte Deutung dieser Werke kennt. Mit Hinweis auf Pier Paolo Pasolinis Film *Accattone*, in dem der Filmregisseur eindrucksvoll die Musik des Thomaskantors genutzt habe, um »von seinem ästhetisch-politischen Standpunkt aus

Abb. S. 108/109:
Zwei Skizzenblätter zu Henzes Komposition »Madrigal für Orpheus« nach dem Gedicht »Pressed by the weight of the world« von Edward Bond. Der Chor wurde später als V. Satz in den Zyklus »Orpheus behind the Wire« aufgenommen. Das Skizzenmaterial befindet sich in der Sammlung Hans Werner Henze der Paul Sacher Stiftung/Basel, die freundlicherweise einen Abdruck genehmigte.

---

[58] Henze, *Musik und Politik*, S. 136.

[59] Hans Werner Henze, *Über die Entstehung der Musik zu Edward Bonds Orpheus. Aus einem Brief an Josef Rufer*, in: *Orpheus Materialien*, S. 40.

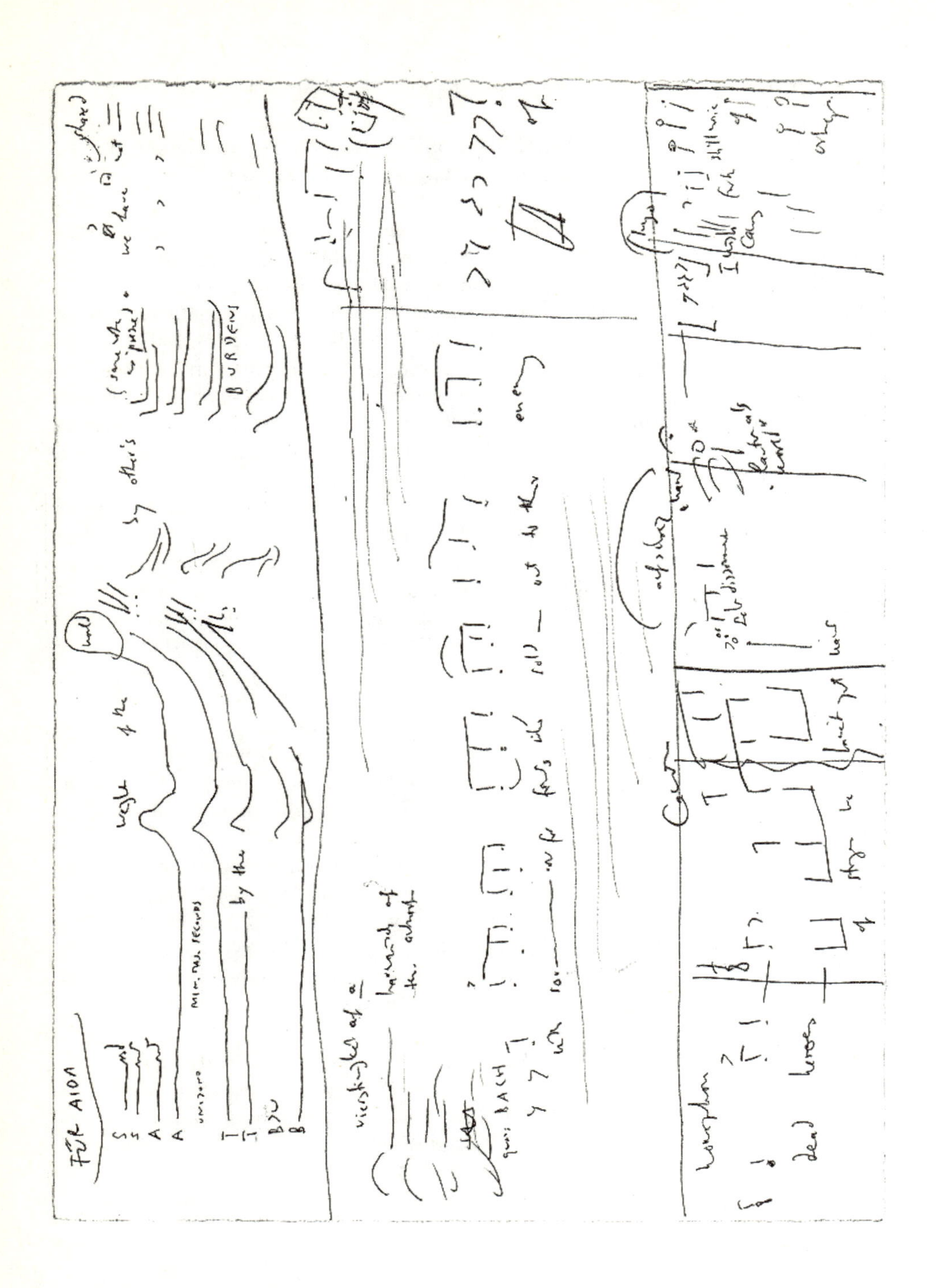
FÜR AIDA
BURDENS
BACH

2

1. [illegible] + 1 ten.

[illegible] too [illegible] dead

2. [illegible] + 2 ten.

2. [illegible]

vivace

those who [illegible] the [illegible] of

(like water)

Bach, [illegible]

identical

fly [illegible] in [illegible]

of [illegible]

of freedom

[illegible] the strings of freedom

like bells

die frühchristlich-kommunistische Botschaft von Nächstenliebe und Solidarität noch einmal zu vermitteln«[60], gibt Henze in seiner Rede anläßlich der Verleihung des Bachpreises 1983 in Hamburg eine subjektive Interpretation der Bachschen Passionsmusiken:

> Diese Musik steht, wie ihr Verfasser, auf der Seite des Volkes, des erniedrigten und beleidigten, und spricht dessen Sprache. Alle Märtyrer der Welt können in diesen Notrufen und Klagegesängen sich erkennen und wiederfinden. Die Furcht der Verfolgten wird hier aufgefangen, die Musik weiß sich eins mit ihnen, macht ihnen Mut, gibt ihnen die nötige Festigkeit für die Annahme, daß es etwas gibt, das größer ist als die Furcht, nämlich eine übergeordnete Idee, für die man leben und sterben kann.[61]

Henzes Identifikation mit dem musikalischen Vorbild Bach ist für den Entstehungsprozeß wichtig, in der fertigen Chorkomposition allerdings sind die Hinweise darauf weitgehend getilgt.[62] Am deutlichsten hörbar wird der von Henze nachgeahmte Rhythmus Bachs im Tenor I, T. 12, aber die durchgängige triolische Bewegung der Skizze wird auch hier nicht verwirklicht. An den beiden folgenden Stellen (T. 27 ff. und T. 34 ff.) hat sich Henze in der endgültigen Ausarbeitung für andere rhythmische Konstellationen entschieden (die Achteltriolen-Figur im Tenor I, T. 27 mag ein Relikt des zuvor erwogenen Rhythmus' sein, das Kopfmotiv in T. 34 weist zumindest noch drei Achtel auf). Dafür übernimmt er den triolischen Rhythmus für die Gestaltung der imitatorisch verlaufenden Stimmen zur Textzeile »Of strangers we havent [sic!] yet warned«. Seinen Plan, die Vertonung dieser Textzeile mit einem »sehr dissonanten« Aufschrei zu beschließen, hat er nicht verwirklicht, und entgegen seinen skizzierten Absichten mündet das Chorstück am Ende auch nicht in eine den Klang von Glocken imitierende, kanonisch gearbeitete Musik.

Statt dessen wird Orpheus' Musik, die vom Sieg und von Freiheit spricht, analog der zuvor formulierten Sehnsucht danach vertont (T. 19–21 werden in T. 44–46 wieder aufgegriffen, geringfügige Abweichung in T. 45 gegenüber T. 20, Tenor I und II tauschen das erste Achtel miteinander aus). Daß die Idee der Freiheit untrennbar mit der Musik des Orpheus verknüpft ist, wird durch die zu beiden Worten erklingenden Terzenketten hörbar (Tenor I und II, T. 46 und T. 50). Effektvoll hellt sich zum Schluß *h*-Moll nach *H*-Dur auf. In diesen affirmativen, strahlenden Schlußklang mischt sich einzig – wie ein verbleibender kritischer Unterton – das dissonierende *c* von Tenor II.

Auch wenn menschliches Elend und Leid fortbestehen, wenn Frieden in der Welt nicht eintritt, darf der Sänger und Dichter Orpheus nicht verstummen. Dieses Bekenntnis verbindet die Künstlerpersönlichkeiten Edward Bond und Hans Werner Henze. Beide haben das Ziel, mit ihrer Kunst aufklärerisch zu wirken und an dem Aufbau einer besseren Welt mitzuwirken. Von der Verpflichtung des Künstlers, mit seinen Werken für Freiheit, Frieden und Menschlichkeit einzutreten, spricht Bond auch in einem für Hans Werner Henze als Neujahrsgruß entstandenen Gedicht:

---

[60] Henze, *Musik und Politik*, S. 367.

[61] Ebd.

[62] Möglicherweise sind auch die Anfangstöne *h*, *c*, *b*, *a* des Chorstückes nicht zufällig und geben den Namen von Henzes Vorbild musikalisch wieder.

To Hans: To wish you peace in 1981[63]

The dove of peace is silent
She cannot sing of victory or lament
Dead soldiers or those they took an oath to save
As they are carried to the grave
Long long ago she lost the power of song
Pleading for those who wept and bled
When wars were games for kings to wage
Over some righteous wrong
But in this democratic age
When people are thrown down
Like the red carpet on Agamemnon's stage
You may still hear the clap of wings
As the white bird flies in your dark town
An echo that comes before the sound
Of the thunder bolt
When the sky is buried in the ground
    You who love peace – sing
    Her song at dawn and evening and at noon!
    Or you will be as silent as the dove that's soon
    Cut in stone monuments and tombs
    Then pounded into dust by bombs

EB

Für Hans: Ein Friedenswunsch für 1981

Es schweigt die Friedenstaube
Sie kann vom Sieg nicht singen und nicht Gefallene
Betrauern oder die, die sie zu retten schworen
Wenn man sie zu Grabe trägt
Vor langem schon verlor sie die Gabe des Gesangs
Als sie für jene bat, die bluteten und weinten
Als Kriege Spiele waren, von Königen
Geführt um erlittene Schmach
Aber in dieser Zeit, da das Volk herrscht
Und Menschen niedergeworfen werden
Wie ein roter Teppich auf Agamemnons Bühne
Hört man vielleicht noch den Flügelschlag
Des weißen Vogels, der durch eure dunkle Stadt fliegt
Ein Echo noch vor dem Dröhnen
Des Donnerschlages
Wenn Erde den Himmel bedeckt
    Ihr, die ihr den Frieden liebt – singt
    Ihr Lied früh am Morgen, abends und am Mittag!
    Oder ihr werdet so stumm sein wie die Taube, die bald
    Auf Denkmälern und Grabsteinen in Stein gehauen
    Und dann von Bomben zu Staub zerdrückt wird

EB

---

[63] Sammlung Hans Werner Henze, Paul Sacher Stiftung.

Hartmut Lück

»Von größtem Dunkel des Zeitalters erfüllt«. Hans Werner Henze und seine neun Sinfonien

»Meine Orchesterstücke waren bisher immer als Sinfonien oder ihre Vorstufen geplant«, schrieb Hans Werner Henze, »[sie] verkörpern jedes Mal bestimmte formale Versuche an der größten mitteleuropäischen Form von Instrumentalmusik, der Sonate [...]«[1]. Und das Spannungsverhältnis zwischen zeitgenössischem Komponieren und einer traditionellen Formkategorie verstand er so:

> Alte Formen erscheinen mir, so könnte ich sagen, wie klassische Schönheitsideale, nicht mehr erreichbar, aber doch in großer Ferne sichtbar, Erinnerung belebend wie Träume, aber der Weg zu ihnen ist von größtem Dunkel des Zeitalters erfüllt [...].[2]

Es ist jedoch weder akademischer Traditionalismus noch gekränkte Retrospektion oder polemisches Insistieren auf einem geschichtlichen Zusammenhang, wenn Henze den Titel »Sinfonie« wählt. Als er unmittelbar nach dem Ende des Zweiten Weltkriegs Sinfonien zu schreiben begann, hatte selbst das Totsagen dieser Gattung schon Tradition, und Henzes Generationskollegen der »Darmstädter Schule« waren nicht die ersten, die sich aufgrund eines hermetischen Ideals von Avantgarde dieser Form gegenüber ablehnend verhielten. (Heute wissen wir, daß der Abschied von diesem Ideal schneller kommen sollte, als es selbst die Kritiker der Avantgarde für möglich gehalten hatten.) Henze steht mit seiner dynamisch sich entwickelnden, Schritt für Schritt reflektierten und immer bewußteren Konzeption von Sinfonie – selbst die Schreibung als »Sinfonie«, »Symphonie« oder »Sinfonia« ist hinsichtlich gedanklicher Bezüge sorgsam überlegt – in einer Traditionslinie dialektisch-evolutionären Musikdenkens, wie es in den Sinfonien Ludwig van Beethovens klassisch ausgeprägt wurde.

Aber ebenso wie dieses Formkonzept auf Joseph Haydns Experimentierlust und darüber hinaus auf vorklassischen ästhetischen Entwicklungen fußt, so ist es auch durch den Verlust des tonalen Bezugs- und Kategoriensystems zu Beginn des 20. Jahrhunderts keineswegs überholt; dazu sind die formalen Potenzen dieser Gattung viel zu komplex und zu deutlich auf Innovation angelegt, als daß der Verlust eines Parameters, eben der Tonalität, schon über Gedeih und Verderb entschiede. Die »Sinfonie« ist ein ästhetisches Axiom, das Gegensätze zu einer höheren Einheit führt, These und Antithese zu dialektischer Verschmelzung bringt, wobei beide sich verändern – es geschieht etwas, und es wird geantwortet; dann ist ein neuer Zustand erreicht. Die klassische Sinfonie als die – jedenfalls im kulturellen Umkreis der deutsch-österreichischen Musik – höchste, revolutionär-emanzipative Gattung des zur Selbstbestimmung drängenden Bürgertums wendete dieses Denken evokativ nach außen, an

---

[1] Hans Werner Henze, *Über Instrumentalkomposition*, in: *Musik und Politik. Schriften und Gespräche 1955–1975*, München 1976, S. 99.

[2] Ebd., S. 100.

eine demokratische Öffentlichkeit, die zumindest in einer frühen Phase der Entwicklung des bürgerlichen Konzertwesens sich in solchen Veranstaltungen als selbstbestimmte feierte. Theodor W. Adorno prägte hinsichtlich der Sinfonie, speziell der Beethovens, das Diktum von der »Volksrede an die Menschheit«, und wenn Gustav Mahler davon sprach, »eine Sinfonie schreiben heißt, eine Welt schaffen«, meinte er sogar einen noch weiter führenden Schritt, nämlich den Gegenentwurf zu den bestehenden ästhetischen wie gesellschaftlichen Verhältnissen.

Wenn auch die typischen Spannungs- und Entspannungsverhältnisse der Dur-Moll-Tonalität historisch zumindest relativiert erscheinen – vielleicht heute sogar wieder weniger als am Anfang und in der Mitte des 20. Jahrhunderts –, so gibt es doch in dieser Gattung, gerade weil sie geschichtlichen Veränderungen unterworfen ist, viele unterschiedliche Ausdrucks-, Struktur- und Funktionsschichten, die sich überlagern, gegeneinander verschieben, einen variablen Vorder- und Hintergrund bilden. Ohnehin sind seit der »klassischen« Ausprägung der Sinfonie neue Gesichtspunkte hinzugetreten: die Transformation ursprünglicher, teilweise sogar geographisch ortbarer Struktur- und Satztypen – hörbar etwa an der Sublimierung des Menuetts zum Scherzo –, die Vertiefung kleingliedrigen motivischen Denkens (was Arnold Schönberg, gemünzt auf Johannes Brahms, die Technik der entwickelnden Variation nannte), der Wechsel von Instrumentarien, Klangfarben, Dichteverhältnissen, die Überführung eines dramatisch-dialektischen Komponierens in mehr »epische« Formen (etwa bei Gustav Mahler), die Verschmelzung der vier überlieferten Satztypen zu einem großen Satz analog zur sinfonischen Dichtung seit Franz Liszt. Diese Entwicklungen hatten die »Sinfonie« schon grundlegend verändert, bevor die Theorie vom »Tod der Sinfonie« – sich geschichtlich wiederholend und verstärkend – immer wieder neue Nahrung bekam, sobald ein Komponist als »letzter Sinfoniker« tituliert werden konnte, was allen bedeutenden Sinfonikern nach Beethoven widerfuhr. Merkwürdiger- und erfreulicherweise ist dieses teleologische Theorem bis heute durch die Praxis des immer wieder neuen, innovativen Komponierens noch stets widerlegt worden.

Man möchte recht eigentlich Henzes Skepsis bezüglich der »nicht mehr erreichbaren Schönheitsideale« für unbegründet halten; nicht nur weil er ja doch Sinfonien, bisher neun, komponiert hat und sich damit zu anderen bedeutenden »Sinfonikern« des 20. Jahrhunderts wie Igor Stravinskij (fünf Sinfonien), Paul Hindemith (sechs Sinfonien), Dmitrij Schostakowitsch (15 Sinfonien), Karl Amadeus Hartmann (acht Sinfonien), Witold Lutosławski (vier Sinfonien) oder Peter Maxwell Davies (bisher sechs Sinfonien) gesellt, sondern auch, weil das Nicht-Komponieren von »Sinfonien« – man denke an Giuseppe Verdi, Béla Bartók oder Alban Berg – noch nichts über die Gattung oder die betreffenden Komponisten besagt.

Henze steht aber auch in einer Tradition sinfonischen Komponierens, das sich als relativ unabhängig von äußerlichen Momenten erwiesen hat: Es ist einmal die von kruden ökonomischen Verwertungszwängen intentional nicht kanalisierte schöpferische Potenz des Menschen, deren »Nutzlosigkeit« hinsichtlich des gesellschaftlichen Reproduktionsprozesses gerade ihre größtmögliche Freiheit garantiert. Ein weiterer Gesichtspunkt ist das schon von Gustav Mahler intendierte Konzept des »Gegenentwurfs« zur realen Welt – wo »eine Welt geschaffen« werden muß, kann die bestehende kaum als ideal gelten. Und ein dritter Gedanke führt zur eingangs zitierten Aussage

Henzes zurück: Die Sinfonie gerät in ihrer jeweiligen historischen Ausprägung zum Spiegel der Gegenwart, das »größte Dunkel des Zeitalters« wird im Sinne einer künstlerischen Erkenntnis im Werk reflektiert, und Erkenntnis, künstlerische wie wissenschaftliche, ist die unabdingbare Voraussetzung, dem »Dunkel« kritisch und vor allem verändernd zu begegnen.

In diesem Sinne sind auch die angesichts der geschichtlichen Katastrophen unseres Zeitalters formulierten apodiktischen Aussagen, daß ein Gespräch über Bäume »fast ein Verbrechen« (Bertolt Brecht) oder daß »nach Auschwitz ein Gedicht nicht mehr möglich« (Theodor W. Adorno) sei, dialektisch zu verstehen: Das Gespräch, das Gedicht oder hier die Sinfonie muß anders werden als bisher, muß die Ungeheuerlichkeit des Weltgeschehens zur Kenntnis nehmen. Und daß Beethovens Sinfonien einst »eine Volksrede an die Menschheit« waren, könnte man heute listig umkehren: Die Sinfoniker sollten ihre Appelle solange anstimmen, wie eine nicht befreite Menschheit der »Volksrede« bedarf; danach – aber wann wird das sein? – mag man die Sinfonie vergessen ...

Der erste Beitrag[3] des damals 21jährigen Henze zur Gattung »Sinfonie«, datiert vom Jahre 1947, erlebte – nach einer Voraufführung des zweiten Satzes im gleichen Jahr in Darmstadt durch Hermann Scherchen – seine Uraufführung am 25. August 1948 in Bad Pyrmont unter der Leitung von Wolfgang Fortner. Später zog Henze das damals viersätzige Werk zurück; eine auf drei Sätze verkürzte Neufassung von 1963, nun »für Kammerorchester«, erklang am 9. April 1964 in Berlin mit den Philharmonikern unter der Leitung des Komponisten. Für eine neuerliche Aufführung in Berlin am 2. Oktober 1991 unterzog Henze das Werk einer weiteren Revision, die auch Details des Instrumentariums betraf. Sonatenform mit verkürzter Reprise und wie fragend verklingender Coda im ersten, stimmungsvolle Nachtmusik im zweiten und ein Variationssatz im Finale mit Attacken, die an Stravinskij erinnern, tasten ein überliefertes sinfonisches Modell gleichsam nur ab, weichen in konzertant-spielerische Formabläufe eines Werkes aus, das man auch als »Sinfonietta« bezeichnen könnte. Später wertete Henze den Erstling als »reinen Fehlschlag«[4], wollte aber die Substanz doch gelten lassen und unterzog ihn daher mehrfacher Überarbeitung.

Die *Zweite Sinfonie* von 1949, uraufgeführt am 1. Dezember des Jahres durch das Südfunk-Sinfonieorchester Stuttgart unter Hans Müller-Kray, läßt sich schon dezidierter auf die besondere expressive Gestimmtheit der Gattungstradition ein. »Ernst und dunkel«[5] sei sie, ein Nachklang der Leiderfahrungen der Kriegsjahre. Die sprachlich unstimmige, aber inhaltlich erhellende Spielanweisung »con pathos« im liedformartigen ersten Satz verweist ebenso auf eine nähere Identifikation mit der Gattung wie die hymnisch überhöhende Bläserintonation des Chorals *Wie schön leuchtet der Morgenstern* am Schluß des Finalsatzes. Die beiden überwiegend langsamen Ecksätze umrahmen ein Allegro molto vivace als eine Art Scherzo-Satz, der nach einem kurzen Motto-Motiv als metrische Passacaglia abläuft (5/4–4/4–3/4–2/4–3/8–3/4–3/4), deren

---

3 Einige der im folgenden ausgeführten Gedanken entstammen einer Einführung in Henzes Sinfonien Nr. 1–6, veröffentlicht 1990 im Booklet der CD-Edition Deutsche Grammophon 2 CD 429 854–2.

4 Henze, *Über Instrumentalkomposition*, S. 99.

5 Ebd., S. 99.

Grundgestalt elfmal wiederholt wird; die Reprise bringt die Taktartenfolge fünfmal, aber nun im Krebsgang. Die Vorbilder des sinfonischen Espressivo-Musizierens sind deutlich, aber zu heterogen, als daß dies mehr wäre als ein begabtes Werk des Übergangs.

Die am 7. Oktober 1951 unter Hans Rosbaud in Donaueschingen uraufgeführte *Dritte Sinfonie* (1949–50) bringt den überzeugenden Durchbruch zum wirklich eigenen sinfonischen Standort. Wenn einst Richard Wagner meinte, seine Musikdramatik sei die logische Fortsetzung der Sinfonien Beethovens, so trifft dies auf eine bestimmte Schicht der Beethovenschen Klangrede sicherlich zu; ein ähnlicher Paradigmenwechsel ist im Übergang von Henzes *Zweiter* zu seiner *Dritten Sinfonie* zu beobachten: An die Stelle des, vereinfacht gesagt, Sinfonisch-Plakativen tritt als gedanklicher Hintergrund das Dramatisch-Szenenhafte. »Alles bewegt sich auf das Theater hin und kommt von dort her zurück«[6]; Bewegungsabläufe und Figurationen aus der Sphäre vor allem des Tanztheaters prägen den musikalischen Ablauf, bis hin zu den Satzüberschriften (»Anrufung Apolls«, »Dithyrambe«, »Beschwörungstanz«).

Herkömmliche Tempokontraste wie in der *Ersten* (schnell–langsam–schnell) oder der *Zweiten Sinfonie* (langsam–schnell–langsam) finden sich hier nicht mehr; ein stimmungshaft-klangfarbliches Moment entzieht sich eindeutiger thematischer Zuordnung oder Tempo-Fixierung, artikuliert sich jedoch in rhythmisch scharf profilierten Impulsen, eine Erscheinung, die auch später für Henze charakteristisch bleiben wird. Der »Unterbau« dieses Klangeindrucks aber ist genau organisiert: Prolog, Passacaglia und Epilog im ersten Satz, wobei das Passacaglia-Thema nicht nur von tiefen allmählich in höhere Register wandert, sondern auch im Tempo beschleunigt wird; eine perpetuum-mobile-artige Bewegung im zweiten und die orgiastische Rhythmik im dritten Satz werden durch ein schon im ersten Satz erklingendes Leitmotiv der sordinierten Trompeten in *fis*-Moll gleichsam »gebändigt«. Nicht zufällig wurde gerade diese Sinfonie schon kurz nach der Uraufführung als musikalische Grundlage für ein Tanztheater benutzt, nämlich am 28. Oktober 1951 in Wiesbaden.

Klassisch-romantische sinfonische Tradition und tanztheatralische Bewegungs- und Farbenwelt verschmelzen gleichsam als These und Antithese in der einsätzigen *Vierten Sinfonie* von 1955 zu vollkommener Einheit, einer Synthese auf einem neuen, hohen Standard der Orchesterkomposition. Die erst am 9. Oktober 1963 durch die Berliner Philharmoniker unter Henzes Leitung präsentierte *Vierte* bildete ursprünglich die 6. Szene (Schlußbild) des II. Aktes aus der Urfassung seiner Oper *König Hirsch*, die bei der Uraufführung von Hermann Scherchen barbarisch zusammengestrichen worden war (von vier auf etwa zweieinhalb Stunden). Der Protagonist führt in dieser Szene ein mythisches Gespräch mit der Natur; es ist eine Allegorie der vier Jahreszeiten, die König Hirsch im Walde verbringt, weswegen Henze und sein Librettist Heinz von Cramer auch von einer »Waldsinfonie« sprachen. Gedanklicher Hintergrund ist die Entfernung des Königs aus der Stadt; im Wald findet er so etwas wie seine eigentliche Heimat, wo er im Einklang mit der Natur lebt und sich in einen weißen Hirsch verwandelt, während der Wald ihn gegen die gewalttätigen Menschen schützt. Durch die mythisch-metaphorische Bildlichkeit hindurch ist auch diese Sinfonie eine »Volksre-

---

[6] Henze, *Über Instrumentalkomposition*, S. 98.

de«, eine sehr originelle und hellsichtige zumal, denn eine Einheit des gesellschaftlich-entwickelten Menschen mit der Natur hat es zu keiner Zeit gegeben und gibt es seit dem Beginn globaler Ausplünderung der Ressourcen schon gar nicht, gleichwohl ist sie dringend notwendig, um das Überleben des Menschen in seiner Biosphäre zu sichern. Das hat damals wohl niemand so verstehen können, genauso wenig wie die vergleichbare Metapher der zunächst vergewaltigten, dann unerbittlich in das menschliche Schicksal eingreifenden Natur in Béla Bartóks »Cantata profana« *Die Zauberhirsche* von 1930 – heute bekommen solche Botschaften eine verblüffende, ja beängstigende Aktualität.

Der inhaltlichen Folge von Situationsexposition, Sommer, Herbst, Winter und Frühling in dieser »König-Hirsch-Sinfonie« Henzes entspricht musikalisch eine einsätzig-durchkomponierte Abfolge klassischer Satztypen in einer rein instrumentalen Gestalt. Das Vorspiel (T. 1–14) ist ein geradezu Mahlerscher »Naturlaut«, dem als Hauptsatz ein vorwiegend lyrisch getönter Sonatensatz folgt (T. 15–154). Den liedhaften langsamen Abschnitt (T. 155–204) leitet eine Englischhorn-Melodie ein; der dem Scherzo entsprechende Abschnitt (T. 205–264) ist teils fahl, teils luftig-leicht gehalten, mit einer verkürzten Rekapitulation nach dem Trio. Eine Oboenmelodie (T. 265–271) führt unmittelbar ins Rondo-Finale (T. 272–482), mit einem lebhafteren Rondo-B-Teil und einem verhaltenen C-Teil, der direkt in die prachtvolle Coda mündet, die dann im Pianissimo ausklingt.

Die betörend lyrische Farbenwelt dieser *Vierten Sinfonie* wurde jedoch für Henze keineswegs zum Stilprinzip. Ebenso wie Beethoven, der mit jeder Sinfonie eine höchst individuelle Lösung formaler und inhaltlicher Konzepte vorlegte und niemals nach einem Muster komponierte – die Parallele zu Beethoven wird uns noch beschäftigen –, verließ Henze schon lange vor der Uraufführung dieses »zur Sinfonie erklärten«[7] Opernfragments die fast paradiesische Welt des Waldes zugunsten einer rauhen, unwegsamen, felsigen Landschaft. Eine Rolle spielte dabei auch der Umzug vom Golf von Neapel in die Nähe Roms, aus der lieblichen Landschaft in die pulsierende Weltstadt, und Henze weist selbst auf die Unterschiede der Sprache hin, auf den »härteren« römischen Dialekt, der sich auch in der musikalischen Sprache niedergeschlagen habe. Die *Fünfte Sinfonie*, 1962 entstanden und am 16. Mai 1963 durch den Auftraggeber, das New York Philharmonic Orchestra unter Leonard Bernstein, uraufgeführt, verrät »tokkatenartige Großstadtbewegung, das moderne Rom, es könnte auch New York City sein, physische Energie, Tanz, hektisch und roh«[8]. Das Werk zeigt schon in der Orchesterbesetzung die intendierte blockartige Kontrastwirkung anstelle weicher Klangfarbenübergänge: Klarinetten und Fagotte fehlen ganz, der Holzbläsersatz ist also merklich ausgehöhlt, und an die Stelle des reich besetzten Schlagzeugapparates, den Henze sonst (und auch später) bevorzugt, treten allein zwei Paukenbatterien und zwei Klaviere. Der erste Satz, Movimentato, hält sich an ein Grundgerüst der Sonatenform und beginnt mottoartig mit einem Viertonmotiv der Pauken, das später anstelle einer ausgeführten Reprise wiederkehrt. Ständiger Wechsel von flächigem und rhythmisch pointiertem Musizieren wie auch von Zweier- und Dreiertakt kennzeichnet den

---

[7] Henze, *Über Instrumentalkomposition*, S. 99.

[8] Hans Werner Henze, *Reiselieder mit böhmischen Quinten. Autobiographische Mitteilungen*, Frankfurt am Main 1996, S. 228.

Kopfsatz. Liedartige Momente mit den Soli der Altflöte, der Viola und des Englischhorns bringen im zweiten Satz, Adagio, vorübergehende Ruhe, während das abschließende Moto perpetuo eine 32fache Variation des ariosen Themas aus dem zweiten Satz darstellt und die kantige Architektur des ersten Satzes aufgreift und zu geballtem Abschluß führt.

Bieten die *Vierte* und die *Fünfte Sinfonie* auf je verschiedene Weise eine kritische Aneignung der Tradition, so nimmt die *Sinfonia N. 6* von 1969 wieder einen Anlauf aus größerer Entfernung – in formaler, aber auch, der Ortbarkeit musikalischen Materials eingedenk, in geographischer Hinsicht. Henze, der den bundesrepublikanischen politischen Zuständen immer schon skeptisch gegenüberstand – Grund auch für seine 1953 erfolgte Übersiedlung nach Italien –, hatte zwischenzeitlich nicht nur mit der deutschen außerparlamentarischen Opposition zu sympathisieren begonnen, sondern sich auch mit Theorie und Praxis der Revolution in den Ländern der sogenannten »Dritten Welt« beschäftigt. Aufenthalte in Kuba beeinflußten die Konzeption seiner *Sechsten Sinfonie*, und er nahm die Möglichkeit gern wahr, das Werk auch dort zur Uraufführung zu bringen (am 26. November 1969 mit dem Orquesta Sinfónica Nacional, La Habana, Cuba). Eine Neufassung – nun mit deutlich getrennten drei Sätzen und der Ausarbeitung aleatorischer Abschnitte – dirigierte Ingo Metzmacher am 8. Dezember 1994 in München.

Es sollte eine Musik gegen die Bourgeoisie werden, und das beginnt bereits beim »Materialstand«. Hatte Henze sich in den fünfziger Jahren von den Material-Experimenten der »Darmstädter Schule« eher ferngehalten, so traten technische Aspekte ihm jetzt, wenn auch aus ganz anderen Gründen, wieder stärker ins Bewußtsein. Wenn er in der *Sechsten* neben den »üblichen« Orchesterinstrumenten auch Banjo, E-Gitarre, Hammondorgel, elektrisch verstärkte Violine und ein reiches Schlagzeugarsenal, darunter Stahlplatten, Ketten und hängende Bambusrohre, vorschreibt, so verwirklicht er damit die Vorstellung, den »bürgerlichen« Orchesterklang von seinen Rändern her gleichsam gegen den Strich zu bürsten, zu »verschmutzen«; Momente von naturalistischer Realität und von Kunstmusik müssen sich aneinander »abarbeiten«, was sich schon äußerlich in der Disposition für zwei ähnliche Kammerensembles manifestiert.

> Während ich darangehe, die Ausdrucksmittel der bürgerlichen (europäischen) »neuen Musik« und meine eigenen umzufunktionieren, in ihr Gegenteil zu kehren, sperren sie sich, zersplittern. Es wird eine Konfliktsituation dargestellt.[9]

Neben diesen technischen Implikationen enthält die *Sechste Sinfonie* auch eine Ebene ortbarer semantischer Signale, nicht nur durch die Uraufführung fernab der abendländischen Musikzentren inmitten eines jungen revolutionären Landes, sondern auch durch mehrfache Zitate.

> Das Neuartige am Stück war die Aufnahme zeitgenössischer und auch zeitloser Folklore in die musikalische Konstruktion. Ich vollzog den Schritt vom Zitat zur Integration. Der Grundrhythmus der 6. Sinfonie schon allein kommt aus dem Volk [...]: Jorge Berróa, ein Afrocubaner, hat ihn mir geschenkt, ein Yoruba-Mann und Genosse. [...] Meine Sechste, eine lutherisch-protestantische Sinfonie, hat einen

---

[9] Henze, *Musik und Politik*, S. 167.

> heidnischen Corpus, sein Pulsschlag und sein Blutdruck sind schwarz. Das kommt von der Mythologie her und aus der mythologisch zu verstehenden Rhythmik der Musik, Ausdrucksmittel der einst nach Cuba verschleppten und dort seßhaft gewordenen Afrikaner, einer Musik, die heute so lebendig und unwiderstehlich ist wie je. Ich machte mir diese Rhythmen zu eigen: Ich wollte, daß sie das ganze Stück durchdringen und alle Stimmen ihrer Zugehörigkeit in die Gesamtstruktur versichern sollten.[10]

So basiert die rhythmische Struktur auf Modellen lateinamerikanischer Folklore; der dritte Abschnitt der dreiteiligen, aber ohne Unterbrechung zu spielenden Sinfonie enthält dazu eine Improvisation über den »Son«, einen kubanischen Rhythmus. Zuvor erscheint im ersten Abschnitt das Lied der vietnamesischen Befreiungsfront *Sterne in der Nacht* (zuerst im Banjo, Zf. E der Studienpartitur) und im zweiten die Freiheitshymne von Mikis Theodorakis (E-Gitarre, Zf. V), die dieser – von der faschistischen Militärjunta inhaftiert – im Gefängnis komponiert hatte. Trotz des technischen Verfahrens musikalischer Kontrastbildung oder der Einbeziehung fugierter Teile (etwa im dritten Abschnitt) ist der aufgrund der aleatorischen Partien oft wie improvisatorisch wirkende Klangfluß dieser Sinfonie formal gesehen am weitesten von der Sinfonietradition entfernt. Daß Henze später diese »kubanische« Sinfonie als gescheitert ansah, erscheint als situationsgebundene Hyperkritik, die vielleicht auch im Zusammenhang mit ernüchternden Erfahrungen um die kubanische Gesellschaft steht. Für eine vordergründig verstandene »proletarische« Sinfonie war sie zu anspruchsvoll, andererseits aber bewegte sich auch die kubanische Neue-Musik-Szene auf jene Weltsprache der Avantgarde zu, die Henze bei allen semantischen Signalen und funktionalen Überlegungen nie preisgegeben hatte. Es ist kein Zufall, daß er bei den Berliner Festwochen 1970 seine *Sechste* und das seriell-aleatorische Orchesterstück *Exaedros II* des Kubaners Leo Brouwer hintereinander dirigierte und daß beide Werke sich auf gewisse Weise entsprechen.

Henze brauchte wohl diesen letzten »Umweg«, um dann 1983–84 mit seiner *Symphonie Nr. 7* nicht nur die direkte Auseinandersetzung mit Beethoven zu suchen und zu finden, sondern auch wiederum ganz in dessen Geist das »größte Dunkel des Zeitalters« in gleichermaßen bedrückende wie beeindruckende Klänge zu fassen. Aus der Dritten Welt ist Henze unmittelbar nach Deutschland zurückgekehrt; das hatte sich seit den *Voices* (1973) schon angedeutet und bedurfte nur noch des Auftrags der Berliner Philharmoniker, ein neues Werk zum Jubiläum ihres hundertjährigen Bestehens zu komponieren. Gianluigi Gelmetti dirigierte dann am 1. Dezember 1984 in Berlin die Uraufführung.

Als »Tanz. Lebhaft und beseelt« beginnt der erste Satz dieser ganz in der klassischen viersätzigen Form der deutsch-österreichischen Tradition angelegten und daher auch orthographisch so bezeichneten »Symphonie«; aber »schwere Schatten werfen sich über die Seele dieser Musik«[11], und sie ist »von einer Düsternis, wie ich sie in diesem Maße bisher noch nicht gekannt oder noch nicht schriftlich hatte festhalten können«[12], »schwarze Trauer, Schlünde, Abgründe«[13]. Henze war heimgekehrt in den

---

[10] Henze, *Reiselieder*, S. 320–321.

[11] Ebd., S. 502.

[12] Ebd., S. 504.

»deutschen Herbst«, die »bleierne Zeit« aus Nato-Doppelbeschluß, Nachrüstung, »Wende« und Zementierung einer perspektivlosen und lebensgefährlichen Politik nach der einzigen Richtschnur des wirtschaftlichen Wachstums. Ergebnis ist eine hochkomplexe, dramatisch durchpulste Sinfonie von fast dreiviertelstündiger Dauer, deren Satzüberschrift Assoziationen an Richard Wagners Ausspruch von der »Apotheose des Tanzes« (gemünzt auf Beethovens *Siebente Sinfonie*) weckt, den scheinbaren »Freudentanz«[14] in eine hektische Orgie wandelt und schwerste Konflikte mit explodierender Wucht austrägt. Aus dem Abbild eines fernen Schönheitsideals ist die leidvolle Identifikation mit dem ertaubten Wiener Kämpfer gegen die Tyrannei geworden; nie war Henze, der seinen Mozart begeistert verehrt, Beethoven so nah wie hier.

Und noch einer ist dabei, nicht verwunderlich bei Henze, dem Literaturkenner von hohen Graden: Friedrich Hölderlin. Die Beschäftigung mit Hölderlin reicht weit zurück und wurde durch die Freundschaft mit dem französischen Hölderlin-Forscher Pierre Bertaux immer wieder neu belebt. Dem Finalsatz liegt als gedankliches Programm Hölderlins Gedicht *Hälfte des Lebens* zugrunde, in dem vor allem der unaufhebbare Kontrast zwischen des Lebens überbordender Fülle, symbolisiert im Bild der gelben Birnen und wilden Rosen, und der Mauer aus Kälte und Sprachlosigkeit dargestellt wird, wobei die Fahnen – reaktionäre Symbole zu reaktionären Ritualen – unheilvoll klirren. Wie das Gedicht Hölderlins ist auch der Finalsatz, der »Ruhig, verhalten« beginnt, zweigeteilt und evoziert im ersten Teil die »holden Schwäne« als »Wunschvorstellung von Harmonie und Erlösung«[15], die allerdings vor der Generalpause zerfasert und zerflattert. Danach beginnt im Fortissimo eine wahre Apokalypse des »Klirrens«, die unaufgelöst in einem Klavierakkord verhallt, als Frage und Anstoß für die Hörer. Aber selbst in Todesnähe behält das dialektische Komponieren Henzes die Oberhand: Der Tod, ins ästhetische Bild gefaßt, ist nicht er selbst, nicht das Ende, sondern eine Aufforderung, sich seiner zu erwehren. Das Kunstwerk bannt ihn.

Und Henze selbst bannt ihn erneut durch die folgende *Sinfonia N. 8* (1992–93), uraufgeführt durch das Boston Symphony Orchestra unter Seiji Ozawa am 1. Oktober 1993. Das Werk gibt sich »leichtfüßig und melodienreich«[16] und ist von überlegener Heiterkeit und Diesseitigkeit, wobei sich letztere allerdings der märchenhaft-literarischen Mythologie als Inszenierung eines lebensvollen Tableaus bedient. William Shakespeare hatte zwischen den blutigen Königsdramen und dem Alterssinnbild des melancholisch-heiteren Prospero in *Der Sturm* auch die Welt bukolischen Glücks und der Einheit von Natur und phantastischer Märchenwelt zu gestalten gewußt: im *Sommernachtstraum*. Drei szenische Momente eben dieses Stückes dienten als Inspiration für Henzes *Achte*: König Oberons Instruktionen an Puck, den Kobold, zur Beschaffung der zauberwirkenden Liebesblume im gleichsam organisierenden ersten Satz, das komisch-groteske Liebesduett zwischen der Feenkönigin Titania und dem

---

[13] Henze, *Reiselieder*, S. 508.

[14] Albrecht Dümling, *Ein reflektierter Freudentanz. Versuch einer Interpretation des ersten Satzes von Hans Werner Henzes 7. Symphonie*, in: *Musik, Deutung, Bedeutung. Festschrift für Harry Goldschmidt zum 75. Geburtstag*, hg. von Hanns-Werner Heister und Hartmut Lück, Dortmund 1986, S. 107–111.

[15] Henze, *Reiselieder*, S. 506.

[16] Ebd., S. 579.

eselköpfigen Zettel im zweiten, einem belustigt die stampfende Scherzo-Form aufgreifenden Stück, und der alle und alles versöhnende Schluß der Komödie mit dem von Puck gesprochenen Epilog. Dieser setzt das Traumspiel als pastorales Finale von fast überirdischer Gelassenheit und Heiterkeit in sein Recht.

Es fehlt also das schnelle Sinfonie-Finale; dies deswegen, weil die drei Sätze nicht als Folge Hauptsatz–Scherzo–langsamer Satz konzipiert waren, sondern als Musikalisierung theatralischer Bilderwelten (man könnte hier eine Parallele zur *Dritten Sinfonie* sehen), wobei der abschließende dritte Satz quasi das Thema formuliert – eine Zwölftonreihe, der eine Passage aus Pucks Epilog als geheimer Text unterlegt ist (»If we shadows have offended«[17]). Die vorangehenden Sätze sind als eine Art von Variationen dieses nachgestellten Themas anzusehen. Die gedankliche Verknüpfung der literarischen Vorlage mit der erklingenden Musik geht hierbei weit über das Stadium bloßer Inspiration hinaus und betrifft auch die formale Anlage der Sätze, die sich der Strophen- und Versform Shakespeare's in einem frei übertragenen Sinne bedienen und auch verschiedene szenische Einzelheiten musikalisch darstellen, wie z. B. Pucks Reise um die Welt im ersten Satz, die als Girlande durch tiefe und hohe Register des Orchesterklanges realisiert wird. Wenn Shakespeare durch das groteske Liebesspiel zwischen Titania und Zettel die Überwindung von Oben und Unten durch die Liebe symbolisiert, so trifft sich dies durchaus mit Henzes ideell-humanistischen Vorstellungen. Und Pucks Apologie des traumhaften Glücks bringt in dieses Konzept ein utopisches Fenster ein, das nach dem düsteren Realismus der *Siebenten* auf seine Weise so etwas ist wie ein sinfonischer Gegenentwurf.

Kaum hatte seinerzeit Ludwig van Beethoven sein epochales sinfonisches Schaffen mit der *Neunten Sinfonie* gekrönt und mit dem Chor-Appell im Finale »Alle Menschen werden Brüder« die Sinfonie, ja die Musik schlechthin auf den öffentlichen Platz geschichtlichen Bewußtseins und emanzipatorischer Ereignisse gestellt, da meldeten sich auch schon die selbsternannten Orakelsprecher zu Wort: Dies sei die »letzte« mögliche Sinfonie. Richard Wagner meinte, ihre Fortsetzung finde sie nicht in anderen Sinfonien, sondern in dem von ihm entwickelten Musikdrama. Von Bescheidenheit nicht gerade angekränkelt, sah er sich selbst in der unmittelbaren und legitimen Nachfolge Beethovens. Später galten Anton Bruckner und Gustav Mahler als »letzte« Sinfoniker, zudem auch noch bei der ominösen Zahl von neun Sinfonien endend, wie vor und neben ihnen Franz Schubert und Antonin Dvořák. Daß, genau betrachtet, diese Zählung nirgends so eindeutig ist, focht die Mystiker nicht an.[18] Selbst Arnold Schönberg raunte am Grabe Mahlers: »Wer über die Neunte hinaus will, muß fort.«

---

[17] Vgl. hierzu Peter Petersen, *Hans Werner Henze. Werke der Jahre 1984–1993*, Mainz 1995, S. 17 ff.

[18] Von Beethoven gibt es immerhin Skizzen zu einer *Zehnten*; Schubert hinterließ nur sieben tatsächlich vollendete Sinfonien, nämlich die sechs *»Jugendsinfonien«* und die »große« *C-Dur-Sinfonie*, dazu das Particell einer als Nr. 7 gezählten *Sinfonie E-Dur* und eben die sog. *»Unvollendete«* sowie drei sinfonische Fragmente. Von Bruckner gibt es außer den neun gezählten Sinfonien zwei vollständige Werke vor der *Ersten*; Mahler komponierte vor seiner *Ersten* eine *Nordische Sinfonie*, die allerdings nicht erhalten ist; zählt man das im Untertitel als »Sinfonie« bezeichnete *Lied von der Erde* sowie die im Particell bzw. als Skizze überlieferte

Nun also auch Hans Werner Henze: Seine *Sinfonia N. 9* entstand 1995–97 und erlebte ihre Uraufführung unter der Leitung von Ingo Metzmacher am 11. September 1997 während der Berliner Festwochen. Henze ging den Mythos direkt an, schrieb seine *Neunte* mit Beteiligung eines Chores von Anfang an und sieht sie auch für sich und seine geistig-künstlerische Entwicklung als »summum opus« an, ein verwegenes Unterfangen, über das er sich selbstironisch äußerte, aber auch eine Herausforderung, den Mythos vom Kopf auf die Füße zu stellen. Auch diese Komposition ist eine »Volksrede«, eine Klangrede über das dunkelste Kapitel der deutschen Geschichte und eines der dunkelsten unseres Jahrhunderts. Sie schildert die Nazidiktatur und den mutigen Antifaschismus und ist in der textlichen Komprimierung durch Hans-Ulrich Treichel an den wichtigsten antifaschistischen Roman der deutschen Literatur, *Das siebte Kreuz* von Anna Seghers, geknüpft. Es ist ein sehr deutsches Thema: Sieben Häftlinge entfliehen aus einem Konzentrationslager, die Lagerverwaltung läßt sieben Platanen fällen und daraus Kreuze errichten, an die die wieder Eingefangenen geschlagen werden sollen. Sechs werden zur Strecke gebracht, aber einem gelingt die Flucht – das siebte Kreuz bleibt leer, Symbol der Hoffnung auf den Sieg über Diktatur und Terror. Der Aufbruch des fortschrittlichen Bürgertums zu Humanismus und Freiheit ist der geschichtlichen, desillusionierenden Erkenntnis gewichen, daß eben dieses Bürgertum mit seinen politischen, wirtschaftlichen und ideologischen Eliten für die grauenhaftesten Katastrophen des 20. Jahrhunderts, für Faschismus, Krieg und Völkermord verantwortlich ist.

Die sieben Szenen aus dem Roman, von Hans-Ulrich Treichel in knappe sprachliche Bilder gefaßt, die in Ich-Form – der Chor als kollektives Ich – vorgetragen werden, ergeben sieben scharf kontrastierende Sätze in dem etwa einstündigen Werk. Es ist laut Partitur »Den Helden und Märtyrern des deutschen Antifaschismus gewidmet«, und Henze selbst merkt dazu an:

> Meine neunte Symphonie befaßt sich mit der deutschen Heimat – so, wie sie sich mir dargestellt hat, als ich ein junger Mensch war, während des Krieges und schon zuvor. Sie entstand vor kurzem, in Jahren intensiven Umgangs mit dem Thema und war auch bezüglich der seelischen Anstrengung das Extremste, was ich je erlebt habe. Was in dieser Symphonie geschieht, ist eine Apotheose des Schrecklichen und Schmerzlichen. Sie ist eine Summa summarum meines Schaffens, eine Abrechnung mit einer willkürlichen, unberechenbaren, uns überfallenden Welt. Statt die Freude, schönen Götterfunken zu besingen, sind in meiner Neunten den ganzen Abend Menschen damit beschäftigt, die immer noch nicht vergangene Welt des Grauens und der Verfolgung zu evozieren, die noch immer ihre Schatten wirft. Eine deutsche Wirklichkeit, ist diese Symphonie aber vor allem Ausdruck der allergrößten Verehrung für die Leute, die Widerstand geleistet haben in der Zeit des nazifaschistischen Terrors und die für die Freiheit der Gedanken ihr Leben gegeben haben.[19]

Der erste Satz *Die Flucht* schildert in einem dramatisch sich aufbäumenden musikalischen Geschehen Flucht und Verfolgung des ersten Häftlings, den der Chor, meist

---

Zehnte hinzu, so wären es genau genommen zwölf. Von Dvořák waren zu seinen Lebzeiten nur fünf Sinfonien veröffentlicht und entsprechend gezählt worden.

[19] Hans Werner Henze im Programmheft der Uraufführung, 47. Berliner Festwochen 1997, Donnerstag, 11. September 1997, S. 2.

homophon geführt, verkörpert. Schon nach wenigen einleitenden orchestralen Takten ist man gleichsam mitten im Thema, und darin wäre sogar eine Parallele zu Beethovens *Neunter* zu sehen, wo ja am Beginn des ersten Satzes nach einem kurzen, liegenden Dominantklang – wie ein bewegungslos sich verdüsternder »Naturlaut« – sogleich das Hauptthema im Fortissimo »da« ist. Henzes Klangpalette ist, zusätzlich zu der nahezu ständigen Präsenz des Chores, opulent, komplex, dynamisch extrem, mit viel Schlagzeug und gelegentlich auch mit der Imitation von Alltagsgeräuschen, als solle auch oder gerade hier die philharmonische Erhabenheit von den Rändern her unterhöhlt werden wie z. B. im dritten Satz *Bericht der Verfolger*, wo monotones Schreibmaschinengeklapper imaginiert wird oder im vorletzten (sechsten) Satz *Die Nacht im Dom*, wo eine Orgel kakophonisch aus zersplitternden Chorälen dröhnt.

Auch Genremusiken verschmäht Henze nicht; so hört schon im ersten Satz der Flüchtende vom nahen Wirtshaus her, wo er vor kurzem noch saß, volkstümliche Walzerklänge. Aber es geht auch um musikalische Traditionen, um die geschichtlichen Erfahrungen einer Gattung, die als Allusionen ihr historisches Leid hineinklingen lassen. So erinnert der zweite Satz *Bei den Toten* an Gustav Mahlers Trauermärsche (»wie ein schwerer Kondukt«), und dessen berühmtes *Adagietto* aus der *Fünften Sinfonie* schwingt im Epilog von Henzes fünftem Satz als emotionale Befindlichkeit im satten Streicherklang mit: Hier war der entflohene Artist Belloni, der von Dach zu Dach springend von einer Kugel getroffen wird, heruntergestürzt und hatte sich träumend in einen Adler verwandelt, der zum letzten Mal sein Land von oben sieht. Die plötzlichen Streicherkantilenen über Moll-Dreiklängen nach einem stürmisch bewegten Satz symbolisieren anrührend die erträumte Freiheit. Eine weitere Allusion ist der Hörnerklang zu Beginn des letzten (siebten) Satzes (*Die Rettung*), der an Paul Hindemiths *Mathis der Maler* denken läßt – auch dies, auf seine eigene Weise, ganz anders als Henze, ein antifaschistisches Stück. Zuvor hatte sich im sechsten und längsten Satz des Werkes, *Die Nacht im Dom*, das Geschehen mit dem Flüchtling im nächtlichen, eiskalten Dom auch räumlich geweitet. Die Erweiterung erfolgt durch die erwähnte Einbeziehung der Orgel sowie die Abtrennung eines Kammerchores, der aus weiter Ferne den vergeblichen Dialogversuch des Helden mit den Heiligen der Kirche und mit Christus symbolisiert, die aber stumm bleiben.

Alle disparaten Elemente bindet Henze in eine festgefügte Form ein, das Geräuschhafte in ein geordnetes Klangspektrum, das Tonale in die eigene, geschärfte Tonsprache, die sich seit den mediterran weichen Klängen der Werke aus den fünfziger Jahren sukzessive den Errungenschaften der Avantgarde wieder angenähert hatte. Mit ihnen operierte Henze souverän und dieses zu einer Zeit, als der Hauptstrom der Neuen Musik (etwa in den achtziger Jahren) sich mit tonalen Rückbesinnungen komfortabel einzurichten begann. Auch Geschmäcklerisches und Triviales erhält seinen funktionalen Platz in der Sinfonie, dies übrigens wiederum eine Parallele zu Beethovens *Neunter* und deren schmissiger Geschwindmarsch-Episode im Finale, die ja gelegentlich als banale Entgleisung fehlgedeutet wurde.

Henzes sinfonisches Oeuvre ist also äußerst vielgestaltig. Kein Werk gleicht dem anderen; jedes ist eine eigene, individuelle Auseinandersetzung mit der historisch gewachsenen Gattung der Sinfonie, die Henze produktiv weiterführt. Es besteht somit kein Anlaß, an der Lebensfähigkeit der Sinfonie zu zweifeln. Henze selbst geht mit dem Begriff zwar sorgfältig und überlegt, aber unideologisch um: Er scheut weder die Herausforderung, an übermächtigen Vorbildern gemessen zu werden, noch die Trampelpfade zu »neuen Bahnen«. Und die *Neunte* war ihm zwar ein »summum opus«, aber durchaus nicht der Abschluß; nur ist es ihm relativ gleichgültig, ob er hinfort ein Orchesterwerk »zur Sinfonie erklärt« (und damit eine *Zehnte* vorlegt) oder nicht. Es gab sogar schon die humoristische Travestie der Gattungsbezeichnung in den *Ragtimes and Habaneras* (1975), im Untertitel »Symphonies for Brass Band« oder auch »Sinfonia« genannt. Bei aller Ernsthaftigkeit – auch der Humor ist eine ernste Sache... – vermeidet Henze aber letztlich doch jede ideologische Großspurigkeit, die in der Geschichte der Gattung durchaus zu finden ist. Es ist die Ausgewogenheit und Vielfalt der Mittel wie der gedanklichen Intentionen, die Henzes Sinfonik ihren Platz in der jüngeren Musikgeschichte verleiht.

Hans Christian Schmidt-Banse

Gegen die Bilder mit den Bildern. Zur Filmmusik von Hans Werner Henze

Komponisten, die sich dem Schreiben von Musik für den Konzertsaal, die Opernbühne und die Kammer verschrieben haben, fällt der Seitensprung ins Kino und aufs Gebiet der Filmmusik nicht immer ganz leicht. Dort gelten andere und paradoxerweise härtere ästhetische Gesetze als in der Welt von autonom intendierter Musik. Eine Sinfonie oder eine Klage des Tristan entwickeln den musikalischen Gedanken Zug um Zug, entfalten ihre Form auf der Grundlage von strukturellen Beziehungen, weben ihre Texturen mit großer Geduld und mit ambitionierter Komplexität. Eine dementsprechende musikalische Wahrnehmung erfordert, wenn man so sagen darf, den ganzen Mann: das soeben Hörbare mit dem soeben Gehörten wachsam zu verknüpfen und gar – bei großer Erfahrung – aufs Kommende vorausspekulierend bzw. -hörend zu projizieren, der motivisch-thematischen Bezüge gewahr zu werden, stilistische Anspielungen zu verstehen und individuelle Formen einer Satztechnik, einer Gattungshandhabung einordnen zu können – gradaus gesagt: Nichts, aber auch gar nichts darf einen dabei stören, nicht das Husten des Nachbarn und auch nicht eine allzu prätentiöse Dirigentengestik. Wenn es zutrifft (und nichts spricht dagegen), daß eine musikalische Form erst überblickbar wird, wenn sie verklungen ist, wenn es also zutrifft, daß Musik wird, indem sie war, dann also braucht eine adäquate Wahrnehmung eine ungeteilte, ungestörte und in jedem Moment absolut konzentrierte Hinwendung (fast hätte ich gesagt: Versenkung). Und ... sie braucht ihre Zeit: jene eben, in der das musikalische Gebilde wird und vergeht. Daß die menschliche Wahrnehmungsenergie begrenzt ist, wußten Komponisten zu allen Zeiten und trugen dem Umstand eines nicht vollkommenen Verstehensvermögens Rechnung dergestalt, daß sie nach dem ungeschriebenen Gesetz von Analogie und Ausgleich verfuhren. Will sagen, nicht alle Dimensionen eines Tonsatzes sind ähnlich hoch und komplex entwickelt, wofür der Ravel'sche Bolero ein geradezu schulmäßiges Exempel statuiert: Der allmählichen Verwicklung zweier Parameter (Lautstärke und Klangfarbe) entsprechen sozusagen »unter«-entwickelte andere Parameter: Melodie, Rhythmus, Metrum, Tempo und Struktur. Und noch der dodekaphone Tonsatz Schönbergs mit seinen wahrlich schwer durchhörbaren horizontalen und vertikalen Reihengestalten mutet dem Hörer nicht alles zu, sondern bietet ihm Erleichterungen an in Gestalt von traditionellen, zuweilen simplen rhythmischen bzw. metrischen Patterns oder konsistenten Instrumentfarben.

Paradoxerweise, so sagte ich, sind die ästhetischen Gesetze im Falle einer strikten Funktionskunst, welche Filmmusik nun einmal ist, vergleichsweise härter. Dort regieren die Bilder, dort obwalten die visuellen Eindrücke; sie beschäftigen den Betrachter in einem so hohen Maße, daß ihm beim Sehen sozusagen das Hören vergeht. Ca. 85 % der Wahrnehmungsenergie entfallen auf das Sehen, etwa 15 % verbleiben fürs Hören. Warum das so ist, wird bald klar, wenn man sich die ungeheure intellektuelle Leistung einer ganz normalen Filmrezeption vor Augen führt. Filmwahrnehmung ist verknüpfende, kombinierende, ausfüllende Tätigkeit, denn es gehört zu den Eigentümlichkeiten einer filmischen Syntax, Geschichten fragmentarisch und in Sprüngen zu erzählen: Wir sehen ein Auto vorfahren (1. Einstellung), eine Schwingtür aufgehen (2. Einstellung), den Lauf einer Schußwaffe (3. Einstellung), Geld zählende Hände (4. Einstellung), das davonfahrende Auto (5. Einstellung). Und wir wissen: Es hat ein Banküberfall stattgefunden, weil wir die nicht gezeigten Handlungslücken mit Hilfe unserer Phantasie- und Imaginationstätigkeit ergänzt haben. Überdies sind die Einstellungen kurz und in rascher Schnittfolge montiert (das macht keine Probleme, denn Bilder sind inhaltlich rasch abgetastet und blitzschnell erfaßt; nur etwa eine Fünfzigstelsekunde braucht man, um zu erkennen, daß man einen Baum, ein Frauengesicht oder ein Haus gesehen hat). Hohes Schnitt-Tempo, rasch wechselnde Bildformate und -inhalte und eine filmtypische Erzählweise in großen Sprüngen schaffen das, was einen Film spezifisch interessant macht: schaffen starke visuelle Dynamik. An eben dieser Dynamik, die – je kräftiger sie ausgebildet ist – einen Film um so eindrucksvoller, spannender und erlebnisreicher macht, bemißt sich der Spielraum von sekundierender Musik. Es liegt auf der Hand, daß sie gleichsam auf Lücke gesetzt ist, in Nischen ihr Dasein fristen und besondere Eigenschaften vorweisen muß, um überhaupt auf sich aufmerksam zu machen; den volksmündigen Spruch, gute Filmmusik sei solche, die man nicht bemerke, darf man getrost ins Reich oberflächlicher Vorurteile schicken, denn gute, das heißt funktionsästhetisch gelungene Filmmusik macht durchaus auf sich aufmerksam und wird zuweilen recht deutlich gehört. Die Frage ist allerdings: wann denn? Wenn sie

1. mit griffigen, sekundenschnell verstehbaren Clichés arbeitet, das heißt
2. einen möglichst geringen Grad an satztechnischer Verwicklung hat oder besser noch
3. mit einfachsten klanglichen Vokabeln (Liegetönen, rhythmischen Pulsationen, singulären Intervallen, Orgelpunkten etc.) arbeitet,
4. solche Clichés, Vokabeln oder Klangeffekte häufig wiederholt, das heißt mit schlichten Leitmotiven einher kommt,
5. mit hohem Schalldruck einen großen physiologischen Effekt macht (dieser Einsicht folgt ein modernes SoundDesign mehr und mehr, *Das Boot* mag als Hinweis genügen),
6. von den Bildern dann und wann Platz eingeräumt bekommt, wenn also Bilder länger als sonst einmal stehen bleiben, einfrieren oder wenn das Netz der bildlichen Informationen weitmaschig, gleichsam zur leeren »Bühne« wird,
7. als musikalischer Gestus kontrapunktisch gegen die Bilder gesetzt wird und beim Betrachter einen Zwiespalt auslöst: Wem soll er glauben – der optischen Botschaft oder der musikalischen?
8. auf der Leinwand optisch definiert ist, wenn ihre Klangquelle gezeigt wird als sogenannter »Bildton«, aus einem sichtbaren Radio kommt, von einer vorbei defilierenden Kapelle gespielt oder von Tänzern getanzt wird,
9. von den Leinwandpersonen gehört wird und diese dann darauf reagieren (der Vater in *Padre Padrone* hört auf einem sardischen Acker den langsamen Satz aus Mozarts Klarinettenkonzert, steht auf und sagt: »Jetzt bringe ich ihn um« ... seinen Sohn näm-

lich, der zu Hause am Radio dieses Konzert hört und sich mit »verbotener« Musik gegen eine patriarchalische Bauern-Erziehung zur Wehr setzt).

Schon aus wenigen funktionsästhetischen Skizzen folgt zwingend, daß gute Filmmusik hervorragend schlecht komponiert sein muß: Ein paar versprengte Schlagzeugakzente schaffen eine stärkere Spannung als eine farbenreich auskomponierte Orchesterpièce, ein schlichter Liegeton von tiefer Frequenz weist auf drohendes Unheil deutlicher hin als ein elaborierter Posaunensatz, wenige Töne auf dem Klavier können scheu aufkeimende Liebe präziser ankündigen als ein vom Streicherchor vorgetragenes 32taktiges Gebilde. Und wollte man es pointieren, so müßte man behaupten, daß ein in Fugenmanier geschriebenes Klangereignis für sich genommen zwar einen hohen Grad an kunstvoller Durchbildung hätte, in funktionsästhetischer Hinsicht indessen eine Katastrophe wäre, denn wo zwei Medien mit gleich kompakter Ereignisdichte (der Film mit seiner Bilddynamik und die Musik mit ihren komplizierten Klangtexturen) gleich intensiv auf den Betrachter resp. Hörer einwirken, dort entstünde die fatale Situation, in der man zwei gleichzeitig sprechenden Menschen mit der gleichen Aufmerksamkeit zuhören müßte – versuchte man's, so hörte man weder dem einen noch dem anderen zu. Daraus folgt, daß unsere Faustformel »85 % Sehen versus 15 % Hören« im Film ihre Tücken hat und fahrlässig vereinfacht ist: Entweder bescheidet sich die Musik mit dem tönenden Kürzel, dem Cliché und dem rudimentären Klangmaterial, auf daß sich der Betrachter ungestört dem dynamischen Leinwandgeschehen zuwenden kann; oder aber die Informationsdichte des Bildes wird derart reduziert, daß eine komplexe, elaborierte Musik dann an die Rampe treten und dort sich einigermaßen ungestört artikulieren darf (eine der beiden in Hoffnungslosigkeit und Einsamkeit gefangenen Frauen in Bergmans *Das Schweigen* schaltet im Hotelzimmer das Radio ein, es erklingt eine Bach-Partita, die Kamera verweilt in Halbtotale lange auf ihrem Gesicht und dem Radio; so hört sie, so hören wir diese verwickelte Musik, weil die Bildaktion auf Null gestellt ist; so hört sie, so hören wir die Partita als utopische Vision der kosmischen Ordnung in einer Welt, die zum Chaos wurde).

Es entsteht also ein gewisses analytisches Dilemma bei der Begutachtung von Filmmusik, weil die Musik als Inhalt in einer von Fall zu Fall unterschiedlichen und stets flexiblen interdependenten Beziehung zum filmischen »Rahmen« steht ... und nicht zuletzt auch zu uns, den Betrachtern, denen sie ja etwas mitteilen bzw. auf die sie wie auch immer einwirken will. Wir wollen den analytischen Zugriff in drei einfache Fragen kleiden:

1. Was machen die Bilder mit der Musik (lassen sie sie zu, gibt es optische Schlüsselreize, dezente Hinweise, eine irgendwie geartete Legitimation dafür, daß Musik sein dürfe, sein müsse)?
2. Was macht die Musik mit den Bildern (als simple Tapete, als inhaltliche Bestätigung, als Ergänzung der im Bild offen gelassenen Information oder gar als Widerspruch)?
3. Was macht die Musik mit uns (störend, verstörend, animierend, emotionalisierend, zwiespältige Gefühle provozierend)?

Hans Werner Henze hat, nach allgemeinem Kenntnisstand, vier Filme vertont, und das über den Zeitraum von 20 Jahren hinweg, von 1963 bis 1983. Genau gesagt sind es dreieinhalb Filme, denn für *Muriel oder die Zeit der Wiederkehr* (1963, Regie: Alain Resnais, Buch: Jean Cayrol) lieferte George Delerue die Filmmusik im traditionellen Sinne (also die sogenannte Begleitmusik), wohingegen Hans Werner Henze etliche Lieder komponierte, gesungen von Rita Streich. *Muriel* ist ein typisches Beispiel für die frühe französische »Nouvelle vague«, für einen Typ von Film mit großer Dialoglastigkeit, mit Bildern, welche die soziale Entfremdung zeigen; für einen Typ von Film, der das Netz von menschlichen Beziehungen zwar darstellt, aber nicht enträtseln kann; für einen Typ von Film, der dieses schief stehende Nebeneinander von Personen und ihren Gefühlen symbolisch auch dadurch auf den Begriff bringt, daß er seine Personen in den Widerspruch zwischen Gestern und Heute, zwischen Hafenromantik und Hochhauskälte (der Film spielt in Boulogne) einspannt. Hélène und Alphonse, das ältere der beiden Paare, welches sich nach langer Zeit wieder begegnet und ständig aneinander vorbei redet, Françoise und Bernard, das jüngere Paar, welches auch nicht imstande ist, sich zu finden und dessen moderner Jargon ebenfalls keine Verständigungsbasis ist. Es entspricht den ästhetischen Prinzipien der »Nouvelle vague«-Filme, die Zufälligkeit von Beziehungskonstellationen bei den Menschen zu unterstreichen durch eine Montage, die das Zufällige, das scheinbar Beziehungslose betont. So wechseln denn Bilder von Straßen, von Passanten und von abfahrenden Zügen mit Fahrten im Aufzug, von schweigend nebeneinanderhergehenden Menschen und zwischengeblendeten Hochhausprospekten; was Bernard eigentlich mit seiner ständig gezückten Amateurkamera filmt, was er mit seinem Tonbandgerät aufnimmt, bleibt im Dunkeln. Die wahre Identität von Alphonse: halb aufgeklärt, halb verschwiegen. Die Rolle von Françoise (Geliebte von Alphonse oder nicht?): undeutlich. Die Liebesbeziehung von Hélène und Alphonse während der Kriegsjahre: verworren, widersprüchlich, angedeutet. Über dem gesamten Film liegt von Anfang bis Ende ein Hauch von Apathie, von Zynismus, von kraftloser Kraftanstrengung, von Fatalismus und von Ratlosigkeit. Menschen, die man mit ihrem Schicksal wirklich allein gelassen hat, Menschen ohne jede philosophische oder religiöse Orientierung.

Die Musik von George Delerue? Kalt, sperrig, dissonant, oft wie ein akustisches Fragezeichen mit eingestreuten Septnonakkord-Arpeggien. Musik, die eine auch nur ansatzweise mögliche Identifikation mit filmischen Inhalten und filmischen Personen verhindert, die sich mit stacheliger Klanglichkeit zwischen das Geschehen und den Betrachter schiebt, Abstand wahrt und Schärfe indiziert.

Die Lieder von Hans Werner Henze? Sie lassen sich unterschiedlichen Chanson-Typen zuordnen. Hélène holt Alphonse am Bahnhof ab, man geht nach Hause, vorbei an Cafés, vorbei am Casino, an Bahngeleisen, an Hinterhöfen und häßlichen Hochhäusern. Das Chanson bedient sich eines kreiselnden Kernmotivs, eines dreitönigen Liedmottos, tönt verhalten und bedrückt = »Chanson triste«. Alphonse schläft bereits, Hélène huscht durchs Zimmer, geht auf Zehenspitzen in ihr Schlafzimmer, Françoise kommt nach Hause. Das Chanson pendelt ruhig, leise und langsam, die Singstimme ist getragen, schwingt sich zart hoch, fällt kraftlos abwärts = »Chanson de nuit«. Dann Bilder von Gemüseständen, Auslagen eines Schallplattenladens, Françoise betrachtet Dinge in einem Haushaltswarengeschäft, Bernard schiebt sein Vélo, Hélène besucht einen Freund, Alphonse nimmt einen Snack in der Bar, Bernard betritt die sogenannte »Werkstatt« ... man könnte sagen: Wie die Zeit vergeht mit allerlei trivialen, alltäglichen Begebenheiten; nichts von Belang, lauter Langeweile und stumpfer Zeitvertreib. Dazu der hochexpressive Klang des Chansons mit erregt gesetzten Flötenpunkten, mit rasselndem Schlagwerk, mit dramatischen vokalen Gesten. Typ Opernarie mit hervorgestoßenen Atemzügen und mit pathetischen Begleitfiguren = »Chanson tragédique«. Ein Auto am Strand, Bernard filmt wieder einmal, hilft Hélène beim Möbeltragen, fährt mit mit dem Vélo durch die Stadt, sieht Alphonse ein Hotel betreten, derweil wir die Oboe klagen hören, begleitet von dezenten Streicher-Pizzikati, die Singstimme ist behutsam-melismatisch geführt mit fallenden Halbtonschritten, die wie Klagelaute tönen = »Chanson lyrique«. Hélène befindet sich in Bernards Werkstatt, sieht sich um, scheint etwas zu suchen. Tiefer Klarinettenklang, sehr bewegte Singstimme, klagend, leidenschaftlich, Begleitung tropfend = »Chanson passionné«. Hélène betritt das Haus des Freundes Claude, Alphonse wartet im Schlafanzug auf Hélène in ihrer Wohnung. Belanglose Aktionen einmal mehr, Nichtigkeiten, Bedeutungsloses. Die Vokalstimme gibt sich kinderliedeinfach, hat eine lapidare Begleitung, pendelt weich und sanft = »Chanson d'amour«. Und wenn Simone, die verleugnete Ehefrau von Alphonse, in Hélènes Wohnung schließlich auftaucht, erinnert das Chanson an eine Passionsmusik im pastoralen Sechsachteltakt plus Orgelpunkt plus gestopfter Trompete, Cembalo, Oboe und lamentierender Singstimme = »Chanson religieux«.

Henzes Lieder, sagen wir's in herzlicher Offenheit, sind in filmmusikästhetischer Hinsicht Monströsitäten, zumal selbst ein des Französischen Kundiger die Texte aber auch gar nicht verstehen kann (daran mag allerdings der noch imperfekte Lichtton schuld sein). Von wenigen Ausnahmen abgesehen – etwa dem Auftreten der »Leidensfigur« Simone zu den Klängen einer gebrochenen Passionsmusik – gibt es nicht eine einzige Filmstelle, in der die Präsenz von Musik gerechtfertigt wäre. Nichts deutet an jenem frühen Punkt, wo Hélène ihren ehemaligen Liebhaber Alphonse am Bahnhof abholt und zu sich nach Hause begleitet, auf ein Ambiente hin, welches ein »Chanson triste« zur Tristesse ummünzen müßte. Man könnte einwenden, das sei eine Antizipation; hier würden nichtssagende Bilder vielsagend kraft ihrer Musik. Das möchte vielleicht noch angehen, wenngleich die Musik, verglichen mit den harmlosen Bildern, entschieden zu dick aufträgt. Sie hat einfach zu viele Noten. Das »Chanson tragédique« aber zu einer Folge von bildlichen Trivialitäten, zur filmischen Demonstration von ereignisloser Langeweile? An solchen Stellen entlarvt sich, wie ein auf diesem Gelände noch unerfahrener Komponist in seine eigene Falle tappt: in die Falle des komponierenden Ehrgeizes. Erstens sind auskomponierte Lieder ein untaugliches Genre, denn – Kracauer hat es scharfsinnig auf den Begriff gebracht – Film ist physische Realität, Lieder oder Arien aber gehören ins Reich einer ästhetischen Wirklichkeit. Schon der singende Mensch, von ganz wenige Ausnahmen abgesehen, hat im Kino nichts zu suchen, um so mehr indessen auf der Bühne. Zweitens beanspruchen derart komplexe Tonsätze eine Aufmerksamkeit, welche die Bilder dem Betrachter nicht gestatten; eine Aufmerksamkeit, die sich durch die vergebliche Konzentration auf die nicht verstehbaren Texte noch erhöht. Derweil laufen einem die Bilder weg. Drittens reiben sich an solchen Stellen die ganz und gar widersprüchlichen Gesten: der desillusionierte Gestus von Sprache und Habitus der handelnden Menschen im »Nouvelle vague«-Film einerseits und der illusionäre, gekünstelte, gefühlvolle und hochexpressive Gestus im ambitioniert auskomponierten Kunstlied andererseits. Sagen wir's anders: Die Filmsprache eines Alain Resnais ist diktiert vom Willen, die Existentialität des Menschen zu analysieren unter striktem Verzicht auf eine erklärende Analyse, indem ganz im Gegenteil die vom Zufall bestimmte Wirklichkeit gezeigt wird. Ohne Absicht sozusagen. Dem steht die ehrgeizige Absicht des Komponisten im Weg, erklären, erläutern, vertiefen und deuten zu wollen. Denn in dieser desolaten Welt im Boulogne des Jahres 1963 verhält sich die Kamera wie ein Röntgen-Apparat, welcher diagnostisch zeigt, was ist, und nicht, warum oder wie es sein könnte. Bei solchen Röntgenaufnahmen singt kein Mensch. Der totale Verzicht auf Musik wäre ästhetisch konsequent und ideologisch sauber gewesen. Das führt zum traurig stimmenden Befund, daß die Musik – wo sie denn schon in keiner Weise durch die Bilder »gezündet« wird – mit den Bildern deswegen auch nichts macht. Sie existiert neben ihnen her, führt ein künstlich-kunstvolles Eigenleben und verweigert eine auch nur ansatzweise audiovisuelle Symbiose. Deswegen verweigert sie auch, etwas mit uns, den Betrachtern, zu machen außer ... daß sie permanent stört.

Zwei Jahre später, 1965, legt Henze eine weitere filmmusikalische Arbeit vor. Er komponiert den Soundtrack zu *Der junge Törless* von Volker Schlöndorff, der mit dieser auch heute noch ungemein eindrucksvollen Adaption von Robert Musils Roman *Die Verwirrungen des Zöglings Törless* (1903/1906) sein Spielfilmdebüt wagt. Schlöndorff geht dergestalt über die Romanvorlage hinaus, daß die Gleichgültigkeit von Törless gegenüber dem, was Beineberg und Reiting dem Mitschüler Basini an Qual, Erniedrigung und Folter antun, als ein Verhaltensmuster vieler Deutschen im und nach dem Dritten Reich gedeutet wird: repräsentativ für jenes kollektive Wegschauen angesichts unfaßlicher Verbrechen wider die Menschlichkeit. Törless – vom jugendlichen, beinahe noch kindlichen Matthieu Carrière souverän dargestellt – kann sich allenfalls zu einer Art wissenschaftlicher Neugier aufraffen, wissen wollend, wie weit ein Opfer sich demütigen lasse unter der Fuchtel des zynischen Herrenmenschen Beineberg, der die Abtötung der Gefühle und die »Vernichtung unwerten Lebens« predigt. All das spielt in der Abgeschiedenheit des Internats »Prinz Eugen« im österreichisch-ungarischen Neudorf.

Die wohl bedrängendsten Szenen sub specie einer klanglichen Gestaltung sind jene in vollkommener Stille, etwa wenn einer der Kadetten während des Unterrichts mit tintenklecksender Feder eine Fliege genüßlich aufspießt oder wenn Basini im Schlafsaal, während alles schläft, Geld aus dem Spind von Reiting stiehlt. Das vollzieht sich ohne filmmusikalische Zutaten, wobei – eben wegen der fehlenden musikalischen Taktierung – die Zeit extrem langsam verläuft und solche Handlungen sich dann gleichsam zeitgedehnt entrollen.

Ca. 20 Stationen dieses Films werden musikalisch begleitet. Indessen kann man nicht genau sagen, welche Funktion der Musik an solchen Stationen zufällt. Anders argumentiert: An nur ganz wenigen Stellen übernimmt die Musik die Rolle des zusätzlichen Hinweises, des ergänzenden oder gar widersprechenden Kommentars. Will sagen, die Musik verzichtet weitgehend auf die Möglichkeit eines ironischen Dazwischentretens. Wenn Törless und Beineberg im Wirtshaus die junge Hure aufsuchen und scheu durch Flur und Treppenhaus schleichen, so hören wir aus dem Schankraum eine

Sologeige mit ungarischer Volksmusik. Keinen Operetten-Csárdas, sondern eine eher erdig klingende Weise (bei der man allerdings nicht genau entscheiden kann, ob das ein originales Zitat ist). Szenenwechsel: Die Mitschüler schleifen Basini auf den Internatsboden (in die »Kammer«), werfen ihn dort zu Boden, zeigen ihm schlüpfrige Bilder. Zunächst offenbart sich die Musik als Musik der Gewalt: laut, lärmend, stampfend, mit hölzernen Klangfarben und hämmernden Paukenschlägen. Eine rohe Klanglichkeit, zu der Oboen aufgeregt schnattern und Flöten affektiert kichern. Roh wie die Handlungsweise der Kadetten. Bei den Aktbildern allerdings wechselt der musikalische Jargon hinüber zu quasi-neapolitanischer Musik mit leiser Zärtlichkeit und süßem Mandolinenklang. An solchen wenigen Stellen also darf man sagen, daß die Musik sozusagen »mit den Bildern« geht und im Falle der fragwürdigen Abbildungen gar eine feine Ironie an den Tag legt, denn zwischen der auf den Zeichnungen gezeigten Sexualität und dem sublim-erotischen Ton auf Seiten der Musik öffnet sich, was man gemeinhin die »Bild-Musik-Schere« nennt.

Die wohl wichtigste Funktion der Musik Henzes liegt in der Bereitstellung eines grundsätzlichen »Klimas«, einer (wie Verdi gesagt haben würde) »tinta musicale«. Diese Grundfarbe etabliert sich von Anfang an; wir sehen endlose Landschaften, Bahngeleise, einen dörflichen Bauernhof, eine Bahnhofsuhr, wir hören das Läuten von Schranken. Abfährt der Zug, die Kadetten schlendern lässig in Richtung Gasthaus, vorbei an auf Feldern arbeitenden ungarischen Bauern. Die Musik entspricht dem Schwarzweiß des Films insofern, als ihre Feierlichkeit gebrochen tönt mit fallenden Motivgestalten, mit langsamen Tempi und mit seltsam-spröden Klangfarben – Dulcian? Krummhorn? Auf jeden Fall spielen Blockflöten mit. Als Ganzes gesehen haben wir es mit einem schief gestellten Choral zu tun, wohingegen die ungewöhnlichen Instrumente eine archaische Patina schaffen: Irgendwie klingt das nach Mittelalter, nach einer noch im Zustand der Primitivität befangenen Kultur. Dieser altertümliche, dissonanzgesättigte Choralton zieht sich, einem roten Faden gleich, durch den Film, und zwar stets an solchen Stellen, wo sich eine gewisse Leere ausbreitet, Langeweile; wo die Zeit stillsteht, wo die Protagonisten längere Wege gehen, wo man wartet, Törless etwa, der nicht in die Kurzferien fährt, sondern im Internat bleibt wie wenige andere Kadetten auch. Die Räume sind leer, die Zeit dehnt sich, die Musik zelebriert ihren Choralklang im Blockflötenregister-Kleid. Oftmals nimmt sie den Charakter des leise vor sich hin Grübelns an, z. B. in Form eines sanften, leisen und im getragenen Tempo sich entwickelnden Streicher-Biciniums oder eines ratlosen, brüchigen Triciniums dort, wo die Kadetten aus der Wirtschaft kommen und gen Internat bummeln. Satztechnisch gibt sich die Musik unaufwendig, arbeitet überwiegend mit 2- und 3-Ton-Motiven, tritt sehr oft auf der Stelle und formuliert den Gestus des Tastens, der Ausweglosigkeit, des Bedrücktseins. Seltsamerweise auch dort, wo die filmische Bewegung anderes nahelegen würde, z. B. wo Törless, Reiting und Beineberg nächtens in die »Kammer« huschen zu einem ihrer konspirativen Treffen. Was sich auf der Leinwand zielstrebig darstellt, dem stellt sich der tastende musikalische Gestus entgegen mit einem Klangdialekt, der »alt«, »primitiv« und ungeschliffen wirkt.

An nur wenigen Stellen, wie gesagt, geht Musik mit den Bildern: Törless flieht zuguterletzt aus dem Internat, ihn begleitet ein schnelles, motorisches, blechernes und im

Kreis sich drehendes Perpetuum mobile, das eine gewisse stilistische Nähe zu den motorischen Stücken von Hanns Eisler hat.

An wenigen Stationen also mit den Bildern. Ansonsten gegen die Bilder? So kann man es nicht sagen, denn Henzes Musik stiftet Klima, sie vermittelt dem Film – wenn ich so sagen darf – einen grundständigen Geruch, und der ist von Anfang bis Ende bedrückend. Die Musik definiert dieses düstere Klima bereits dort, wo alles noch offen ist: am Bahnhof, wo man noch nicht weiß, wer kommen und was passieren wird. Die Klanglichkeit von Henzes Musik ist durchweg geborsten, brüchig, verstockt und atmet eine gewisse Ritualität infolge ihrer Nähe zum Choralton. Da ist aber noch etwas anderes, nämlich jene merkwürdige Rückwärtsgewandtheit der historisierenden Klangfarben. Mit Sicherheit läßt sich nicht bestimmen, worauf die archaischen Klangregister anspielen wollen, wie sich ihre ausgefallene klangfarbliche Qualität interpretieren läßt. Vielleicht dezente Verweise auf ein schulisches System, dessen unseliger Geist geprägt ist durch inszenierte Feierlichkeit, durch starrsinnig festgeklopfte Rückständigkeit, gepaart mit Primitivität des Denkens und des Empfindens? Im 1996 vorgelegten Werkverzeichnis lesen wir aus der Feder von Henze dann eine authentische Antwort:

> Im Jahre 1966 schrieb ich die Musik zu Volker Schlöndorffs erstem Film »Der junge Törless«. Ich dachte mir, der Klang der alten, frühen Instrumente, die ich wählte, könnte als Metapher für das frühe Unausgereifte, nahezu kindlich Jugendhafte und Gefährdete der Protagonisten der Musilschen Novelle verstanden werden [...]. Im Jahr 1985 fielen mir zufällig die Stimmen der Filmmusik in die Hände. Die Partitur allerdings schien unauffindbar zu sein. Da ich aber gerne diese Musik den Renaissance-Instrumenten wieder zugänglich machen wollte, stelle ich eine neue Partitur her.[1]

Gibt es eine Legitimation für diese und keine andere Musik? Es gibt sie. Sie nistet in den mal tristen, mal stilisierten schwarzweißen Bildern, in den zeremoniellen Verhaltensweisen der Lehrer und der Kadetten (selbst der Gang zur Dorfhure ist den Kadetten eine Zeremonie). Und was die Musik mit den Bildern macht? Sie tönt sie, färbt sie grau und bitter, nimmt ihnen jede Möglichkeit der falschen Beschönigung. Deswegen auch macht die Musik etwas mit uns, den Betrachtern: Sie schiebt sich zwischen die Bilder und uns wie ein kritisches Graufilter, verhindert konsequent jede Art der Identifikation, stiftet eine spröde und sperrige Aura, die eine kulinarische Wahrnehmung bereits im Ansatz unterbindet. Henzes Musik ist gleichsam der Stacheldrahtzaun zwischen diesen Musil'schen Kadetten und uns. Daß sie befremdlich, unschön und unzeitgemäß klingt, hat Methode. Die Abwesenheit jedweder Süffigkeit beschwört emotionale Kühle und rationale Distanz herauf. Genau aber darauf kommt es diesem kristallklar analytischen Film an. Sie, die Musik, stört hier nicht. Um so mehr verstört sie.

Hans Werner Henze geht den nun beschrittenen Weg konsequent weiter als Komponist für Volker Schlöndorffs *Die verlorene Ehre der Katharina Blum* (1975) nach dem gleichnamigen Roman von Heinrich Böll. Buch und Film treffen den empfindlichen Punkt jener Zeit, da infolge mancherlei Terroraktionen die öffentlichen bundesrepublikanischen Nerven blank liegen; auch nehmen sie die Machenschaften der *Bild-Zeitung* ins Fadenkreuz und deren fragwürdige Methoden, aus noch so alltäglichen

---

[1] Hans Werner Henze, *Ein Werkverzeichnis 1946–1996*, Mainz 1996, S. 274.

Begebenheiten sensationelles Blut zu saugen. Die Geschichte ist ebenso einfach wie tragisch: Ludwig Götten befindet sich auf der Flucht, sein einziges nachweisliches »Verbrechen« ist unerlaubtes Entfernen aus der Bundeswehr. Die polizeiliche Aktion indessen nimmt so hysterische Ausmaße an, daß man glauben möchte, Götten sei ein RAF-Terrorist und mehrfacher Mörder. Ludwig und Katharina (ein sanftes Reh, Freunde nennen sie »die Nonne«) begegnen sich während der Kölner Karnevalstage auf einer Party, sie verlieben sich, Ludwig bleibt für eine Nacht bei ihr. Als Polizeihundertschaften das Studentenhochhaus stürmen, ist Ludwig bereits geflohen, Katharina hat ihm ein Versteck beschafft. Sie gerät nun in eine zweifache Foltermühle: die der kaltschnäuzigen Polizei und die der skrupellosen Journaille, vertreten durch den Sensationsreporter Tötges. Die Dinge eskalieren sukzessive. Katharina wird mehr und mehr öffentlich stigmatisiert als Terroristenliebchen, die *Bild-Zeitung* schreckt vor nichts zurück, nicht einmal vor gefälschten Interviews mit Katharinas sterbender Mutter. Ein abgehörtes Telefongespräch mit Ludwig bringt die Polizei auf seine Spur, er wird verhaftet. Katharina lockt den Reporter Tötges unter dem Vorwand, ein Interview geben zu wollen, in ihre Wohnung und erschießt ihn. Gemeinsam gehen Katharina und Ludwig ins Gefängnis. Tötges bekommt ein Prominentenbegräbnis.

Die Funktion von Henzes Musik läßt sich in vier Klassen unterteilen: a) in eine deskripte Rolle, b) in eine hintergründig-paraphrasierende Rolle, c) als Idée fixe und d) in eine Einspruch erhebende, kontrapunktische Rolle.

Deskriptiv ist seine Musik dann, wenn man Katharina mit anonymen Anrufen belästigt, wenn man ihr verunglimpfende Botschaften unter der Tür hindurchschiebt. Sie reißt in panischem Entsetzen die Tür auf und will den Briefeschreiber verfolgen. Ihr zur Seite eine gewaltige musikalische Turbulenz mit wild jaulender Thereminvox, mit mächtigem Bläserkeuchen, mit hämmernden Tonrepetitionen und schnatternden Holzbläsern. Es ist eine Musik der Verfolgung, der hemmungslos ausbrechenden Verzweiflung. Deskriptiv auch die Eingangsmusik: Wir beobachten Ludwig auf der Rheinfähre durch die Filmkamera eines Observanden. Die Klänge zeichnen ein dunkles, verspanntes Bild mit Tritonus-Motiven, leise gesetzten Flötenakzenten, mit Thereminvox-Seufzern. Die Musik schwillt an, das kammermusikalische Crescendo setzt einen synchronen Punkt, als Ludwig mit dem Porsche davonfährt, also seinen Verfolgern entkommt.

Paraphrasierend ist die Musik weit häufiger. Wir sehen das Studentenhochhaus am frühen Morgen in der Totale. Ein Gebäude, nichts sonst. Dem allerdings hat die Musik etwas hinzuzufügen. Sie artikuliert sich als gellender Aufschrei mit schrillen Blechbläserdissonanzen, mit Klängen, die wie zerbrechendes Glas tönen. Musik als warnendes Ausrufezeichen: Vorsicht! In diesem Haus wird es Krieg geben! Eine andere Form der Paraphrase ist, was man behutsam die »Liebesmusik« nennen können. Behutsam deswegen, weil Henze den goldglänzenden Streicherschimmer und das herzwärmende Sologeigenmelos vermeidet, statt dessen mit distinkten Harfentönen, Flötenmotiven und Solovioline einen lyrischen Gestus entwirft, sehr verhalten, betont spröde und nach innen gekehrt, aber insgesamt hell und freundlich. An nur wenigen Stellen wird die Liebesmusik eingesetzt: wenn Katharina sich in der U-Haft-Zelle der ersten Begegnung mit Ludwig, ihres ersten gemeinsamen Tanzes erinnert; nach dem Telefongespräch mit ihm, sie schenkt sich ein Glas Wein ein: zweistimmig duettierende Musik, indessen ein motivisch-thematischer Gedanke. Und wenn sie dann in ihrem Badezimmer sinnierend vor dem Spiegel steht, die Zahnbürste und eine zurückgelassene rote Blume betrachtet, dann quillt die Liebesmusik allmählich nach oben, als dränge sie langsam empor aus tiefen Schichten des Bewußtseins. Paraphrasierend die Musik auch, als Katharina aus der Klinik kommt und den Tod ihrer Mutter weinend betrauert. Die Musik scheint davon (noch) keine Kenntnis zu nehmen, sie besteht aus starren, fahlen und erfrorenen Klängen, sie setzt sich gleichsam ab von einer weinenden Katharina, indem sie deren innere Bewegungslosigkeit andeutet, der Trauer also das lähmende Entsetzen beimischt. Ludwig ist verhaftet worden. Katharina steht inmitten des polizeilichen Trubels und weiß nicht wohin. Das weiß auch die Musik nicht: Eine tiefdunkle Flötenmelodie dreht sich ratlos im Kreis, setzt immer wieder an, bricht immer wieder ab. Ein Gestus der Rat- und Ziellosigkeit, der auskomponierten Hilflosigkeit.

Die musikalische Idée fixe ordnet Henze solchen Momenten zu, wo die *Bild-Zeitung* ins Spiel kommt, wo Katharina Schlagzeilen liest und die dort verdrehten Wahrheiten. Ihr Entsetzen findet seine musikalische Entsprechung in schnarrenden, flatterzüngigen Posaunenstößen mit repetitiven Schlägen aufs Hi-Hat. Der Klangcharakter atmet krude Gewalttätigkeit und grobe Direktheit. Der Gestus taucht häufig auf und immer im Zusammenhang mit der *Bild-Zeitung*. Henze schreibt von Fall zu Fall Varianten dieses Gestus, was zu klanglichen Verschärfungen führen kann, wenn z. B. Katharina von ihrer schwerkranken Mutter und deren angeblicher Enttäuschung über die angeblich ungeratene Tochter lesen muß; dann tritt das jaulende Thereminvox hinzu, die Musik scheint sich in ihrem Kopf buchstäblich festzukrallen. Eine Idée fixe eben, ein tönendes Symbol fürs ausweglose Verfolgtsein.

Dann und wann erhebt Musik Einspruch gegen die Bilder, dann und wann empört sie sich angesichts dessen, was da geschieht. Man hat Katharina verhaftet, verfrachtet sie ins Polizeipräsidium, eine johlende Reportermenge mit Fotoapparaten steht Spalier. Katharina versucht, ihr Gesicht zu bedecken. Die Menge stürzt habichtartig auf sie ein. Die Musik indessen protestiert mit schrillen Blechfanfaren, erregten Schlagakzenten (Pauken + Xylophon). Sie empört sich, sie gerät aus der Fassung. Kontrapunktisch sollte man auch jenen Kunstgriff Henzes nennen, der ihm beim Treffen von Ludwig und Katharina in der Polizei-Tiefgarage einfällt. Beide sind verhaftet, kommen sich entgegen, erkennen sich und fallen sich in die Arme. Ein Moment der großen Gefühle in einem Film, der ansonsten um solche Emotionen eher einen großen Bogen macht. Für jeden wäre dies der Augenblick, die Liebesmusik zur großen Apotheose aufzublasen. Nicht für Henze. Mit leisen, fast unhörbaren Liegetönen zieht er sich diskret zurück; wissend, daß, was vom einen Medium ausgedrückt wird, das andere nicht auch noch einmal auszudrücken braucht. Schließlich die Beerdigung von Tötges. Der Männerchor singt das salbungsvolle *Adoramus te, Christe*, der Pfarrer schleudert den Bannfluch auf Katharina und jene Schüsse, die der »freiheitlich-demokratischen Grundordnung« gegolten hätten: »und wer die Zeitung angreift, greift uns alle an«. Darauf antwortet die Musik mit einem wahrlich höhnischen instrumentalen Gekicher. Einspruch, Widerspruch im Namen der Gerechtigkeit und Wahrhaftigkeit.

In seinem dritten Film entdeckt Henze Leistungsfunktionen von Musik, die es so in den vorhergehenden Filmen nicht gab. Mit Hilfe von Musik leuchtet er in die Köpfe und in die Empfindungen seiner Personen hinein, werden Empfindungen wie Liebe oder Ratlosigkeit oder Verzweiflung sinnlich erfahrbar. Mit Hilfe von Musik werden emotionale rote Fäden geknüpft (Katharinas Ekel vor der *Bild-Zeitung*, ausgedrückt durch die Idée fixe). Mit Hilfe von Musik schließlich nimmt sich der Komponist die Freiheit, gegen Geschehnisse auf der Leinwand Widerspruch anzumelden. Mit anderen Worten: In *Die verlorene Ehre der Katharina Blum* treffen wir auf einen Komponisten, der seine Musik als Mittel der Parteilichkeit versteht. Partei ergreifend für die gesellschaftlich Schwachen und gegen die gesellschaftlich Mächtigen. Seine Musik entspringt den Bildern insofern, als diese Bilder niemanden unbeteiligt lassen können, nicht einmal einen Komponisten mit seinem angeblich abstrakten Sprachrepertoire. Und weil nun einmal Musik sein muß, nimmt sie hier andere Formen an: Formen des Kommentars, der Parteinahme, des Widerspruchs, auch der Warnung. Damit marschiert sie teils heftig gegen die Bilder, teils innig mit den Bildern. Daß sie das so entschieden tun kann, liegt an der verschlankten, schlichter gestrickten Satzweise von Henze. Seine musikalischen Gesten sind nun einfacher, weniger komplex, kompositorisch weniger ehrgeizig, funktional aber gerade deswegen weit tauglicher, zielstrebiger und unmittelbarer verständlich. Die Tendenz zur Vereinfachung des musikalischen Materials bringt mit sich, daß infolge des Zuwachses an gestischer Griffigkeit die Musik an Direktheit gewinnt, damit auch die Fähigkeit erwirbt, den Betrachter sowohl rational wie emotional anzusprechen, ihn ins Geschehen mit hinein zu reißen und ihm andererseits auch jenen Zwiespalt zu übermitteln, wo die Musik Henzes geortet werden möchte: zwischen Baum und Borke, zwischen filmischer Botschaft hier und musikalischer Kontraindikation dort.

Zum dritten Mal arbeiten Volker Schlöndorff und Hans Werner Henze zusammen. 1983 erscheint *Eine Liebe von Swann*. Mit satten Farben, opulenten Bildern und einer perfekt aufzeichnenden Kamera (Sven Nykvist) versucht der Film, Episoden aus Marcel Prousts siebenteiligem Roman-Zyklus *A la Recherche du temps perdu* (1913–1925) sowie Grundzüge aus dem Leben dieses exzentrischen Schriftstellers zu einer Art Geschichte zu fügen. Zur Geschichte von Charles Swann und seiner obsessiven Liebe zur nicht standesgemäßen Schauspielerin Odette. Die Proust-Biographie spielt insofern eine Rolle, als Charles alias Marcel ein kränkelnder junger Mann ist, als seine Liebe zu Odette alias Albertine unter rasender Eifersucht leidet. Übereinstimmend auch der Versuch von Charles, Odette von ihrer lesbischen Neigung zu heilen und sie als Besitz unter Verschluß zu halten (Albertine kann dann fliehen und kommt bei einem Unfall ums Leben; im Film schafft es Odette schließlich, Swann zu heiraten und ihn, den früh vom Tode Gezeichneten, gemeinsam mit ihrer Tochter zu überleben). Worum geht es dem Film? Einmal um die Liebe, welche daran scheitert, daß sie nicht freigeben, nicht gewähren kann. Um die Liebe, die auf Seiten Odettes unter ihrer ständigen Unwahrhaftigkeit leidet. Dem Film geht es aber auch, wie in Teilen des Roman-Zyklus, um den Zusammenstoß von alten und neuen Gesellschaftsschichten, um das Erstarken des wohlhabenden jüdischen Bürgertums und um das Zusammenbrechen der alten Aristokratie. Proust war von der süßen Dekadenz dieser Aristokratie fasziniert, aber der Charles Swann seines Romans gehört bereits zur bürgerlichen Zukunft. Die politische Konkurrenz beider Klassen – die Kreise um den Herzog von Guermantes auf der einen Seite und der Clan der Familie Verdurin auf der anderen – wird mit etablierten Spielregeln auf dem Niveau des kultivierten Salons ausgetragen, dort also, wo sich die wohlhabende Bourgeoisie mit der intellektuellen Elite zu verbinden und zu nobilitieren hofft. Charles Swann bewegt sich auf diesem wie auf jenem Parkett mit meisterhafter Eleganz, muß aber in Erfahrung bringen, daß – für den Fall, er heiratete Odette – man ihn »nicht mehr empfangen« könne. Ein Hauch von Verwesung liegt über dem ganzen Film, ein Parfum der Dekadenz, der ins Künstliche hochgetriebenen Kunst des Lebens, Liebens, Amüsierens, exemplarisch dargestellt an der traurigen Figur des schwulen Baron de Charlus – heute würde man sagen: ein geschmäcklerischer, alternder Single.

Ein Film der satten Farben, der ausgesucht-schönen Kostüme, der exquisit-gezirkelten Gesten und der prachtvollen Festlichkeits-Tableaus in nicht minder prachtvollen Stadtpalästen – ein Film also, der nach Musik ruft. Nach welcher also?

Nach Musik, welche zum tönenden Dekors des umtriebigen Salon-Vergnügens zählt, z. B. Debussys *Première Arabesque*, die beim Empfang der Herzogin von Guermantes auf einer Harfe dahin rieselt; z. B. eine virtuose Klavierpièce von Franz Liszt. Aber auch Hans Werner Henze höchstselbst will in diesem Salon und bei diesem eleganten Rencontre mitspielen. Er tut es in Gestalt eines Streichquintetts, läßt von der Solovioline eine tief klagende Kantilene anstimmen, derweil die anderen Streicher eine spinnwebdünne, vibrierende Begleitung, sozusagen eine fluoreszierende Klangkulisse zaubern. Charles Swann hört diese Musik, wollte sich soeben verabschieden, kehrt noch einmal zurück und scheint äußerst bewegt, stark betroffen zu sein. Irgendwie, so machen Bilder und Musik deutlich, irritiert ihn die Musik derart stark, daß er einen Schwächeanfall hat. Diese Musik, entstanden im Salon als sogenannte Inszidenzmusik, werden wir an weiteren Stationen im Film oft wiederhören, freilich in Gestalt von kürzeren oder charakterlich geringfügig veränderten Varianten: beim Rendezvous mit Odette im Café von Bagatelle, beim Gespräch über die Verdurins, bei der Vorbereitung einer zärtlichen Stunde in Odettes Wohnung (dort allerdings verwandelt sich die – sagen wir – Leitmusik in den Gestus nervöser Aufregung). Hört man genau hin, so entpuppt sich die Leitmusik als subtiler, herbsüßer Trauermarsch, und eben diese bitterköstliche Traurigkeit legt sich über Szenen, in denen Charles und Odette so oder anders miteinander kommunizieren, wie ein schweres Parfum. Sie begleitet ihre amourösen Spielereien, sie kommentiert ihre eifersüchtigen Dialoge, sie steht Charles mit großer Aufregung bei, wenn der ein verfängliches Billet bei Odette findet, aus dem hervorgeht, daß sie vielleicht doch eine lesbische Prostituierte sei. Um es anders zu sagen: Henzes diffuser Trauermarsch ist eine Musik der Inwendigkeit und verrät mit ihrem spezifischen Ton die emotionalen Befindlichkeiten dieses Dandys. Insofern decouvriert sie ihn, denn nach außen hin gibt er sich weltgewandt, zynisch, abgeklärt, über alle Gefühle erhaben und (wie seine Kleidung) ohne jede Knautschfalte; wie es drinnen aussieht, stellt die Musik klar: verletzbar, feinfühlig, zartgliedrig und auf sprachlose Weise sprachmächtig klagend. Es gibt Stellen, wo dieser Widerspruch zwischen äußerem Habitus und innerer Befindlichkeit auf die Spitze getrieben wird: Charles wandert ruhig in seiner Wohnung hin und her, wechselt den Gehrock gegen die Hausjacke, tut dies und das, derweil eine schweifende, kreisende, nervösverhaltene, zerbrechlich schwirrende Musik buchstäblich ausplaudert, daß in seinem Innern der Teufel los ist. Noch heftiger packt die Musik zu, während er durchs nächtliche Paris wandert und seine Wut darüber, daß Odette heute abend mit dem Grafen

Forcheville mitgefahren ist, schießen läßt. Vor allem die Musik schießt hoch mit lauten und heftigen Akzenten, mit einem Streicherchor, der wie ein Schlagzeug hämmert. Dies zum einen. Musik als laut vernehmliche Aggressionsabfuhr. Zum anderen jenes unablässige Kreisen um ein Zweitonmotiv so, als hätten sich die Gedanken und die Gefühle von Charles festgefahren, als kämen sie nicht vom Fleck und könnten nicht lassen von diesem einen einzigen verbohrten Gedanken. Musik der Introversion.

Dieser Leitmusik gesellt sich eine andere Leitmusik bei. Während des Abendessens bei den Verdurins spielt ein junger Mann am Klavier etwas, das zunächst als »Sonate« bezeichnet und im weiteren Verlauf des Abends „Mondscheinmusik" getauft wird, eine sanfte, lyrische Pièce, ein Nocturne. Henze greift herzhaft in den impressionistischen Farbtopf mit rauschenden Arpeggien, jugendstilartigen Rankenwerken und pedalverschwimmenden Klangmixturen. Odette flüstert Charles zu, dies sei »die Nationalhymne unserer Liebe«. Spät in der Nacht wird sich Odette ans Klavier setzen und für ihren Charles diese »Mondscheinmusik« noch einmal spielen, sie verführt ihn, geht mit ihm ins Bett, und sie wird ihm beim Liebesakt zu verstehen geben, wie schön es doch sei, wenn Liebhaber eines Tages ihre Geliebte heirateten. Diese zweite Leitmusik also ist eine Musik der falschen Gefühle, der weiblich-koketten Berechnung; sie entlarvt sich im filmischen Kontext als ebenso falsch, wie sie mit falschen, das heißt entliehenen Stilmitteln gestaltet ist.

Es sind also im Wesentlichen drei musikalische Hauptfäden, die sich durch den Film hindurchweben: einmal die originale bzw. scheinoriginale Inszidenzmusik der Salons, dann die Musik der Inwendigkeit (der Trauermarsch in all seinen vielfältigen Varianten) und drittens eine Musik der falschen Emotionen. Die Trauermarsch-Varianten sind auch in formaler Hinsicht bedeutungsvoll, klammern sie doch den Film formal zusammen und sichern sie ihm auf der Tonspur eine große strukturelle Konsistenz. Seltsam ist, daß Charles als Filmfigur diese Musik stets ebenso zu hören scheint, wie er das zu Beginn des Films im Salon der Guermantes tat: wenn er sich der ersten Verführung von Odette erinnert, wenn er gegen Ende hin (er ist verheiratet und wird bei den Guermantes nicht mehr »empfangen«) deren leeren Salon betritt, unendlich viele Menschen zu sehen scheint und doch nur einer Chimäre hinterher träumt. Musik ist an solchen Stellen vorhanden; ihr wolkiger, diffuser Charakter ist Synonym für seine eigene wolkige und diffuse Gefühlswelt mit trauriger Grundtönung. Einmal nur wagt Henze einen Ausfall in Richtung Ironie, nur einmal entscheidet er sich, bewertend zu kommentieren. Wir sehen in einer der letzten Einstellungen den sehr kranken Charles mit seinem Freund Charlus spazieren gehen, wir sehen Gilberte, seine Tochter, in den Louvre-Gärten spielen. Erscheint plötzlich Odette, nun Frau Swann, und schreitet hocherhobenen Kopfes durch die Gärten. Henze kommentiert sie mit Rührtrommeln und schrillen Trompetenfanfaren, die wie eine verquere Walküren-Musik klingen: Hier kommt die, welche aus dem Geschlechter- und Gesellschaftskampf als Siegerin hervorgegangen ist. Hier kommt Frau Swann! Eine Bürgerliche, die aus dem Konflikt zwischen der alten Aristokratie und der neureichen Bourgeoisie ihren Vorteil gezogen hat. Ganz am Ende also blitzt ein Funken musikalischer Ironie auf.

Fazit? Pronocieren wir das bereits Gesagte:

1. Die Musik ist wegen ihrer stilistischen Konsistenz Bestandteil der formalen Geschlossenheit.
2. Die Musik wendet hörbar nach außen, was an Gefühlen mit Rücksicht auf eine gesellschaftliche Contenance unter Verschluß gehalten werden muß.
3. Die Musik ist gestisch so gestaltet, daß sie dem Ausdrucks-Typ »Morbidezza« zurechnet. Und morbide (im italienischen wie im deutschen Sprachsinn) ist alles und sind alle in diesem Film. Insofern trifft die Musik den allgemeinen Grundton, den expressiven Zentralnerv.
4. Musik zeigt falsches Bewußtsein, falsche Gefühle an; deswegen gewinnt sie an manchen Stellen kommentierende Überzeugungskraft, an einer einzigen sogar eine kommentierend-ironische.

Auf eine knappe, vielleicht sogar etwas flapsige Formel gebracht: Henzes Filmmusik marschierte zu Beginn seiner Tätigkeit als Komponist fürs Kino kräftig gegen die Bilder. Später dann besinnt sie sich darauf, daß Bilder und Musik, soll Musik nicht überflüssig sein, symbiotisch sich verschränken müssen. Verschiedene Formen dieser Verschränkung hat Henze dabei entdeckt. Ich habe sie benannt. Nicht nur, daß seine Musik dann entschieden mit den Bildern geht, sie wächst auch aus diesen heraus, geht in diese hinein, ergreift für oder gegen diese Partei und ist darüber hinaus noch in der Lage, klangsinnlich und mit den Mitteln eines strikt reduzierten kompositorischen Materials dem Betrachter mitzuteilen, was sich hinter den Bildern verbirgt.

Hans Werner Henze

Sabine Giesbrecht unter Mitarbeit von Nina Okrassa

Die Last des nationalsozialistischen Erbes. Anmerkungen zu den *Autobiographischen Mitteilungen* Hans Werner Henzes

Wenn international bekannte Künstler der Gegenwart sich in politischen Fragen zu Wort melden, so wird das von der Öffentlichkeit mit besonderer Aufmerksamkeit registriert, da häufig unterstellt wird, Kunst und Politik seien vollständig voneinander getrennte Sphären und ein Musiker, Dichter oder Maler habe den Bereich seiner fachlichen Kompetenzen nicht zu überschreiten. Hans Werner Henze hat sich zeitlebens nicht an solche Begrenzungen gehalten. Mehr als andere deutsche Komponisten drängt es ihn, bei politischen Konflikten Stellung zu beziehen und sich z. B. für den Sozialismus in Kuba einzusetzen oder die Proteste der Studentenbewegung gegen den Vietnamkrieg zu unterstützen[1], mit deren Zielen er sympathisiert und zu deren wichtigsten Vertretern er persönliche Beziehungen unterhält.[2] Das Spektrum seiner politischen Präferenzen ist dabei durchaus unterschiedlich: So hat er den faschistischen Putsch in Chile angeprangert, sich gemeinsam mit Günter Grass und Ingeborg Bachmann im Wahlkampf für Willi Brandt eingesetzt[3], und in Montepulciano unternahm er den Versuch, eine neue Art der Musikerziehung auf demokratischer Basis zu etablieren, ein Experiment, dessen politische Dimension kaum zu verkennen ist. Sein politisches Engagement ist sowohl in der Tagespresse als auch im Rahmen fachwissenschaftlicher Literatur – meist im Zusammenhang mit den Werken Henzes – ausführlich beschrieben worden.[4]

Im Jahr 1996 erschien, rechtzeitig zum 70. Geburtstag, die umfangreiche Autobiographie des Komponisten. Darin beschreibt Henze, was er von seinem Leben für mitteilenswert hält, eine von ihm verfaßte Geschichte über sich selbst, bei der die Gewichtung einzelner Episoden auf die Bedeutung verweist, die er der jeweiligen Thematik zubilligt. Auffallend ist, mit welcher Intensität er die Jahre bis 1945 schildert und wie häufig er auch in späteren Phasen des Lebens auf die Herrschaft des Faschismus in Deutschland und die verheerenden Auswirkungen, sowohl auf die eigene Entwicklung als auch auf die seiner Freunde, zurückkommt. Qualität und Häufigkeit dieser Hinweise lassen die Deutung zu, daß Henzes Erfahrungen mit dem Nationalsozialismus die Basis seines politischen Selbstverständnisses und Ursache

---

1 Hans Werner Henze, *Reiselieder mit böhmischen Quinten. Autobiographische Mitteilungen*, Frankfurt am Main 1996, S. 281.

2 Ebd., S. 286 ff.

3 Ebd., S. 396 u. S. 248.

4 Vgl. dazu besonders: Johannes Bultmann, *Die kulturpädagogische Arbeit Hans Werner Henzes am Beispiel des »Cantiere Internazionale d'Arte di Montepulciano«*, Regensburg 1992, Kapitel: »Die kulturphilosophischen Anschauungen H. W. Henzes«, S. 13–39.

seines humanitären Engagements sind. Er konzentriert sich, im Gegensatz zu vielen seiner Zeitgenossen, nach der Befreiung Deutschlands nicht nur auf sein berufliches Fortkommen, sondern empfindet es als Verpflichtung, sich in aktuelle politische Diskurse einzumischen.

Wie heftig die bedrückenden Kindheits- und Jugenderlebnisse in ihm weiterleben und weiterwirken, belegen die immer wieder in den biographischen Kontext eingeschobenen »politischen« Passagen von unterschiedlicher Länge und Bedeutsamkeit. Nicht nur deren Anzahl, sondern auch ihre Exponiertheit verstärken bei der Lektüre des Buches den Eindruck, daß die Last des deutschen Erbes Auslöser und integrales Moment aller Schaffensprozesse ist. In diesem Sinne erscheint Henze in seiner Autobiographie als durch und durch politischer Komponist. Er gehört zu den wenigen Menschen, die sich der schwierigen Auseinandersetzung mit der deutschen Vergangenheit nicht entzogen haben, und darin besteht eine der bewunderungswürdigen Hauptleistungen dieses Künstlers.

Der Nationalsozialismus ist auf eine unterschwellige Art das Hauptthema der Autobiographie. Es wird in den verschiedensten Varianten vorgeführt, von Kontrasten abgelöst und nach starken Übergängen und Ausweichungen reprisenartig wieder aufgegriffen. Betrachtet man derart das Opus als eine Komposition verschiedener Lebensstationen mit sprachlichen Mitteln, wie der Untertitel *Reiselieder* anzeigt, so gibt der Bezug zum Nationalsozialismus dem biographischen Gesamtkonzept eine immanente Logik. In den Eröffnungskapiteln werden die beängstigenden und demütigenden Erinnerungen daran ausführlich exponiert. Die farbige, emotionsgeladene Beschreibung der Kinder- und Jugendjahre, bei deren Lektüre sich dem Leser noch der ungeheure Druck und die erlittene Angst mitteilt, füllt sich zunehmend mit Spuren von Gewalt, die vom Kind erschrocken wahrgenommen und vom heranwachsenden Jungen widerstrebend und mit unterdrücktem Haß ertragen werden. Die quälenden Erinnerungen an Täter und Opfer lassen sich nicht mehr abschütteln und scheinen ein Eigenleben zu führen; immer wieder geistern Hinweise auf allgegenwärtige Bedrohungen und Maßnahmen der Zerstörung, oft völlig unerwartet für den Leser, durch die auf der Reise erreichten Orte. Trümmerlandschaften und andere Erinnerungsbruchstücke durchziehen wie ein Netzwerk das gesamte Buch und vermitteln das Gefühl andauernder Gefährdung. Die offene oder latente Gegenwart solcher Motive ist bemerkenswert und zeigt, wie Henze das Erschrecken darüber abarbeitet, was der Nationalsozialismus aus dem Komponisten, seiner Familie und seinem Land gemacht hat.

Vor die Darstellung der Jugenderfahrungen unter nationalsozialistischer Herrschaft stellt der Verfasser auf den ersten Seiten der *Autobiographischen Mitteilungen*, also sozusagen bei der auf den Inhalt des Oeuvres vorausweisenden Ouvertüre, die Schilderung eines Besuches seiner Heimatstadt Gütersloh im Herbst 1986 anläßlich seines 60. Geburtstages. Bei einem Rundgang durch die Stadt entdeckt er gemeinsam mit seinem jüdischen Freund Michael Vyner einen Gedenkstein für die am 9. November 1938 zerstörte Synagoge. Wie schon so oft in seinem Leben schämt er sich für seine Landsleute:

> Mörder und Irre hat es also selbst hier gegeben, an meinem Heimatort! Wir brachen den Lokaltermin ab. Ich versteckte mich beschämt und verletzt in meinem Hotelzimmer.[5]

Diese Eröffnung sowie die Jugendkapitel korrespondieren inhaltlich mit den Passagen am Schluß des Buches, wo Henze auf Pläne zu seiner *Neunten Sinfonie* eingeht, welcher der Roman *Das siebte Kreuz* von Anna Seghers zugrunde liegt. Fünfzig Jahre Nachkriegszeit und der internationale künstlerische Erfolg haben nicht dazu geführt, das belastende Erbe zu vergessen und sich den schönen Seiten des Lebens zuzuwenden:

> Meine frühen und trüben Erfahrungen mit dem eigenen Land wollen und müssen in dieser Chorsinfonie ausgesprochen und geschildert werden: Es ist also eine Direktkonfrontation. [...] Wir identifizieren uns mit diesen unseren Landsleuten von damals, errichten ihnen, den vergessenen Helden des Widerstands, ein neues Denkmal. Und ich rufe mir die Ängste und Schmerzen meiner Kindheit, meiner Jugend zurück.[6]

Mit der Konstruktion dieser Symmetrie wird die »umfassende« Bedeutung dieser Zeit für das Leben, Denken und Arbeiten Henzes offenbar. Beginn und Ende der *Autobiographischen Mitteilungen* bewegen sich sozusagen aufeinander zu; Henze setzt das eigene Erleben unter nationalsozialistischer Herrschaft in Beziehung zu einer großen, späten Sinfonie mit antifaschistischer Thematik, die auf diese Weise ihre Funktion als lebensbestimmende, stets präsente Grundlage künstlerischer Arbeit und eines politisch verantwortungsbewußten Lebens enthüllt.

Die verschiedenen Stufen des Erlebens und die Stadien der Aufarbeitung des nationalsozialistischen Erbes werden im folgenden aus dem Gesamtkontext herausgelöst und in ihren wichtigsten Zügen dargestellt. Sie machen deutlich, wie eng die Legitimation des Kompositionskonzeptes, das vor allem in den sechziger und siebziger Jahren starker Kritik ausgesetzt war, mit den frühen politischen Erfahrungen Henzes verknüpft ist. Sie lassen die Entwicklung der politischen Einstellung des Komponisten und einen Schimmer von Hoffnung erkennen, die auch in der *Neunten Sinfonie* durch das leergebliebene »siebte Kreuz« symbolisiert wird. Es ist die Hoffnung auf ein demokratisches Deutschland, in dem faschistische Umtriebe keinen Platz mehr haben und dem Henze sich als Siebzigjähriger wieder zuwenden kann.

Kindheit und Familie

Die ersten einschneidenden Eindrücke politischer Veränderungen empfängt Henze zu Hause, wo sich der Terror auf die innerfamiliären Beziehungen auswirkt, die mehr und mehr unter Vertrauensverlust leiden und deren Spannungen schließlich den Bruch zwischen den Generationen herbeiführen. Der Sohn registriert die Ereignisse genau und beobachtet – fast erstarrt – die Wandlung seines Vaters vom liberalen Lehrer und fürsorglichen Familienvater zum überzeugten Nationalsozialisten. Wegen Verbreitung marxistischer Ideen wird die »Sammelschule«, an der Franz Henze seit 1930 unterrichtet, im Jahr 1933 geschlossen und der Direktor bis 1945 in ein Konzentrationslager

---

5 Henze, *Reiselieder*, S. 8.

6 Ebd., S. 592.

geschafft. Existenzangst und Einschüchterungsversuche machen den Vater gefügig und zum Eintritt in die NSDAP bereit. Faschistisches Gedankengut hält allmählich Einzug in das Elternhaus. Die Brüder werden »Pimpfe«, lernen den deutschen Gruß und tragen in den langen Kriegswintern ausschließlich HJ-Uniform. Hans Werner Henze beschreibt diese Entwicklung als ein »Tag für Tag verabreichtes Gift«[7], das die Kinder in sich aufnehmen mußten. Diese Infiltration wirkt nachhaltig und teilt sich zunächst als Entfremdung zwischen einzelnen Familienmitgliedern, bald aber schon in Form gegenseitiger Ablehnung mit. Der Vater verrät ihn, als er sich durch einen Freund heimlich Zugang zu »entarteter« Literatur verschafft; seine Bemühungen, den eigenwilligen Sohn zur Raison zu bringen, gipfeln in der Drohung, Leute »seines Schlages« gehörten in ein Konzentrationslager. Von dem Plan, den Fünfzehnjährigen an einer Musikschule der Waffen-SS ausbilden zu lassen, kann er nur mit Mühe abgebracht werden. Kurz vor seinem Tod im Jahr 1944 schreibt er an den zum Militärdienst verpflichteten Sohn, es gebe nichts Schöneres, »als für das Vaterland und den Endsieg zu kämpfen und zu sterben«[8]. Noch dreißig Jahre später lösen die Erinnerungen an den Vater bei Hans Werner Henze Magenkrämpfe aus.[9] Der permanente Druck dieser Jahre erzeugt Idiosynkrasien und eine durchgängig feststellbare Sensibilität gegenüber gesellschaftlichen Zwängen jeglicher Art. Er fühlt sich unfähig, sich anzupassen. Das ihm verabreichte ideologische »Gift« lähmt ihn, mobilisiert aber auch Gegenkräfte.

Angst, Gewalt und Zerstörung

Den familiären Destruktionsprozeß begleiten Erfahrungen mit einem politischen System, das an Brutalität seinesgleichen sucht. In einem Gespräch mit Hubert Kolland berichtet Henze von einer SS- und Polizeiaktion, bei der Jugendliche wegen mangelnden Respektes gedemütigt, verprügelt und zwangsrekrutiert werden. Henze wird Zeuge der Strafaktion, von der er glücklicherweise selbst verschont bleibt; die damit verbundenen Gefühle kann er jedoch Jahrzehnte später noch nachempfinden:

> Wer es nicht miterlebt hat, kann es ja kaum glauben. Es war die Zeit der absoluten Rechtlosigkeit, des Terrors, der Angst. Die Katastrophe des Faschismus schlug sich in jedem Individuum nieder, als Verfallserscheinung, als Hoffnung, als persönliche Tragik. Und die Deutschen zeigten sich von ihrer schlimmsten Seite. Man lernte den Haß kennen, den Betrug, die Lüge, den Verrat, die Brutalität, den Verlust der Menschenwürde.[10]

Mit den Verbrechen der »Reichskristallnacht« wird Henze als Gymnasiast in der Kleinstadt Bünde konfrontiert. Die Zerstörung von Synagogen, jüdischen Geschäften und Privathäusern, die Gewalt gegen jüdische Mitbürger und die Schändung der Friedhöfe nehmen die Schüler stillschweigend wahr:

> Niemand sagte etwas dazu, auch der Klassenlehrer nicht [...]. Alle taten, als ob überhaupt nichts geschehen wäre. Und niemand fragte – auch ich nicht, jedenfalls

---

[7] Henze, *Reiselieder*, S. 19.

[8] Ebd., S. 12.

[9] Ebd., S. 406.

[10] In: Hans Werner Henze, *Musik und Politik. Schriften und Gespräche 1955–1984*. Erweiterte Neuausgabe, mit einem Vorwort hg. von Jens Brockmeyer, München 1984, S. 304 f.

> nicht viva voce – nach dem stillen dunkelhaarigen Jungen, der seitdem für immer der Schule fernblieb.[11]

Was es mit den Konzentrationlagern auf sich hat, erzählt ihm andeutungsweise eine Bekannte der Familie. Das Leid sowjetischer Kriegsgefangener, die unter entwürdigenden Umständen Zwangsarbeit leisten mußten, beobachtet Henze mit eigenen Augen. Niemand durfte den »bolschewistischen Untermenschen« helfen oder mit ihnen reden, und alle hielten sich daran:

> Es war, als sei das Gewissen der Deutschen einfach ausgeschaltet, abgestellt, abgeschafft worden.[12]

Die Bedrohung der eigenen Person nimmt zu, als er Ende Januar 1944 zunächst für drei Monate zum paramilitärischen Arbeitsdienst herangezogen wird, wo Erniedrigungen und Schikanen an der Tagesordnung sind. Wenig später ist er Soldat, wird unter anderem Zeuge standesrechtlicher Exekutionen von Deserteuren und entsetzlicher Verwüstungen, die ihn später wie Alpträume verfolgen:

> Die Straße nach Flensburg sah aus wie ein Schlachtfeld. Auch wenn ich schon mehrfach darüber gesprochen und geschrieben habe, ist es mir immer noch nicht gelungen, das Erlebnis dieser Tage endgültig zu verarbeiten.[13]

Die Nachricht von Hitlers Selbstmord und der bedingungslosen Kapitulation Deutschlands erreicht ihn in Jütland. Hans Werner Henze hat überlebt und hofft auf eine neue Zeit, ein politisches Umdenken und eine Zukunft unter demokratischen Bedingungen. Die Erinnerungen jedoch haben sich ihm wie Feuer ins Gedächtnis eingebrannt.

Gegenkräfte

Noch unter dem Druck der politischen Verhältnisse im faschistischen Deutschland sieht sich Henze nach Möglichkeiten um, nicht vollständig in den Sog zerstörerischer Einflüsse der nationalsozialistischen Ideologie und ihrer Propaganda hineinzugeraten. Hort und Zuflucht sind von Anbeginn Gleichgesinnte, die – unangepaßt wie er – jede Möglichkeit wahrnehmen, den politischen Druck zu unterlaufen. Zusammen mit einem Freund liest er heimlich »entartete« Literatur und vertieft sich in klassische Musik, deren Sinn sich ihm gerade in einer Gesellschaft erschließt, die Andersdenkende und Andersgläubige unnachsichtig verfolgt. Vor dem »Volksempfänger« lauscht er den Werken Mozarts, deren Humanität sich wohltuend entfaltet und ihn ermutigt, seinen individuellen Weg zu finden. Mit Mozart macht er die für sein zukünftiges Kompositionskonzept zentrale Erfahrung, daß große Musik ein Wahrheitspotential enthält, das bedrängten Menschen zu helfen vermag. Als der Klavierlehrer ihn in das Haus eines Arztes und seiner nicht arischen Frau mitnimmt, hört er Kammermusik von Mozart, Haydn und Beethoven und empfindet noch Jahrzehnte später ihre tröstliche Wirkung:

> Die schöne Musik, die ich dort Jahr für Jahr in diesem zivilisierten, von finsteren Mächten bedrohten Bürgerhaus hören durfte, hat mich sicherlich gelehrt und in meiner Auffassung bestärkt, daß Kunst in der Welt der Verfolgten zu Hause ist.[14]

---

[11] Henze, *Reiselieder*, S. 30.

[12] Ebd., S. 39.

[13] Ebd., S. 62.

Das Studium an einer Braunschweiger Musikschule konsolidiert seine fachlichen Grundkenntnisse, macht ihm aber die Zwänge des politischen Systems auch in kulturellen Bereichen bewußt. Der Zugang zu fortschrittlicher neuer Musik wie der von Schönberg, Berg oder Webern ist ihm verschlossen, und die Werke Gustav Mahlers oder anderer jüdischer Komponisten stehen auf dem Index. Das Verbotene erregt sein Interesse; er erwirbt einige Partituren von Hindemith unter dem Ladentisch und studiert sie heimlich. Auch ein zwölftöniges Kammeroratorium von Frank Martin entgeht der Zensur der Nationalsozialisten und wird dem Lernbegierigen zum Erlebnis.

Neuorientierung

Wie verkraftet ein Mensch, zum Zeitpunkt der deutschen Kapitulation kaum neunzehn Jahre alt, solche Erlebnisse? Was wird aus den Wunden, die ihm die Politisierung des Generationskonfliktes geschlagen hat? Was bedeutet die Last des faschistischen Erbes für einen jungen deutschen Musiker und zukünftigen Komponisten? Welcher Weg ist – auch in künstlerischer Hinsicht – einzuschlagen, nachdem Theater, Opern- und Konzerthäuser verbrannt, die überwiegende Zahl der bedeutenden Künstler tot oder emigriert und die vertraute Welt nicht nur äußerlich zerstört ist?

Zunächst weckt das Ende des Krieges große Hoffnungen und Erwartungen. Henze versteht sich als Antifaschist und Antimilitarist[15]; sein Wunsch nach Aufarbeitung der Vergangenheit kollidiert jedoch mit Lebensvorstellungen im restaurativen Nachkriegsdeutschland, das sich nach Jahren der Entbehrung fast ausschließlich darauf konzentriert, die Vergangenheit zu vergessen, den Wiederaufbau mit allen Kräften zu forcieren und die meisten nationalsozialistischen Verbrechen und Gemeinheiten ungesühnt und ungesagt zu lassen. Diejenigen, die das Kriegsende als Befreiung vom Faschismus und Chance zum politischen Neubeginn aufgefaßt haben, sehen sich in ihren Hoffnungen getäuscht. Wie kann man sich identifizieren mit einem Land, das sich nicht zu seiner Verantwortung für Verbrechen von geradezu apokalyptischen Ausmaßen bekennt, seine Schuld nicht anerkennen will und nicht genügend darüber trauert, sondern im Gegenteil die ideologisch Unbelehrbaren weiterhin gewähren läßt und ihre Kritiker als Nestbeschmutzer diffamiert? In einem Gespräch mit J. A. Makowsky beschreibt Hans Werner Henze seine Empfindungen:

> Die Beobachtung, daß nach dem Sturz Hitlers der Hitlerismus weiterlebte, der Faschismus eine andere Maske angenommen hatte, hat bei vielen Leuten, so auch bei mir, ein Faschismustrauma hinterlassen. Die Beobachtung, daß der Faschismus in der Mentalität der Menschen weiterlebte, war ein enormer Schock, zumal man nach 1945 so gut wie nichts dagegen tun konnte. Wenn man darauf reagiert hat, so wurde man meist nicht verstanden; das galt als passé. So blieb den meisten Deutschen mei-

---

[14] Henze, *Reiselieder*, S. 20.

[15] Vgl. Hans Werner Henze, *Musik und Politik. Schriften und Gespräche 1955–1975*. Mit einem Vorwort hg. von Jens Brockmeier, München 1976, S. 145: »Mein Haß auf den Vater verschränkte sich mit dem Haß auf den Faschismus und übertrug sich auf die Nation der Soldaten, die mir als eine Nation von Vätern erschien. Mein früher Anti-Faschismus, der dann durch die Erlebnisse der beiden Jahre, in denen ich Militärdienst zu leisten hatte, bestärkt wurde, war also mehr psychisch motiviert als politisch.«

> ner Generation, d. h. Künstlern wie Enzensberger und anderen, nichts anderes übrig als auszuwandern. Unsere Ohnmacht blieb lange erhalten.[16]

Eine weitere, vorwiegend im Ausland gemachte Erfahrung ist die Scham über die eigene Herkunft. Henze erlebt dieses Gefühl zuerst in Bielefeld, wo ein großer Teil der Bevölkerung vorgibt, von den Nazi-Verbrechen in der unmittelbaren Umgebung der Stadt nichts gewußt zu haben:

> Die Männer und Frauen der Besatzungsarmeen blickten verständnislos oder gar mit Abscheu auf uns Deutsche. Seit damals habe ich mich mein ganzes Leben lang für unser Land, meine Landsleute, unser Volk geschämt. Wo immer ich hingekommen bin, hat meine Herkunft, meine nationale Zugehörigkeit mir Probleme gebracht.[17]

In Paris z. B. vermeidet er, nach dem Besuch eines Filmes mit SS-Chargen als Hauptakteuren öffentlich Deutsch zu sprechen, weil er befürchtet, von aufgebrachten Zuschauern verprügelt zu werden.[18]

Nicht nur die politische, sondern auch die künstlerische Neuorientierung ist in dem zerstörten, besetzten und demoralisierten Deutschland schwierig und braucht ihre Zeit. Es ist auffällig, wie sehr Henze die Nähe von Künstlerinnen und Künstlern sucht, die gleich ihm unter dem System gelitten haben und sich nunmehr als Antifaschisten, Pazifisten oder Sozialisten zu erkennen geben oder wenigstens keine aktiven Nationalsozialisten waren. Im Rahmen der zweiten Darmstädter Ferienkurse begegnet ihm Karl Amadeus Hartmann, Komponist und Initiator der Münchener Musica-Viva-Konzerte, der bestrebt ist, moralisch-politisches Engagement durch seine Musik auszudrücken. Henze ist beeindruckt: »Diese Begegnung sollte mein Musikdenken wesentlich beeinflussen«.[19] Lernen will er offenbar nur von Personen, denen er vertraut und deren menschliche Integrität ihm nach allen früheren Erfahrungen wohltut. Indem er nach Kommunikation mit anderen Gleichgesinnten Ausschau hält, beginnt er, sich der Vereinsamung zu entledigen, in die er sich aus Selbstschutz geflüchtet hat. Berichte über intensive Beziehungen menschlicher und künstlerischer Art nehmen in der Autobiographie einen großen Raum ein. Sie finden einen speziellen Ausdruck in Gemeinschaftskompositionen, die durch aufrüttelnde Ereignisse mit politischem Hintergrund veranlaßt und mit anderen Künstlern erarbeitet wurden. Exemplarisch dafür steht die *Jüdische Chronik* von 1960, die als Reaktion auf die Schändung jüdischer Friedhöfe entstand und von Hans Werner Henze, Boris Blacher, Paul Dessau, Karl Amadeus Hartmann und Rudolf Wagner-Régeny gemeinsam komponiert wurde.

Aber die allgegenwärtige Vergangenheit läßt sich mit neuen Kunstformen allein nicht bannen. Die Autobiographie ist voll von Hinweisen, wie sehr sie ihm zusetzt. Oft sind es nur Bemerkungen in Nebensätzen, die bei unbefangener Lektüre vielleicht gar nicht so auffallen, aber – durchgängig! – davon erzählen, wie schwer der Verfasser am faschistischen Erbe zu tragen hat und wie wichtig ihm die Mitteilung davon in seiner Selbstdarstellung ist. So informiert er den Leser beispielsweise im Rahmen eines eher »neutralen« Kontextes, daß Thomas Harlan der »Sohn des antisemitischen Durchhalte-

---

[16] Hans Werner Henze, *Musik ist nolens volens politisch (1969)*, in: Henze, *Musik und Politik*, 1976, S. 132.

[17] Henze, *Reiselieder*, S. 70.

[18] Ebd., S. 121.

[19] Ebd., S. 83.

filmers gleichen Zunamens«[20] ist, der sich seines Vaters schämt. Die Anmerkungen zur Lebensgeschichte von Hans Zehden, der die »Nazijahre« in einem Berliner Versteck verbrachte, geben anschaulich wieder, wie Henze Einzelheiten über die Judenverfolgungen erfährt und Chansons von Friedrich Hollaender anhört.[21] Der Freund Paul Dessau sowie einige seiner Kollegen sind Emigranten, wie ausdrücklich erwähnt wird. Und von seinem Lehrer Fortner hält Henze es für wichtig mitzuteilen, daß er zwar entnazifiziert wurde, jedoch wohl nicht ernsthaft mit dem System sympathisiert habe.[22]

An seinen ausländischen Freunden registriert er besonders sensibel die inneren und äußeren Verletzungen, die ihnen durch die Rassepolitik und den von den Nationalsozialisten aufgezwungenen Krieg zugefügt wurden. Beim Zusammensein mit Michael Vyner z. B. ist es, wie schon erwähnt, die Judenverfolgung, an die er 1986 – nicht zum ersten Mal – quälend erinnert wird. An anderer Stelle berichtet er – wie nebenbei – von der partiellen Taubheit Luchino Viscontis, dessen Ohr ihm im Krieg bei einem Verhör zerschlagen wurde.[23] Sein Freund Fausto Moroni erlebt im Zusammenhang mit der deutschen Premiere des Stückes *Das Floß der Medusa* eine Polizeiaktion, die ihn »in seinem zu Hause anerzogenen Mißtrauen gegenüber den Deutschen leider wieder einmal bestärkt«[24]. Die Liste solcher Beispiele ließe sich noch weiter fortsetzen.

Neue, quasi familiäre Bindungen werden unter dem Gesichtspunkt der politischen Vertrauenswürdigkeit eingegangen. In Ingeborg Bachmann sucht und findet Henze eine »Schwester«, deren künstlerische Begabung er fasziniert beobachtet; gemeinsam verfassen sie ein so bedeutendes Werk wie *Der junge Lord*, dessen hintergründiger politischer Gehalt in der Zerstörung der heilen Welt besteht. Walter Jockisch und seine Frau, die Schriftstellerin Grete Weil, übernehmen eine zeitlang die Elternrolle, indem sie Henze in einer für ihn sehr kritischen Phase liebevoll in Obhut nehmen und beschützen. Ihr Bündnis hat ihm eine gewisse Sicherheit gegeben und auf ihn gewirkt »wie das Zusammenrücken von Verfolgten, die irgendwie überlebt haben«[25]. Auch in dieser Beziehung ist Henzes Vertrauen sowohl künstlerisch-menschlich als auch politisch begründet. Die antifaschistische Vergangenheit der Wahleltern schildert er als Grundlage für diese Beziehung, in der er sich gestatten kann, sich wie ein heranwachsender Sohn zu verhalten. Beide haben mit dem Aufstieg der Nationalsozialisten Schlimmes erlebt: Der vormalige Lebenspartner von Grete Weil ist in Auschwitz umgekommen, und sie selbst hat Bücher geschrieben, in denen »sämtliche Schrecknisse unseres Zeitalters« aufgehoben seien, »wie in einem Gleichnis«. Auch sie kehrt Deutschland den Rücken, denn sie möchte nicht gern, wie es in der Autobiographie heißt, »die gleiche Luft atmen wie Skinheads und Reaktionäre«[26]. Solche Einstellungen bestätigen Henzes eigene Erfahrungen und schaffen ein Klima des Verstehens und der

---

[20] Henze, *Reiselieder*, S. 120.
[21] Ebd., S. 88.
[22] Ebd., S. 80.
[23] Ebd., S. 184.
[24] Ebd., S. 305.
[25] Ebd., S. 113.
[26] Ebd., S. 114 f.

Nähe, führen aber auch dazu, daß sich, wie er sagt, »natürlich mein Deutschlandbild wieder um einige zusätzliche Grade«[27] verdüstert.

Henzes Suche nach künstlerischer Erneuerung im Nachkriegsdeutschland ist mit der Stabilisierung einer akzeptablen antifaschistischen Position, seiner eigenen und der seiner Freunde, eng verknüpft. So kann er 1971 rückblickend sagen:

> Der Prozeß meiner politischen Bewußtwerdung ist nicht von theoretischen Erwägungen eingeleitet worden, sondern unlösbar verbunden mit den Umständen meines Lebens.[28]

Diese sind – trotz vieler Freunde und Helfer – 1953 für ihn kaum zu ertragen gewesen. Er fühlt sich angegriffen und spürt einen starken Druck, der einerseits vom Klima des unaufgearbeiteten Nationalsozialismus in Deutschland herrührt, andererseits aber auch durch den Mangel an Akzeptanz und die Ablehnung des als dogmatisch empfundenen Serialismus der Darmstädter Avantgarde bestimmt wird.

Oeuvre und Faschismus

Während sich Eindrücke des Zweiten Weltkrieges etwa bei Schönberg in dem 1947 beendeten Werk *Ein Überlebender aus Warschau* oder in dem Chorstück *La victoire de Guernica* seines italienischen Freundes Luigi Nono niederschlagen, finden sich bei Henze überraschenderweise nur wenige programmatische Titelentwürfe, die sich mit diesen Werken vergleichen ließen. Der unter dem Faschismus in Deutschland erlittene physische und psychische Druck erhält vielmehr in einem allgemeineren Sinne Gestalt und wird als Unterdrückung oder Machtmißbrauch, als Ausdruck der Gier und der Verblendung des Menschen und tödliche Gefahr für jegliche humane Regung zum Leitthema seines gesamten Oeuvres. Der Tonfall des Leidens oder des Schreckens in der Musik verleitet wohl dazu, einen direkten Zusammenhang zwischen Werkgehalt und z. B. den Kriegserfahrungen des Komponisten herzustellen, eine Form des Zugangs zum Werk, die Henze für seine *Zweite Sinfonie* selbst als zulässig bezeichnet:

> Es ist eine Wintermusik, grau und düster. Man könnte denken, daß das Erlebnis des Krieges angefangen hatte, in meiner Musik auf Antwort zu drängen.[29]

Von einer Ausnahme abgesehen – auf die noch einzugehen ist – , gibt es jedoch kein großes Werk, bei dem der Nationalsozialismus die gesamte Satzfolge bestimmt. Allerdings führt Henze in einem Interview mit Albrecht Dümling[30] aus, daß einige Stücke im weiteren Sinne als Aufarbeitung seiner Erfahrungen mit dem Nationalsozialismus aufzufassen sind. So sei der *Chor der gefangenen Trojer* aus dem zweiten Teil des *Faust* eine Verdammung des Krieges und das Intermezzo *Wundertheater* von 1948 eine Anklage gegen Rassismus bzw. Antisemitismus. Auch das Sujet von *König Hirsch*, bei dem die von einem Gewaltherrscher drangsalierte Bevölkerung befreit wird, kann in diesem Sinne zu der Kategorie von Stücken gezählt werden, in denen die

---

[27] Henze, *Reiselieder*, S. 114.

[28] Hans Werner Henze, *Die Krise des bürgerlichen Künstlers – Politisierung – Nutzbarmachung der Kunst für die Revolution (1971). Aus einem Gespräch mit Hansjörg Pauli*, in: Henze, *Musik und Politik*, 1976, S. 145–151, hier S. 145.

[29] Henze, *Reiselieder*, S. 105.

[30] »Man resigniert nicht. Man arbeitet weiter«, in: *NMZ* Nr. 157 (1996), S. 5–11.

Diktatur als institutionalisierte Gewalt in ihrer zerstörerischen Wirkung vorgeführt wird und die zur Solidarität aufrufen. Zu dieser Gruppe, welche die Unterdrückung und Unfreiheit des Menschen kritisch zur Schau stellt, können viele Kompositionen Henzes gezählt werden. Sie beziehen sich jedoch nicht explizit auf die nationalsozialistische Herrschaft und deren Erscheinungsformen.

Die Erinnerungen daran peinigen den Komponisten noch 30 Jahre nach Beendigung des Krieges. Zu einer persönlich krisenhaften Situation kommt es 1974 bei der Entstehung der »Actions for Music« mit dem Titel *We come to the River*, einem Werk, in dem der Dichter Edward Bond die Welt als eine Sinfonie von Gewalt und Tod darstellt. Die Thematik ist aktuell angesichts des faschistischen Putsches in Chile, der Ermordung von Salvatore Allende, Folterung politischer Gefangener, Bücherverbrennungen und Auslöschung der Wirkungsstätte Pablo Nerudas, Verheerungen, über die Henze nur unter großer Anstrengung zu berichten vermag.[31] Die Ereignisse in Chile reaktivieren eigene Erinnerungen; es drängt ihn, eine »Faschismusanalyse« zu schreiben, bei der seine persönlichen Erfahrungen nicht ausgespart werden sollen.[32] Schließlich bleibt es bei dem Versuch, die bestürzende Eskalation von Gewalt in Bonds Textvorlage »so menschennah und wirklichkeitsgetreu [...] wie nur möglich«[33] als Oper zu entwerfen, ein Prozeß, bei dem Henze von Erinnerungen an die Vergangenheit, besonders an den Vater, gequält wird und den er im Zustand äußerster Erschöpfung beendet.

Mit seinem *Requiem* für Michael Vyner – Leiter der »London Sinfonietta« und politischer Diskussionspartner, als es um die faschistischen Greueltaten im von Pinochet eroberten Chile geht[34] – kehrt Henze über 15 Jahre später wieder zu seinen Erlebnissen im nationalsozialistischen Deutschland zurück. Das Stück, 1995 zum 50. Jahrestag des Kriegsendes in Moskau uraufgeführt, bezieht Elemente der deutschen Kultur des 19. Jahrhunderts ein. Tristanharmonik und Anklänge an die deutsche Romantik spielen dabei eine zentrale Rolle:

> Ich arbeite mit dem Nachhall, den das Deutsche, besonders das der deutschen Märchen, in meiner Psyche hinterlassen hat.[35]

Der letzte Teil des Totengedenkens ist

> [...] ein In- und Aufeinander von Schreckensgetön aus der Kindheit, Erinnerungen an Marschlieder und Hymnen, Gassenhauer und Gemeinheiten, Suff. Blitzlichtklänge aus dem Riefenstahlschen Nazi-Nürnberg beleidigen uns, den Fanfarenzügen entfährt grelle Ignoranz, das doofe Dur der Angepaßten und Mitlaufenden. Es ist Blasmusik von der schlimmsten Art, ich will, daß sie durch Mark und Bein geht. Es soll bewußtgemacht werden, daß das Vokabular der Unmenschen noch immer in Gebrauch ist [...].[36]

Die antifaschistischen Tendenzen der Komposition gelten nur für diesen einen Satz. In seiner Gesamtheit soll das Werk den universalen Aspekt des Lebens mit seinen

---

[31] Henze, *Reiselieder*, S. 396–398.

[32] Ebd., S. 403.

[33] Ebd., S. 406.

[34] Ebd., S. 398.

[35] Ebd., S. 76.

[36] Ebd., S. 575 f.

Schmerzen, seiner Verlassenheit und Trauer, aber auch mit seiner Sehnsucht und Hoffnung einfangen.

Die *Neunte Sinfonie*, deren Uraufführung im September 1997 in Berlin stattgefunden hat, ist das größte und wohl bedeutendste Werk und das einzige, in dem der Nationalsozialismus mit seinen Schrecken als historisches Ereignis dargestellt ist. Über sieben lange Sätze hin schildert Henze in seinem »Deutschlandbild« die dramatische Flucht von sieben KZ-Häftlingen und widmet es den Helden und Märtyrern des deutschen Antifaschismus. Der Symbolgehalt, der sich mit der Werkzahl »neun« verbindet, verstärkt das ästhetisch-politische Gewicht der Komposition, in der Henze mahnend die Gegenwart mit der Brutalität des deutschen Faschismus verknüpft. Der Intention nach ist die Sinfonie vergleichbar mit der Ende der dreißiger Jahre beendeten antifaschistischen *Deutschen Sinfonie* von Hanns Eisler, der – wiewohl in Henzes Autobiographie nur flüchtig erwähnt – doch in dieser Hinsicht als sein geistiger Vater betrachtet werden könnte.

Zum ästhetischen Konzept

In gewisser Weise führt Henze die klassische Tradition des bürgerlichen Ideenkunstwerkes fort, das sich mit einer Fülle ausdrucksstarker Gebärden aufklärend an die Menschen wendet und an ihre Humanität appelliert. Der aus der Ablehnung faschistischer Gewalt erwachsene humane Gehalt seiner Werke kann als Legitimation für das Komponieren überhaupt angesehen werden. Seiner Darstellung dienen eigentlich alle Kompositionen, die in enger Zusammenarbeit mit den Textdichtern entstehen. Die dafür entwickelte individuelle musikalische Sprache orientiert sich an den Erfahrungen der Avantgarde und ist, wie schon häufig festgestellt, niemals Selbstzweck seiner Kunst.

Den ersten Kontakt mit dem klassischen Erbe verdankt er seiner Mutter; er wird getrübt und gefiltert durch den extremen Druck seiner von der politischen Entwicklung überschatteten Kinder- und Jugendjahre, der die Formung ästhetischer Leitvorstellungen maßgeblich zu beeinflussen beginnt:

> Aus meiner persönlichen Geschichte ist ein von grauen- und wundervollen Erfahrungen genährter Schönheitsbegriff entstanden.[37]

Die Empfindlichkeit gegenüber jeglichem gesellschaftlichen Druck, verbunden mit der selbstquälerischen Befürchtung, ihm zu unterliegen, wird zur Grundlage für das nahezu unstillbare Bedürfnis nach Freiheit und Unabhängigkeit, die er sich unter Selbstzweifeln allmählich erarbeitet. Verbunden mit diesem Prozeß ist der Wunsch, sich kritisch mit den politischen Realitäten auseinanderzusetzen. Diesen nachzuspüren und die für die jeweilige Gesellschaft als subversiv empfundene Wahrheit ästhetisch umzuformulieren – darin besteht der Kern seines künstlerischen Konzeptes. Als er Deutschland in Richtung Italien verläßt, kann er seine Leitvorstellungen in aller Deutlichkeit formulieren:

> Ich hatte verstanden, daß ich mein ganzes Leben lang einem Schönheitsbegriff dienen würde, der etwas mit der Idee von der Wahrheit, der inneren, der eigenen zu tun hatte, und keinem anderen Denken verpflichtet sein würde als dem meinen.[38]

---

[37] Henze, *Reiselieder*, S. 73.

Auf der Grundlage seines politischen Selbstverständnisses heißt das, plakativ formuliert, für ihn: »Alles das, was die Faschisten verfolgen und hassen, ist für mich schön«[39].

So wird die Bühne ihm zum Forum seiner parteiischen Entwürfe, und seine Musik – ausgestattet mit den vielfältigen kompositorischen und aufführungstechnischen Errungenschaften des 20. Jahrhunderts – verdeutlicht diese mit allen ihr zur Verfügung stehenden Mitteln. Aus dem unendlichen Reichtum der Geschichten, die sie erzählt, hebt sich umrißhaft der humane Gehalt als stets präsenter Hintergrund heraus. Sein Name ist Frieden und Toleranz. Wie formuliert es Henze im Blick auf die Abschiedsmusik für Michael Vyner? »Mein Requiem ist weltlich, multikulturell und brüderlich«[40].

Vom Umgang mit dem deutschen Erbe

1953 hat sich Hans Werner Henze in Italien niedergelassen. Der Abschied fällt ihm keineswegs leicht, und seine Empfindungen sind äußerst widersprüchlich. Einerseits fühlt er sich wie ein Deserteur, aber andererseits ist er froh, endlich dem deutschen »Mief« entronnen zu sein. Deprimierend wirkt auf ihn der Anblick des zerbombten Landes, und das zertrümmerte Nachkriegs-Berlin mit seinen kilometerweiten Ruinenlandschaften samt den vom Naziterror verschonten Resten der früheren Bohème erscheint ihm als Abbild der eigenen Verstörtheit und gefährdeten Existenz.[41]

Im Reisen glaubt er, Ablenkung zu finden, indem er damit beschäftigt ist, Grenzen zu überwinden und sich auf Neues einzulassen. Dabei kann er jedoch nicht verhindern, daß ihn die Erinnerungen immer wieder einholen. Seine Unruhe, anfangs eher Ausdruck des Leidens an der deutschen Herkunft, aber ebenso Zeichen von Lebenskraft und Kreativität, treibt ihn um. Er ist auch zum Schauen begabt, liebt die verschiedenartigen Landschaften, genießt ihr Klima und vertieft sich gern in ihre Architektur. Unversehens jedoch schlägt der betrachtende Blick um, und die Umgebung wird zum Spiegelbild seines eigenen Befindens, das sich mit unglaublicher Beharrlichkeit immer wieder an früheren Schreckensbildern ausrichtet. In Paris erlebt er – nachdenklich und erleichtert zugleich – »die Abwesenheit von Trümmerhaufen« und »des Deutschen«[42], während er auf der Durchreise durch das schöne Italien sich plötzlich angesichts der Festung Gaeta daran erinnert, daß dort der SS-Massenmörder Kappler lebenslänglich einsaß.[43] Italien hat es ihm besonders angetan, es wird seine Zuflucht. Die Wärme, die geschichtsträchtige Architektur, eingebettet in schöne, abwechslungsreiche Landschaften, vor allem aber die Menschen geben ihm Schutz und ermöglichen ihm einen produktiven Neuanfang. Henze ist sich dessen gewiß:

> Dieses Land würde ihn niemals ausliefern. Der Leitgedanke des Reichsführers SS Himmler von der »Ausmerze der Entarteten«, der »Staatsfeinde, die es als solche zu

---

[38] Henze, *Reiselieder*, S. 152; vgl. auch S. 305.

[39] Albrecht Dümling, *NMZ* 157 (1996), S. 8.

[40] Henze, *Reiselieder*, S. 576.

[41] Ebd., S. 107 u. S. 111.

[42] Ebd., S. 120.

[43] Ebd., S. 148.

> behandeln gilt«, hatte sich an mir nicht mehr »durchführen« lassen. Die Schergen waren zu spät gekommen.[44]

Das Gefühl, einer Gefahr entronnen zu sein, hält noch lange an und spiegelt sich in manchen verstreuten Nebenbemerkungen. Beim Feuerwerk während eines Volksfestes in Neapel gedenkt Henze der Bombennächte in Deutschland, und in London registriert er die Verwüstungen, die durch deutsche Raketen verursacht wurden. Nach Italien zurückgekehrt, fühlt er sich immer wieder sicher und geborgen, so daß sich in dieser Umgebung sein Verhältnis zu seiner früheren Heimat allmählich entspannen kann.

Nach mehr als einem Dutzend Jahren sieht Henze in Deutschland eine neue, vom Faschismus nicht unmittelbar belastete Generation heranwachsen, in deren politische Aktivitäten er Hoffnungen setzt und die ihn seinem Herkunftsland wieder näher bringen. In einer 1965 gehaltenen Wahlkampfrede für die SPD führt er aus, er sei ein Demokrat,

> [...] der die Last der Vergangenheit auf sich nimmt, sie aber mit einem Stolz ausbalancieren möchte, einem Nationalstolz, der sich auf ein neues Deutschland beruft, auf ein Deutschland mit einer antimilitaristischen Jugend, die in den Zeiten von Auschwitz noch nicht geboren war.[45]

Vor allem in der Studentenbewegung und den durch sie aufgekommenen Diskussionen sieht er Chancen, daß man sich in der Bundesrepublik Deutschland endlich offiziell mit der nationalsozialistischen Vergangenheit auseinandersetzen würde.

Zunehmend wird ihm hier auch Anerkennung als Künstler zuteil. So fällt es ihm leichter, Italien nicht mehr als Fluchtpunkt und Ort der selbstgewählten Emigration zu betrachten, sondern als erstes von zwei Heimatländern. In diesem Sinne ist wohl seine Äußerung aus dem Jahr 1975 zu verstehen, daß er sich »mit den Jahren [...] mehr und mehr als Deutscher sehe, und das nicht nur, weil ich Hegel, Freud und Marx in der Originalsprache lesen kann.«[46] Sätze dieser Art deuten darüber hinaus auf Veränderungen im Denken Henzes hin: Wer Position gegen die Verbrechen des Faschismus bezogen hat und bereit ist, sich der politischen Auseinandersetzung immer wieder zu stellen, der kann sich – dieser Auffassung nach – auch selbstbewußt und mit Überzeugung wieder auf die großen humanen Traditionen deutschsprachiger Kultur berufen.

Etwa 20 Jahre trennen das gerade angegebene Zitat von der Niederschrift der Autobiographie, im Verlaufe derer weitere Reisestationen Henzes und eine nicht endenwollende Zahl von Aufführungsberichten in immer dichterer Abfolge an den Augen der Leser vorbeiziehen. Der Komponist fühlt sich, wie er sagt, auch in England, den USA oder anderswo heimisch.

In den letzten Sätzen der *Autobiographischen Mitteilungen* – es sind die tröstlichsten und schönsten des ganzen Buches – signalisiert er symbolisch sein Einverständnis mit dem Leben, mit der Natur. Er hat das ihm auferlegte Schicksal und mit ihm die Bürde des nationalsozialistischen Erbes angenommen. Die nationale Zugehörigkeit spielt dabei keine entscheidende Rolle mehr. Hans Werner Henze, international bekannter Komponist deutscher Herkunft mit Wohnsitz in Italien, erfahren im Umgang mit der

---

[44] Henze, *Reiselieder*, S. 151, vgl. auch S. 188: Dankbarkeit gegenüber dem Befreier England.

[45] Ebd., S. 250.

[46] Henze, *Musik und Politik*, 1976, S. 102.

Musikkultur aus aller Herren Länder und vertraut mit ihren bedeutendsten Repräsentanten, vieler Sprachen kundig und multikulturell denkend, ist zum Weltbürger geworden.